河北金融学院学术著作出版基金资助项目

贾 娜◎著

城市群劳动力收入偏离、劳动供给与经济增长

——基于中美典型城市群对比研究

经济管理出版社
ECONOMY & MANAGEMENT PUBLISHING HOUSE

图书在版编目（CIP）数据

城市群劳动力收入偏离、劳动供给与经济增长：基于中美典型城市群对比研究/贾娜著 .
—北京：经济管理出版社，2023. 12

ISBN 978-7-5096-9457-2

Ⅰ.①城…　Ⅱ.①贾…　Ⅲ.①城市—劳动经济—对比研究—中国、美国　Ⅳ.①F249.2
②F249.712

中国国家版本馆 CIP 数据核字（2023）第 217880 号

组稿编辑：张　艺
责任编辑：申桂萍
助理编辑：张　艺
责任印制：黄章平
责任校对：陈　颖

出版发行：经济管理出版社
　　　　　（北京市海淀区北蜂窝 8 号中雅大厦 A 座 11 层　100038）
网　　址：www. E-mp. com. cn
电　　话：（010）51915602
印　　刷：北京晨旭印刷厂
经　　销：新华书店
开　　本：720mm×1000mm/16
印　　张：12.25
字　　数：227 千字
版　　次：2023 年 12 月第 1 版　　2023 年 12 月第 1 次印刷
书　　号：ISBN 978-7-5096-9457-2
定　　价：78.00 元

序

进入 21 世纪，经济学的发展，特别是有关经济增长、经济发展的研究由重视总量经济、微观企业、家庭行为，开始转向重视空间、区域，而且空间尺度也越来越小。这是由经济现象和所要解释的现实问题而决定的。

中华人民共和国成立以来特别是改革开放以来，经济实现了持续高速的增长，经济总量已稳定居于世界第二，人均 GDP 也已超过 1 万美元达到中等发达国家水平。中国社会已处于一个后工业化与工业化并行的时代，原有工业化推进、城镇化带动的转变形态已经基本完成。加之中国人口发展步入了一个崭新的形势，人口将处于负增长态势，劳动力供给减少、老龄化程度加深、劳动供给结构老化趋势不可逆转，原有人口增长拉动、人口红利获得等促进经济增长和发展的动力源泉逐步势微。在中国式现代化建设新征程上，经济仍需要高质量地保持相当速度增长，那么，其动力源泉是什么呢？

中国具有约 14 亿的人口规模，而且分布于广袤的国土空间，其蕴含的巨大回旋空间不可忽视，其在经济发展中的空间力量不容忽视。换言之，巨大人口规模及其空间合理分布将是未来我国经济实现高质量发展的基础和动力源泉。那么，这一空间力量如何作用于经济增长和发展呢？

贾娜自 2016 年起，随我学习人口经济学，常和我探讨关于城市群与劳动分工问题，与我平时的思考不谋而合。因此，我既鼓励她系统、深入地研究，也促使自己进一步思考人口与经济增长在空间维度的体现。

空间力量更多体现在城市体系、城市群的发展壮大中，城市、城市群是现代化国家承载经济发展的主阵地，是人口、产业承载体，城市群之间的产业分工协调、劳动分工专业化和空间关联紧密度是决定一个国家经济发展是否健康持续的重要因素。伴随长三角、珠三角、京津冀等城市群不断成熟，当代中国的城市群发展问题开始具有鲜明的特殊性。在不断思考和研究中，贾娜发现这种特殊性在劳动力收入偏离、劳动供给与城市群的转型发展方面表现的尤为突出，这些方面交织在一起，将城市群发展问题变得越发复杂。面对这样的研究对象，研究者无疑遇到了具有时代意义的研究机遇。当然这也意味着巨大的挑战，贾娜勇敢地选择了这个意义非凡的研究内容，并经过努力完成了研究，形成一篇优秀的博士论文。

这部《城市群劳动力收入偏离、劳动供给与经济增长——基于中美典型城市群对比研究》著作就是贾娜在博士毕业论文基础上形成的。她瞄准了一个关键性问题：在人口负增长与劳动力供给减少的情况下，中国的大城市群如何保持高质量中高速发展？其动力、途径和机制是什么？对此，贾娜基于理论分析、实证分析、实验分析，以中美典型城市群对比为视角，从城市群中劳动力区域分布与收入偏离测度、劳动力收入偏离对劳动供给的影响、劳动力收入偏离对经济增长的影响以及城市群协同发展的自然实验四个方面展开研究，并做出了自己的回答。著作在方法运用、变量测度、模型检验分析上均具有创新性，所获得的结论对城市群发展具有借鉴价值。如果读者能够从中获得启发和思考，或者引起对这一问题进一步研究和讨论，都是这部著作的价值所在。

城市群劳动力收入偏离、劳动供给与经济增长研究还有诸多问题，如何更清晰地加以论证这需要更多的理论研究者和实践探索者进行共同探讨。

2023 年 12 月 14 日于德翰园

前　言

　　劳动供给是决定经济产出的核心要素和基础要素，劳动供给的有效增长决定着经济增长，然而影响一个区域劳动供给的因素很多，劳动力收入偏离对劳动供给的制约尤为严重。区域劳动力收入偏离、劳动供给与经济增长之间的关系极为复杂，城市群因其特殊的空间结构将三者有机结合，逐渐成为研究热点。长期以来，中国劳动力市场普遍存在劳动收益与边际产出扭曲，劳动力收入与生产率提升之间的矛盾问题、劳动者福利改善问题等备受热议。现有的城市群能否率先推动劳动力收入追抵边际产出增长，有效改善对人才的吸引力与集聚能力，不仅关系到中国城市群在世界经济中的地位，更是开启国内产业升级、优化的重要抓手。探究和明确城市群劳动力收入偏离、劳动供给对经济增长影响的机理和具体作用，协调三者的关系，有利于为提升中国城市群品质、开启双循环新发展格局提供实证支持。中国现有城市群成长缓慢，对优秀经济要素的吸引不占优势。尤其近年来，国际关系复杂，全球宏观经济乏力，优化城市群劳动力收入偏离、促进区域有效劳动供给，可以为促进经济增长提供动力源泉。因此，培育世界级城市群已经成为我国未来经济高质量发展面临的紧迫任务。

　　合理的空间分工在优化劳动者收入回报的同时，可以有效避免恶性竞争和过度雷同，进而激励劳动供给积极性，以高回报与高参与的双轮驱动推进区域经济增长，实现双循环新发展格局，占据世界级城市群的发展优势。在日益激烈的国际竞争中，中国的城市群建设在要素吸引方面面临双重压力：一是劳动力相对工作岗位过剩与人才缺乏并行；二是劳动参与率下降与收入回报不佳共存。可见，想要提升城市群品质、化解集聚"瓶颈"，就有必要在研究中国城市群现状的同时借鉴先进地区的发展经验、科学规划，防止因城市群不协调而阻碍经济增长。

　　为此，本书的研究内容主要围绕以下几个方面展开：①在明确概念的基础上，梳理理论演变历程，借助 CD 生产函数、CES 模型与劳动供给模型，剥离出区域经济增长的关键因素劳动供给，为劳动力收入偏离、劳动供给影响经济增长建立理论基础。②验证城市群劳动力收入偏离对个体空间岗位选择的积极意义，测度中国三大典型城市群劳动者收入偏离，并与美国波士华城市群对比寻找差异。③验证个体空间选择通过与区域空间中衍生的空间分工匹配，以提升劳动供给进而推动经济增长。从中美城市群之间的差异表象推进，以异质性劳动力收入偏离鉴别中国三大城市群所处的不同空间分工形态、不同发展阶段，实证检验劳动力收入偏离对城市群劳动供给、经济增长的积极作用。④设计自然实验，检验空间改革对城市群经济增长的政策绩效。⑤借鉴波士华城市群的发展经验启发中国城市群的发展思路。

本书得到的主要命题有：①相对于非城市群地区，城市群收入偏离更有优势，并影响个体劳动供给；②个体空间选择通过与城市群空间中衍生的空间分工匹配，影响劳动力收入偏离作用于经济增长。通过理论推导与实证分析相结合的方法对以上命题进行了论证。主要结论如下：第一，美国波士华城市群中劳动力收入偏离优于同期的中国城市群，也就是波士华城市群吸引劳动者的能力更强，其典型的优势在于劳动力收入受到单边向下偏离的幅度小，这表明在世界级城市群中，更高的分工定位使过度竞争等不利因素得以缓解，更高端的品质与更丰富的选择为劳动力个体提供了精准对接岗位精准的可能，从而形成空间分工激发劳动供给。第二，相对于中国其他地区，长三角、珠三角、京津冀三大城市群中岗位优势体现得更明显，无疑为劳动者提供了更有利的发展机遇。从时间维度来看，中国三大城市群的劳动力收入逐年受到更多向下扭曲的影响，这意味着高附加值部门集聚不足。尽管这三大城市群优于全国数值，但是远不及美国波士华城市群的持续集聚性。可见，若建立高品质世界级城市群仅仅关注国内差异是不够的，作为世界经济中心的空间载体，提升国际化人才的集聚力是巨大挑战，竞争更多是国际化的。第三，美国波士华城市群空间分工形态分明，而对中国三大城市群的门限检验发现，只有长三角城市群初步呈现出三层空间分工的结构格局，劳动者以收入偏离差异分层级进入不同的空间工作岗位，与城市群中不同城市的功能定位对接，第三层级中劳动者工作供给受到收入变动的影响最为显著，比第一层级、第二层级更容易受到收入回报的积极刺激。第四，通过中国三大典型城市群劳动力收入偏离对经济增长影响的实证分析，可以发现，整体来看，优化城市群劳动力收入偏离对经济增长有显著影响。对不同城市群细化到城市维度进行进一步分析发现，实证结果呈现出区域异质性。具体而言，在长三角城市群、珠三角城市群中，不同城市劳动力收入偏离对人均 GDP 增长有促进作用，但对 GDP 增速存在负向作用；京津冀城市群劳动力收入偏离对城市人均 GDP 增长、GDP 增速影响均为正，且空间结构、劳动参与均显著影响三大城市群的人均 GDP 增长。只有长三角城市群的空间要素同时影响 GDP 增速，呈现出典型的倒"U"形城市功能分工发展态势。可见不同城市群、不同城市的经济增长受劳动力收入偏离的影响并不一致。虽然长三角城市群劳动力收入偏离具有优势，但由于城市间协调发展刚刚起步，空间协同分工仍有推进的空间；珠三角城市群由于劳动密集型产业集中、产业过于近似，不同城市错位分工不足，呈现出协调性不高的城市群格局；京津冀城市群的城市间差距较大，协调发展是当务之急。第五，城市群协同政策对城市群劳动空间分工以及经济增长的影响，关键取决于明确识别城市群所处的发展阶段，相机优化的区域政策有利于协调发展和经济增长。

本书的主要贡献如下：第一，丰富了城市群劳动力收入偏离、劳动供给与经济增长理论研究。笔者选取个体视角与区域视角相结合的方法，以微观数据测度城市群中劳动力的收入偏离，在其基础上识别门限效应，实现了空间分工的技术表达，揭示了城市群劳动力收入偏离影响劳动供给的微观基础，验证了其对城市群经济增长的积极作用。第二，按照实证分析的需要，恰当融合了多种分析方法。首先利用双边随机前沿分析方法刻画了城市群空间岗位的差异与吸引力，并以此为数据基础识别模型的门限效应与劳动力空间分层；其次采用工具变量法（2SLS）、广义矩估计法（GMM）探究劳动力收入偏离对城市群经济增长的影响；最后采用非参数方法——合成控制法（SCM）模拟空间改革绩效，检验城市群不同阶段的政策环境影响。第三，为了使上述结论更加符合现实和具有科学性，本书的研究选择中美典型城市群进行对比，以便获得支撑上述结论的丰富信息并消弭由于制度、空间和发展阶段差异带来的影响。

目　录

1 绪论 ……………………………………………………… 1

　　1.1 研究背景及问题提出 …………………………………… 1

　　1.2 研究意义 ………………………………………………… 17

　　1.3 研究方法、研究思路与研究内容 ……………………… 19

　　1.4 创新点 …………………………………………………… 24

2 概念界定与理论基础 …………………………………… 27

　　2.1 概念界定 ………………………………………………… 27

　　2.2 劳动力收入偏离、劳动供给与经济增长的相关理论 … 29

　　2.3 城市群劳动力收入偏离、劳动供给与经济增长的作用机理 … 39

　　2.4 本章小结 ………………………………………………… 48

3 中美城市群劳动力区域分布与收入偏离测度 ………… 49

　　3.1 城市群空间吸引与劳动力选择分析 …………………… 49

　　3.2 中美城市群劳动力收入偏离实证分析 ………………… 53

　　3.3 中美城市群劳动力收入偏离实证结果分析 …………… 68

　　3.4 测度结果分析与讨论 …………………………………… 78

　　3.5 本章小结 ………………………………………………… 80

4 城市群劳动力收入偏离对劳动供给影响的实证分析 … 81

　　4.1 波士华城市群劳动力收入与空间供给 ………………… 81

  4.2 三大城市群劳动力收入与空间供给 ………………………………… 87
  4.3 实证结果分析 ………………………………………………………… 95
  4.4 本章小结 ……………………………………………………………… 102

5 城市群劳动力收入偏离对经济增长影响的实证分析 …………………… 104
  5.1 劳动力收入偏离对经济增长的影响 ………………………………… 104
  5.2 长三角城市群劳动力收入偏离对经济增长的影响 ………………… 114
  5.3 珠三角城市群劳动力收入偏离对经济增长的影响 ………………… 120
  5.4 京津冀城市群劳动力收入偏离对经济增长的影响 ………………… 126
  5.5 劳动力收入偏离对城市群的影响 …………………………………… 132
  5.6 本章小结 ……………………………………………………………… 139

6 京津冀城市群协同政策的自然实验 …………………………………… 141
  6.1 城市群协同政策的自然实验 ………………………………………… 141
  6.2 政策干预的自然实验结果与作用分析 ……………………………… 150
  6.3 本章小结 ……………………………………………………………… 162

7 研究结论与政策建议 …………………………………………………… 163

参考文献 ………………………………………………………………… 170

1 绪论

劳动力收入偏离、劳动供给与经济增长之间的关系极为复杂，城市群因其特殊的空间结构，逐渐成为研究热点。明确城市群劳动力收入偏离、劳动供给对经济增长的影响，协调三者的关系，有利于提升中国城市群的品质，开启双循环新发展格局。本章主要阐述本书的研究背景、研究意义、研究目标、主要内容及研究方法，梳理整体研究思路和框架，并介绍创新点。

1.1 研究背景及问题提出

1.1.1 现实背景

中国经济的腾飞一直伴随着要素价格的扭曲，这虽然为中国嵌入全球产业链提供了契机，但在开启国际循环的同时挤压了国内循环（贾根良，2010）。当下，全球以城市群作为经济发展的空间支撑已是大势所趋。相对于世界级城市群，中国的城市群建设却出现了集聚不协调、不持续的发展"瓶颈"，一方面劳动力过剩与人才缺乏并行；另一方面劳动参与率下降与收入回报不佳共存。随着经济发展进入转型期，扭曲发展的代价开始显现，劳动力收入问题、劳动供给问题伴随着粗放型发展，深深阻碍了优势要素的集聚，限制了城市群的发展质量。面对国际分工与竞争越发激烈的客观事实，各个国家都在努力培育世界级城市群。中国现有城市群对国际经济要素的吸引仍不占优势。相对于世界级城市群汇集全球高附加值部门而言，若中国没有成熟城市群作为空间承载，产业优化与人才集聚不能匹配，未来将无法应对更为激烈的国际竞争。

长期以来，劳动力市场中普遍存在的劳动收益较边际产出显著向下扭曲的现实，劳动力收入与生产率提升矛盾问题、劳动者的福利改善问题等备受热议，现有的城市群能否率先推进劳动力收入追抵边际产出增长，有效改善对人才的吸引力与集聚能力，不仅关系到中国城市群在世界经济中的地位，而且是开启国内产业升级、优化的重要抓手。但中国的人力资本流失非常严重，尤其是高精尖的精英阶层，如果庞大的人口基数只能遴选出优秀的人才却留不住人才，那么这是否因为中国没有足够的匹配岗位，没有恰当的职业平台。全球经济一体化的深度融合在强化中心控制和管理能力的同时，造就了高度集中的控制点，也导致深度专业化的生产者服务。这些无疑都是高附加值部门，却只集中于世界级城市群，其他地区显然没有这种优势。中国已是世界第二大经济体，但发展模式过多依赖于国际分工，在全球价值链模式中仍不占据优势地位，正因如此，中国经济更加需要产业升级、技术革新这些力量推动，其中人力资本便是极为核心的要素。若想留住人才、吸引优秀人才，就需要有相应的职业平台，这个平台绝不是国际分工可以提供的，必须是中国自己建立的。可见，中国的城市群建设肩负着提高区域竞争能力、国际竞争力、改善国计民生的深远意义。为此，政府高度重视城市群建设，《国家新型城镇化规划（2014—2020年）》明确提出世界级城市群是当前城市化建设的主要目标；2021年政府工作报告中提出高质量发展区域布局与协调发展，以及构建国际国内双循环新发展格局的重要任务。近年来，全球宏观经济乏力、国际关系复杂，培育世界级城市群越发凸显其战略意义，中国的城市群发展向世界级推进已是迫在眉睫。

目前全球形成了六大世界级城市群，其中，美洲拥有两个，即波士华城市群（又名美国东北部大西洋沿岸城市群）和北美五大湖城市群；欧洲拥有两个，即英伦城市群和西北欧城市群；亚洲拥有两个，即日本太平洋沿岸城市群和中国长三角城市群。美国波士华城市群直接连接美国经济与全球循环回路，为发展地方经济起到良好的推动作用。作为美国的"主大街"，波士华城市群既为本国提供诸多的基本服务，又为国外企业提供跨国经济空间。如此巨大的发展体量来源于健康的空间分工格局，以及持久的吸引力和集聚活力。合理的劳动空间分工在优化劳动者收入回报的同时，可以有效避免恶性竞争和过度雷同，进而激励劳动供给积极性，以高回报与高参与的双循环推进区域经济增长，合并国际、国内双回路占据世界级城市群的发展优势。

在日益激烈的国际竞争中，中国在要素吸引方面面临多重压力，作为高附加值部门的集聚空间，中国的城市群对劳动力的集聚能力是怎样的？对经济活力与经济增长的影响又是如何的？相对于成熟的世界城市群，中国的城市群发展能否在高效推进生产力提升的同时，活跃劳动供给，提升集聚能力，提高区域竞争能力和国际竞争力？作为城市群建设的关键，为保障持续的吸引力与集聚力，中国政府需要营造怎样的氛围方能推倒后面一系列的"多米诺骨牌"？世界级城市群作为经济发展的产物，更是世界经济中心位移的重要表现，中国的城市群建设能否率先形成劳动力收入与劳动生产率的良性循环，进而激励劳动供给积极性，以高回报与高参与的双循环推进区域经济增长，成为开启中国向高质量发展转变的关键点。可见，提升城市群品质、化解集聚"瓶颈"，有必要在研究中国城市群现状的同时借鉴先进城市群的发展经验、科学规划，防止城市群建设因不协调而阻碍经济增长。

1.1.2 相关研究现状及不足

1.1.2.1 劳动力收入偏离研究

关于劳动力收入偏离问题，更多的研究集中在收入不平等、收入扭曲等方面。作为一直以来的热点问题，很多学者研究劳动力要素价格扭曲现象，徐长生和刘望辉（2008）用生产函数测度出中国的劳动力价格扭曲是导致宏观经济失衡的重要因素；在要素价格的比较研究中，学者普遍认为中国的劳动力价格扭曲程度小于资本市场（陈再齐等，2016；周一成和廖信林，2018）；大多数研究都认为劳动力市场的价格扭曲对宏观经济有一定的抑制作用。还有很多研究选取收入不平等对经济增长的视角，研究理论与现实问题，但研究结论并不统一。有些研究认为收入不平等对经济增长有一定的负面影响（Todaro，1997；Krugman，2012），如政府寻租问题、低收入者投资消费问题、资源消耗问题等。也有一些研究验证了收入不平等对经济增长的正面意义，如不平等有利于引发人力资本积累（Saint-Paul，1993）、人力资本的互补效益，以及通过劳动力更频繁的流动推动技术更新（Galor，1996）。此外，一些研究认为收入不平等对经济增长存在倒"U"形变化规律（Grijalva，2011），甚至有的学者认为两者关系并不显著（Panizza，2002）。总言之，由于收入不平等与经济增长之间的关系错综复杂，学术界说法不一，至今备受争议。

1.1.2.2 异质性劳动力的区位选择研究

异质性劳动力的区位选择问题，最早起源于研究者对国际移民问题的探索，随着空间经济学、劳动经济学、更多微观数据源的发展，该问题的研究也逐步从国际移民转向国内区域间劳动力空间配置问题，推演更加细化。分析工具、建模技术在多学科交叉融合下，促使区域科学、城市经济学向空间维度拓展，研究对象也从宏观区域层面转向微观，大量的实证分析开始越发贴近经济现实、解释社会现象、解决实际问题，异质性劳动力的区位选择理论从中得到了一定的发展。

Roy 于 1951 年便开始以微观个体为研究对象建立数学模型，探索个体在区域间的选择问题，他认为劳动力的收入差异并非简单地取决于所处区域，更真实的现实是劳动力通过对自身能力判断进行空间选择，从而实现自身利益最大化。为此，Roy（1951）建立了自主选择模型并为后续研究提供了研究框架，可以说后面的大部分研究都是在其基础上的进步与发展。

首先接受并拓展自主选择模型的研究者是 Borjas 等（1992），他们将 Roy 的自主选择延伸为正向和负向两种方向，将美国移民分为高技能与低技能两类，并认为这两类移民分别会沿着正负两种方向自主进行空间配置；随后 Hanson（2005）在两种方向的基础上补充了第三种选择方向——中间选择，后续的研究不再仅局限于移民研究，一些研究开始推演到非移民劳动力区域选择问题并证实了以上的三种选择方向。

由于 Borjas（1986）早期的研究不仅用正负两种方向选择解释移民现象，他还进行了另一个维度的思考，他在文献中初步提到同一区域对不同移民的吸引力是不同的，在收入差异大的地区，技能的回报会更加丰厚，对高技能移民的吸引力是很强的，吸引的低技能劳动力就会相对少些，这实际是一种分类效应。后续，学者沿着分类的框架建模，证实了高学历移民越多的地区，收入差距越大。

可见除了方向的差异还有吸引力的差异，以上的选择效应与分类效应，都得到了学者的广泛认可，都是以 Roy（1951）建立的自主选择模型为基础，伴随着建模技术的进步，该方向的研究在劳动经济学所惯用的微观数据研究范式下实现了大跨步的进展。但是微观研究也有其自己的局限性，那便是理论探究方面的数理支撑不足，不能实现由微观到宏观，再由宏观到微观的逻辑循环对接，至此空间经济学的空间解读为该问题的研究深度和内涵开启了深刻的拓展。

在空间经济学领域针对异质性劳动力空间选择的研究中，最突出的是 Melitz（2003）开创性地设计了异质性企业和异质性劳动力的区位选择框架，以区位集聚的视角，补充了空间维度的集聚内涵，以数理支撑区位选择，融入空间一般均衡模型，将异质性劳动力空间选择理论与实证向前推进一大步。空间经济学的引入为异质性劳动力空间选择研究提供了新的视角——宏观视角，并将宏观视角与微观视角进行了巧妙地结合。

由于空间经济学选择了主流经济学的研究范式，虽都以空间集聚为主线，但明显不同于管理学或经济地理学。空间经济学在研究劳动力异质性空间选择时，遵循了之前劳动经济学中微观个体在集聚过程中选择效应和分类效应的研究逻辑，加入了宏观视角研究城市区域的外部分类效应，也就是以城市或区域为研究单元研究异质性劳动力在城市间的选择或区域间的选择，这实际是微观个体与宏观区域的影射，微观个体选择与城市分层差异互为因果。

进一步地，异质性劳动力集聚在城市中呈现出动态与静态两种过程。动态过程（Fujita et al.，1999）发现集聚中的过度拥挤催化了产业与劳动力的优胜劣汰，异质性劳动力呈现不同的特征，其中低技能劳动力不得不重新选择工作区位，中技能劳动力的自主选择性更差一些。静态过程则呈现出更积极的方面，由于聚集的巨大优势，大城市为劳动力创造了多方面的益处，为人力资本积累提供了更为高效的平台，共享、学习、匹配都更加容易和充分，异质性劳动力从中得到的好处也不尽相同，其中高技能劳动力体现出了绝对的优势（Duranton & Puga，2004；Combes et al.，2008；Torfs & Zhao，2015）。当高技能劳动力进一步集聚且密度增加后，更高的集聚优势又在继续循环更新、匹配、共享、学习等，推进人力资本不断积累，提升企业与个人的劳动生产率，也推升城市乃至城市群的经济发展。

学术界普遍认为异质性劳动力的区位选择问题本身是一个交叉学科问题，劳动力通过区位选择实现了劳动力生产要素的空间配置，从而推动了城市或城市群等区域的经济发展。相关研究最早源于经济学对国际移民问题的解释与思考，伴随着空间经济学的迅速发展，偏向于宏观的城市层面空间研究很快就显示出局限性，这便促使学者们转向微观劳动力来探寻真理，这无疑涉及了劳动经济学的研究范畴。可以说，劳动经济学与空间经济学在劳动力异质性选择导致的空间分工上起到了互为补充、互相促进的作用。国内关于异质性劳动力空间分布的理论研究方面，梁琦等（2013）的贡献尤为突出，她以空间经济学视角指出了我国城市层级尚有优化空间，通过研究劳动力区位选择与城市层级的匹配问题，指出了户籍制度的缺陷，劳动力不能充分自由的流动极不利于我国城市层级的优化；刘修岩和李松林（2017）进一步证实劳动力的迁移摩擦降低了福利水平，城市层级体系缺乏科学性，城市规模并没有呈现其应有的态势。另一种基于劳动力流动的研究偏向于解释由流动引起的劳动力工资溢价问题，杨振宇等（2017）以中西部劳动力"孔雀东南飞"现象为例，探索了名义工资提升的路径与解释；李红阳和邵敏（2017）研究了城市规模对劳动力工资的影响，发现人力资本的积累在规模较大城市的积累更为积极；赵伟和李芬（2007）运用新经济地理学模型揭示了异质性劳动力的流向与区域经济差异；张文武（2012）针对经济集聚和扩散就人力资本的成本差异进行了福利优化分析；李中和周勤（2012）采用自由企业家模型论证了集聚中心区域的吸引力；周文等（2017）系统地分析了异质性人力资本对区域产业升级的地理经济体系。

1.1.2.3 劳动力供给研究

近年来，劳动供给问题研究可以分为两大方向：一些研究主要建立在新古典劳动供给模型的基础上，通过不断更新评估方法来研究劳动供给时间，典型研究为工资上涨与闲暇和劳动供给选择的理论，如具有弹性的短期劳动供给曲线和无弹性的长期劳动供给曲线在生命周期框架下的分析体系（Lucas，1988）。另一些研究基于近些年新兴的行为经济学，以实证结论质疑新古典的劳动供给理论，这类研究在微观领域进行实验，分析人的行为对劳动供给的影响机制。

由于中国的二元经济体制，劳动力供给曾被认为是无限的，但随着跨越刘易斯拐点向新古典特征阶段转变（林毅夫等，1994；都阳，2016），劳动供给的稀缺性开始转变，都阳等（2018）开始分析市场机制下的劳动供给对中国经济增长的影响。更多的研究集中在劳动供给的空间性研究，人口空间分布与格局的研究以城市群最为典型。一是将城市群看做均质整体，研究全国层面的城市群人口分布与流动集聚，目前这一类研究还比较少，已有的此方面研究也过于简单。二是大多数研究针对城市群内部的人口分布研究，如京津冀、长三角、珠三角等不同城市群内部人口空间分布的比较研究。城市群内部人口空间集聚研究多采用人口地理学空间 GIS 方法等；城市人口规模等级和分层研究多采用 Zipf 模型或分形维数分析进行非可视化研究；城市群人口空间分布集聚原因、后果及空间耦合性研究多采用城市群内部人口密度梯度函数方法。学者们针对某一城市群，主要采用计量经济学方法进行研究，关于影响因素方面，学者们关注的关键因素并不相同，有从经济、环境、公共服务、初始人口，以及高铁对城市群人口分布的影响研究入手，也有从关于城市群人口空间集聚的后果展开研究。目前，由于受到人口数据的限制，对于城市群总体格局及城市群内部的人口空间规律、城市群人口分布与空间流动之间的关系研究，以及重要世界级城市群的国际比较较为缺乏，有效解决我国城市群人口空间分布与优化问题迫在眉睫。

实证研究方面主要关注的内容仍存在很大的局限性。一方面，宏观维度的劳动供给研究大多是关于集聚经济与城市分工体系的实证解释。集聚并非单向的吸纳，而是依据市场的力量引导经济个体集中、分布甚至分散于更为适宜的区位，这样不同城市也因此形成不同的产业结构。地理集中的好处最早被归纳为三点：一是细分的专业化服务可以提高生产效率；二是劳动力池更具规模为精准匹配岗位增添了可能；三是信息交流更为顺畅（Marshall，1919）。在城市经济研究中，以上三点被精练为"共享、匹配、学习"，汇集了经济集聚的好处（Duranton & Puga，2004），集聚的负面影响——"集聚不经济"也开始被考虑到新经济地理模型中。Krugman（1991）将运输成本纳入空间信息，并通过其与产业集中度呈现的倒"U"形关系论证了空间邻近与空间分散对经济个体利益的消耗，解释了区域间协同一体化发展中平衡空间布局的重要意义。当然，自然禀赋，如临海、矿藏资源等在实践中影响着产业分布，但在城市分工与集聚的实证分析中，往往是选取即成区域作为研究对象，尽管会将其考虑为重要的影响因素，研究的维度也更加精细，但更为偏重的是向另一个视角延伸，即剔除自然禀赋情况下的不同城市，若以城市群一体化发展为逻辑，需要考虑多重理论探索：一是与产品生产周期理论结合；二是现代化企业组织方式理论；三是城市体系理论中市场因素作用机制。受企业选址与集聚的影响，专业化与多样化两种类型城市的并存是城市群分工的主要体现。另一方面，微观维度的劳动供给研究大多是关于城市群人口流动空间网络与关联的实证解释。区域经济一体化发展引发人口空间流动，在20世纪90年代涌现出一系列基于国际大城市群空间分工的实证研究：当时的韩国汉城、德国西部地区被选为研究对象来做空间区位模型与实证研究，Hitz等（1994）选取瑞士苏黎世地区为研究对象，Martin（1999）验证了欧洲诸国的空间分工链条，Duranton等（2004）利用法国大城市数据核实了空间分工与专业职位的理论相关性，中国长三角的人口流动也被证实具有与空间区位高度相关的结构特征，人口流动的层级化明显（朱鹏程等，2019）。伴随流动人口与城市经济、政治、文化特征交互形成复杂的网络体系，实证分析策略开始逐渐转向由大型微观数据支撑的复杂网络分析。

可以说，城市群劳动力的空间分工理论是基于早期区域分工理论的进步，但现有的实证研究仍存在很大的局限性。已有实证探索对国际大城市群发展的实际给予了一定解释，但只是从某一个角度验证了空间分工的表现或关联，除针对不同结构指标的测度研究（曾鹏等，2011；李国平等，2013；牛方曲等，2015；黄妍妮等，2016；方大春和裴梦迪，2018），也有研究针对异质性劳动力空间分布的研究（赵伟和李芬，2007；张文武，2012；周文等，2017），但忽略了城市群空间分工与对劳动力吸引之间的助推、互补作用的影响。尽管王金营和贾娜（2021）在实证分析城市群劳动力受到收入溢价吸引效应时，试图论述产业分工和职能分工两个并存甚至递进的分工形式是异质性劳动力空间选择和分类的结果，也是城市外部效应经不断强化后形成城市群分层体系的基础，在一定程度上弥补以往对城市群劳动力分工中空间要素分析的不足，但依然无法回应在国际上处于后发地位的中国大城市群，在优化城市层级空间发展中能否突破要素比较优势的局限实现持续高质量发展。也不能回答是否可以激发出后发优势和路径。但现有城市群空间结构研究发现我国尚有优化提升的空间，城市规模并没有呈现其该有的态势（梁琦等，2013），空间匹配与空间分工的互补等关键性机制没有明晰，根据相关文献的梳理发现，虽然已有研究从不同角度开展，但是研究仍存在很多的局限。尤其可能忽略了城市群内部结构对劳动力吸引影响的偏差，缺乏城市群在激发劳动力供给及其空间分工效应方面的深入研究。

1.1.2.4 城市群研究

（1）空间经济视角的城市群研究。

全球经济的发展是空间问题，随着经济全球化的发展，中国乃至全世界的异质性劳动力伴随着资源进行着全新的空间配置，这迫切要求空间经济学能够运用与时俱进的理论和不断更新的方法解释现实困惑。空间经济学一改传统经济学仅以时间维度展开的路径依赖，开启了空间维度的新思考，探索资源的空间配置，这就使可空间转移的资源成为空间经济学的典型研究对象，同时考虑到经济活动的空间区位问题，使劳动力的流动与配置问题变得尤为突出。但劳动力是传统劳动经济学的研究范畴，并无空间概念的设计，当空间经济学不再满足城市层面等宏观探索开始转向微观劳动力时，这便使空间经济学与劳动经济学的交叉成为可能。可见空间概念是我们绕不开的关键要素。

空间研究早期，Alonso（1964）的单中心城市模型对经济活动空间配置规律做了初步探索，Mills（1967）以城市探讨结构理论早期的城市布局与劳动力通勤之间的权衡选择，开启城市与人们的经济关系。继迪克西特和斯蒂格利茨1977

年建立著名的 Dixit-Sitiglitz 垄断竞争模型并发表于《美国经济评论》后，经济学的发展冲破了规模报酬不变的假设。研究工具的进步扫除了建模技术的限制，为后续收益递增与不完全竞争的拓展打下了基础，接踵而来的理论革新不断为经济研究带来新的进步，如产业组织理论的革新、新贸易理论发展、新增长理论的推进等，并最终催生了空间经济理论的出现。

空间经济主要的研究资源是空间的配置和经济活动的空间区位选择，其发展突破了传统主流经济理论建模的"瓶颈"。以保罗·克鲁格曼为先驱，他最早在 20 世纪 20 年代为新贸易理论做出了突出的贡献，他以商品可流动而生产要素不能流动的传统假设考虑问题，意识到这种传统研究的局限。现实的经济现象远非如此，除商品是可流动的之外，经济要素也是可以流动的，而且运输成本也应该考虑进去，这样的模型才更接近现实。随着理论向现实的推进，藤田昌久等（2011）开始偏离传统的经济贸易理论并转向区域理论，开拓出新经济地理学这一有别于主流经济的分支。他们将经济活动的空间区域作为研究对象，思考为什么经济活动会发生在这样的区域，当空间具备怎样的条件时会出现经济的集聚，这实际上是经济的空间维度拓展，尤其对于中、美等大国经济的空间分布显得更为重要。世界经济的贸易问题、新经济增长问题的推演都越来越指向新的空间经济方向。

秉承空间协调和区域平衡发展的理念，已有大量学者对中国的城市群协同发展问题进行了广泛又深入的研究，内容涉及顶层设计、地方政治、产业链、人才匹配及区域一体化等方面，然而结论多有差异。最为广泛的结论是，经过多维度的度量发现京津冀城市群协同程度不高，三地产业、科技、服务业、人才分布差异明显（Zou & Wu，2014；郑志丹，2016；周伟和马碧云，2017）。刘玉成等（2018）认为一体化策略并没能显著促进京津冀经济的增长，区域内的分工合作更依赖于顶层设计和策略层的高层面指引（文魁，2014），破解之道在于通过突破地方政府间的利益博弈（殷阿娜和王厚双，2016）、优化城市群功能分工（马燕坤，2018）等方法构建更高层面的包容性区域协同。国外文献很少以中国城市群为研究对象，但城市群的研究较早，相关研究也最为领先。

（2）空间地理视角的城市群研究。

城市群伴随着城市的高速发展而生，其空间结构的演化成熟最早产生于国外，并很快引起学术界的关注，国外学者开始了城市群空间结构的研究。早在 20 世纪初，英国已经有学者以群的视角研究城市，但多数研究都处于初级形态。

研究的突破阶段出现在"二战"后，欧洲、北美率先完成城市化进程并演变出城市群连片区域，这一空间现实被赋予新的解释。当新的现象出现而现有的技术工具无法解决时，则需要新的研究工具来突破传统的研究"瓶颈"。

Zipf（1946）运用了物理学中的万有引力定律研究美国城市群的规模，验证了其分布函数符合幂指数为 1 的特征，该规律得到了大量的实证支持，城市空间结构问题自此开始了蓬勃的发展。现代城市群的概念最早由法国地理学家戈特曼（Gottmann，1957）提出，他明确地指出了这种城市连绵成片的空间状态，认为城市群通常汇集地区乃至国家甚至全球的经济活跃要素，是国家经济发展的新形态，也是国家综合实力的体现。佩鲁（Perroux，1950）的"增长极"理论、Friedmann 和 Miller（1965）基于城市群的空间演变机制等，却为空间地理视角的城市群研究奠定了基础。

随后东京大都市圈、西北欧城市群、英格兰大都市带、东南亚发展中国家城市密集地区等也被引入城市群框架，扩大了城市群研究体系。20 世纪末，信息技术极大推进社会进步，同时也作为工具推进了社会科学的发展，城市群空间地理研究也不例外，尤其以跨国公司的空间分工、城市体系的网络化等研究成为重点，Pyrgiotis（1991）、Kunzmann 和 Wegener（1991）认为区域经济一体化与城市群在空间组织的结合，将会是世界经济发展的主流。1965 年，美国的著名学者 Friedmann 以"中心—外围"为建模基础贡献了城市群的演化特征与过程。更多的空间结构指标与评价体系也在不断推陈出新，规模维度、集聚—扩散维度、单中心维度、多中心维度等都得到了广泛的认可（Meijers & Burger，2010）。

国内的城市群空间研究是伴随经济的迅速发展而兴起的，国内的城市群空间结构研究多为针对不同结构指标的测度研究。作为世界第二大经济体，中国的城市群建设已经颇有起色。由于城市是城市群发展的关键，在北京、上海、广州、深圳的带动下，长三角、珠三角、京津冀等城市群纷纷汇集地区乃至国家甚至全球的经济活跃要素，被视为国家经济发展的重要支点，成为国家综合实力的体现。更为重要的是，城市群已经成为参与世界分工和国际竞争的主要地域空间单元，体现出深远的战略意义。城市群不仅成为政府区域空间发展的重要抓手，更迅速成为国内学者的研究对象，涌现出大批优秀的研究成果。方创琳等（2005）运用地理学研究方法对我国城市群内部的城市发展水平、运输条件指数、首位城市的发育指数、城市群基尼系数、城市群内部建成面积等做了初步测度；姚士谋等（2006）开始以空间的视角审视中国的城市群建设；李学鑫和苗长虹（2006）

以中原城市群为例测度城市群的产业结构与分工；曾鹏等（2011）以中国十大城市群为研究对象，运用首位度指数和分形理论对比了不同城市的城市等级；李国平（2013）采用城市群基尼系数测度了京津冀城市群的空间结构特征；刘士林和刘新静（2013）发布了中国城市群发展指数报告；牛方曲等（2015）以城市群多层次空间结构算法测算出城市间互相作用强度、城市综合实力指数、通勤圈等特征；王婷和芦岩（2011）、黄妍妮等（2016）、陈金英（2016）等综合运用了中心度、首位度、帕累托指数、分散度等评价了中国典型城市群的空间结构；方大春和裴梦迪（2018）补充了赫芬达尔—赫希曼指数、Zipf 维数等指标研究雄安新区建成后的京津冀城市群空间结构研究。

（3）空间分工视角的城市群研究。

空间分工发展问题落回了区域科学的研究范畴。空间分工是通过异质性劳动力的区位选择来实现的，往往发生在城市群中，即城市群空间结构与异质性劳动力区位选择的结合。空间分工是城市群内部特点的细化与表现，且以职能分工最为突出，世界级城市群的典型特点就是具有了区域职能分工的特性，是空间分工的高级阶段。

已有的空间分工视角的城市群研究，多以劳动力空间分工与经济增长关系理论为视角展开，但多数研究形成的逻辑和实证研究表现存在不足。首先表现在空间分工与经济增长关系理论的形成逻辑上。经济学在斯密时代便强调分工对提升生产效率的重要性，而长久以来由于技术手段的限制，研究多是以时间维度展开，缺乏空间维度的推演，但空间的力量的研究从没有减弱。伴随着生产力发展，技术水平的不断攀升推动了企业组织方式变革，跨国公司采用新的管理模式，将总部集中在商业服务丰富的综合性城市，生产环节设置在同类生产集中的专业性城市，这样专业化城市和综合性城市（Duranton & Puga，2004）彼此联结形成协同发展的空间分工体系。这便引发临近空间内不同规模等级的城市基于分工与协作依照现代企业组织方式，将区域经济的空间结构引向专业化城市与多样化城市共存的新模式，也逐渐演变出复杂结构与复合功能相结合的城市群体系。其次表现为古典经济学家在劳动价值论中对分工与空间要素的考量。亚当·斯密（2005）在解释分工时涉及了空间维度的思考，但主要以交易市场为载体，表现为交通便利水平、人口密集度、空间距离等区域差异。专业化大生产伴随比较优势理论推动分工演进，李嘉图（1981）在阐述比较优势时渗透着空间差异的影响，运用空间的差异解释分工与贸易。Young（1928）继续思考亚当·斯密指出的市场范围，探索市场规模对分工的反作用，并渗透着空间与辖域的探讨。再次表现为古典区位论考虑了更多的空间要素，但分工的作用没能被充分重视。德国经济学家杜能（1886）通过孤立国模型分析了农场经济的地理空间分布。新经济地理学的代表人物克鲁格曼（1991）通过建立数学模型验证了中心区域，他指出关于经济活动的区位选择问题涉及很大的领域，很多研究都源起或落脚在空间，可以说已经形成了一个经济学分支。Poter（1990）、Venable 和 Puga（1996）、Glaeser 等（1992）、Fujita 等（1999）、Englman 和 Walz（1995）等的研究从竞争、技术进步、知识溢出等维度证实了经济集聚的空间意义。从次表现在早期地域分工理论上。地域分工被认为是空间分工理论的前身，马克思曾指出"分工既包括部门间、企业间和企业内部的分工，也包括把生产部门固定在国家一定地区的区域分工"，苏联的一批经济学家发展了这个理论，作为社会分工的空间形式——地理分工从理论上符合比较优势理论和要素禀赋理论，同时进一步地满足古典区位论的逻辑。最后表现在空间分工理论上。与比较优势理论对比，后发优势更符合后发地区的发展逻辑，后发经济体的空间分工是后者的拓展。现代意义的空间分工最早由英国人文地理学家 Massey（1979）提出，以"区域"角度开拓性地思考在新的生产组织框架下空间分工对区域经济发展的重要作用，随后学术界开始逐渐研究这个角度的问题。Massey（1979）在其著作中提到产业组织与社会关系共同影响区域经济地理，这种思路在现实的资本主义社会中已经较为明显，并成为其理论基础。随后 Storper 等（1983）运用劳动空间分工的思想，推演了差异化的劳动需求与劳动供给于地区间的匹配问题。Krugman（1991）认为集聚的微观向心趋势是空间分布的动力，但并没有涉及知识溢出、劳动力共享等因素，他指出，微观经济活动的空间选择也许正是人文地理的空间分工和中心—外围模型共同论证的同一问题。Scott Allen（2003）继 Massey 之后，运用空间分工的基本思路，开拓了系统的地域分工体系，逐级将空间分工划分为企业内、企业间和国际间三个层次，通过研究产业综合体演变的复杂过程，论述多元化大都市的空间集聚作用。

　　劳动力的空间选择与收入高度相关，但空间并非孤立存在，尤其成熟的城市群空间内部往往汇集密切的交流与合作网络，以更低的交易成本和更强的知识溢出，表现出集聚经济特有的空间属性。Massey（1979）提出空间分工思想，这是基于早期区域分工理论的进步，论述了产业分工和职能分工两个并存甚至递进的分工形式。在职能分工体系中，Massey 指出单个公司的不断成长为生产过程在不同阶段的分离提供了可能性，进而可以建立跨区域分布以利用空间差异。根据不同区域的要素禀赋差异，大公司将自己的不同部门分布在不同区域，如将流水线生产或大规模生产部门设置在低工资劳动力集中区，因为只需要半技术工人即可，所以对劳动力的要求主要是低成本，仅需简单培训便可适应工作；那些没有被包含在流水线上的工作则是对劳动力有一定技术要求的，所以主要集中分布在老的工业中心区域；将管理、研发、设计部门设在中心城市，这里往往集聚着大量的高端人才。由此发现，虽然影响企业区位选择的因素有很多，如原材料、劳动、资本、市场、集聚程度等，但最为关键的仍是人力资本，作为时下最为宝贵的要素，只要有人力资本的集聚，必然有相应的其他物质资本随之而来，形成物质与人力资本的双集聚。

国内对空间分工的研究还相对较少，多数学者都将研究视角立于分工的比较优势发展探究中。比较优势战略为中国的发展曾做出突出的贡献，其观点提倡者主要是林毅夫等（1994）。但也有学者认为，一旦人们专业化生产低技术含量的某种产品，就意味着放弃另一产业的生产，为了强化原有的比较优势，只能专业生产低技术含量的产品，长期下来，经济将难以持续增长。郭熙保（2008）认为，落后国家根据比较优势参与国际分工往往只能从事传统部门的生产，这就很可能导致技术锁定，进而陷入依附性发展的"陷阱"。宁越敏（1991）将西方的空间分工理论引入了国内的研究视野，随后，一些学者开始运用空间分工理论解决中国的现实问题，尤其是珠三角等城市群的发展研究问题。苏红建（2012）系统地论述了人文地理学科空间分工理论，并选取中国地级市、城市群等为研究样本，指出中国在城市层面上的空间分工发展的普遍滞后性，以经济圈定义的城市群内部的空间分工趋势要明显好于其他地区，以此论证了经济圈区域发展模式的积极意义。吴慧君（2014）研究了长春、吉林、延边三市的空间功能分工，并有针对性地提出了空间布局思想。王春萌（2017）通过研究长三角地区的空间分工系统地梳理了空间分工思想。

经济全球化与经济一体化已成为经济发展的大势所趋，作为集聚与扩散的共同产物，城市群这一高效率的城市空间组织必然成为世界经济发展的主流。六大世界级城市群中，美国的波士华城市群（美国东北部大西洋沿岸城市群）体量最大，其经济总量在世界经济体排名领先，超越了众多国家和地区。随着全球一体化发展，当下世界经济的中心开始有东移的趋势（曹诗颂等，2017），世界级城市群往往承载着世界经济中心的空间表现，这为中国的城市群发展带来了前所未有的机遇。地处太平洋西岸的京津冀城市群与地处大西洋西岸美国的波士华城市群，具有相似的地理纬度，又具备较好的经济基础，逐渐拥有了类似于波士华城市群的发展契机。相对于成熟的世界城市群，京津冀城市群发展势头迅猛，初步实现了波士华城市群前一阶段的产业结构（周伟，2016），工业化洗礼后能否吸纳优质的经济要素为集聚提供支撑成为了发展的关键，尤其是人力资本，可谓是重中之重，可见有必要细化对比与分析主要世界级城市群，进而改善、提升城市群发展需具备的基本条件。

1.1.2.5 文献述评

综上所述，国内外已经有研究涉及劳动力收入偏离、劳动供给与经济增长，分析工具越发科学化，但与中国实际结合的研究仍不多且不精，实证研究的深度未能与中国现实对接，尤其是切实针对中国城市群经济发展的文献还是很少。经过系统的理论梳理发现，大量的空间经济研究多停留在原理的初级运用上，甚至不能很好地甄别空间分工的理论机理，过于固化使得空间经济研究在产业领域并没能过渡到空间的产业与职能的双向维度，更没有形成完整的空间分析架构。空间分工对经济增长的作用机理还没有被揭示，需要深度和巧妙的思路推衍。现有的模型中，缺乏恰当的指标衡量体系，定量分析的解释力度较为乏力。由于空间分工理论的技术刻画具有一定的挑战性，落脚到现实城市中，缺乏成熟的理论支撑，很多研究并没有真正打开城市体系发展背后的"黑匣"。

结合中国实际，作为发展中的大国，中国发展有何优势，就人力要素禀赋而言其庞大的人口基数为人力资本要素积累奠定了坚实的基础，而且自中华人民共和国成立以来，教育一直为人口素质的提升保驾护航。从资本要素而言，中国的经济早已不是一穷二白，自改革开放以来经济腾飞一度创造无数世界奇迹；况且中国自古以来地大物博，尽管人均不高，但资源禀赋限制不是最大问题。中国的经济发展有着深深的外向型痕迹，实践中发现，外向型的经济增长可以迅速推进东部沿海城市的发展但很难惠及广博的内陆城市，而且随着经济发展与人力资本积累，出现了越来越多人力资本发展与经济发展不对接的现象。例如，大学生就业难、就业匹配度低、高端人才外流，以及微观企业没能充分承接教育的"接力棒"为人力资本搭建成长的岗位平台，等等。可见在日趋开放的全球市场中，中国仅仅依靠外向型经济尤其是廉价劳动力或资源的低成本优势，已经难以在国际市场上获益。况且大国的发展思路不同于小国，靠国际贸易发展的国家，远到欧洲近到亚洲的"四小龙"多为国土面积不大的国家，而且从历史经验来看可持续的发展不可能完全依靠外向型模式。

大国的发展需要健全的产业结构、合理的区域布局，更需要城市为中观区域发展奠定基础，中国的区域经济正处于蓬勃发展的时期，适时分析先进城市体系发展模式，学习大国发展经验，结合中国国情选取典型的城市群地区，对比分析劳动力、空间分工情况在城市群中的差异有其积极的现实意义。中国经济的发展在于，兼顾区域协同的基础上构建可以辐射内陆的空间极点。在区域经济实践中为人力资本的积累提供承载平台，并发挥出由丰富人力资本蕴含的科技优势进而继续推动生产力发展，以此达到良性循环，这无疑是产业升级、技术进步等现实问题迫切需要的突破口。城市群建设问题在区域经济发展中已经成为众多学术研究的重点，其对经济增长的推动作用已经在理论与实证等多方面得到证实。近些年，随着空间经济学的发展，以空间分工为切入点的研究有很大的探索空间，尤其是涉及城市群内部微观基础与劳动力空间逻辑的循环关系方面的研究为数不多。

1.1.3 问题提出

综上所述，以往的劳动力收入偏离、劳动供给与经济增长的理论与实证研究存在诸多不足与局限性，也为本书的研究提供了可资借鉴的方向。本书需要回答的核心问题是在人口负增长与劳动力供给减少的情况下，大城市群如何在空间分工支撑下保持高质量发展？其动力、途径和机制是什么？为此，本书需要通过充分考量大城市群在劳动空间分工上的潜力，弥补以往研究中将不同体量城市群或都市圈视为同等级观察对象的缺陷，也需要弥补把不同经济主体的个体特征、区域特性、社会差异水平看作同质变量的不足。另外，需要将多方面因素纳入新经济地理学模型，体现劳动空间分工是结构和规模的配合、静态与动态的协同、经济个体与经济之间外生与内生的统一。从而探寻中国大城市群在未来人口负增长背景下推动经济高质量发展的动力、途径和机制。

本书欲以城市群劳动力收入偏离为研究起点，对比国内城市群和发达国家城市群发展问题，与空间相结合探讨中国世界级城市群的发展之路。

第一，城市群中的劳动力收入扭曲与溢价如何？这涉及经济盈余与劳动者的收入分配问题，人们逐渐认识到分工和生产效率可以突破财富积累的零和博弈，中国的城市群也已经成为参与世界分工和国际竞争的主要空间单元，其内部的空间岗位呈现怎样的状态？目前中国缺少综合实力位居世界前列的城市，这种城市是城市群构建的关键，因为只有城市才能集聚可以共享的基础设施、最新的前沿技术，以及由此扩充的人力资源与社交网络等。城市是城市群发展的关键，城市群的崛起势必依托于中心城市的发展。好在随着北京、上海、广州、深圳的崛起，中国的城市群开始具备发展的依托，但离全球经济指挥控制的世界城市群定位仍有一定距离，尤其在发达国家的世界级城市群已经在全球经济中占据重要位置的背景下，为此提升城市吸引经济要素的能力，势必成为城市群建设的关键性支撑。

第二，收入水平与边际产出之间的差距客观存在。城市群空间分工能否改善这种现实？从空间分工的现实情况中，本书发现发达的城市群往往空间分工程度更强，不同城市的空间功能更为鲜明，这其中的原委极为微妙：城市承载着国民经济中大部分的第二产业和第三产业，其微观基础均为公司，在城市群中，大公司往往将管理和研发部门放于中心城市，生产、物流调配等部门则设置于技术工人不集中的外围城市，物质资本将随着人力资本的异质集聚而进行反应性集中和分配，从而提升经济运行能力、促进科技创新能力和生产力水平，这种空间分工模式有效地控制了成本、降低了风险，资本实现了高效利用，同时区域经济因经济的多样性实现了产业结构的非单一化，这显然有助于城市群健康发展的良性循环。这似乎与劳动力个体的空间异质集聚同步，与此同时影响城市群的物质资本集聚，进而影响生产能力提升和产业结构升级。国内的区域经济学界开始涉及这些研究仍属少数，尤其是基于微观基础的实为少见。

第三，如果空间经济氛围与经济政策改良可以优化空间结构与吸引力，那么以城市群协同发展为目标的一系列政策干预有何经济效果？有必要采用科学方法测度这种区域政策效果，在有效评估的基础上实施系统的革新与调整。

所以，本书以异质性劳动力收入为出发点，在区域协调分工的框架下探讨城市群空间循环规律，探讨城市群劳动力收入偏离、劳动供给与经济增长的关系，对比国际先进城市群发展，试图找到城市群科学的经济发展路径。由于北美五大湖城市群、西北欧城市群都涉及跨国数据，难以实现横向对比，限于数据的可得性，本书将研究对象限定为美国波士华城市群（东北部大西洋沿岸城市群），中国和美国同为大国，城市群发展有相通之处，故对比中国的长三角、珠三角、京津冀三大城市群区域展开分析，以期打开城市群发展背后的"黑匣"。更为重要的是，理论的思辨是为了解决现实的困境，为探索中国城市体系的经济增长乃至产业升级和技术革新等发展难题，本书试图提供规范化的技术分析与指引。

1.2　研究意义

在城市群劳动力收入偏离、劳动供给与经济增长的经济实践中，美国波士华城市群具有一定的代表性。美国是典型的移民国家，波士华城市群体现出强大的集聚能力，深入探讨城市群的劳动力高收入回报与高生产率循环机制，无论从理论角度还是从现实角度，都对中国的城市群发展极具重要意义。

1.2.1　理论意义

本书重新审视劳动空间分工与集聚相互作用下促进大城市群高质量发展的可能潜力，构建全球城市与背后强大的城市群网络共同作用的互动关系，改变并完善现有理论，构建基于劳动力空间分工的新人口与经济理论，为探寻我国未来人口负增长下实现经济高质量的动力、途径和机制提供理论支持。因此，本书具有理论创新价值，充实了城市群劳动力收入偏离、劳动供给与经济增长的理论研究。虽然劳动力与经济增长的相关研究已经很多，劳动力对经济增长的贡献也已经毋庸置疑，并且国内外已经有很多理论与实证研究。但是，大多数学者仅以存量的形式衡量其对经济的作用，结合中国实际，人口红利逐渐消失是不得不面对的现实问题，那么人口的存量层面显然需要再推进一步。也就是说，劳动力对经济发展的积极意义不应该仅停留在总量的层面，当"量"不再具备显著优势时，"质"就该成为研究的重点，其内部的"异质性"特点更需要深入剖析，毕竟劳动力不同于物质资本的最主要特性是其异质性，或者说推进经济的发展关键在于其异质性。然而此方面的文献多为理论分析、少有实证检验，可见在理论分析的基础上进行异质性的实证检验，对时下的中国经济，尤其是城市群经济有着极其重要的理论意义。

由于新的企业管理模式的出现，公司将不同部门设于不同地区以实现利润最大化，通常城市群中心区位汇集更多的高附加值部门，外围地区次之，劳动力也因异质性实现了空间分工分布，这种空间分布在城市群中呈现异质集聚，而这种集聚无疑会为传统的分工带来飞跃性的变革——由传统的产业分工向空间分工发展。空间分工也势必将集聚效应发挥到极致从而带动整个城市群的经济飞跃，可以说，这种空间逻辑始于分工落脚于城市集聚，体现在劳动力的异质集聚。世界知名的都市圈、城市群都有类似显著的空间特点。城市群的建设对于大国的经济来说意义非凡，汇集已有研究发现，劳动力与空间分工发展研究大多存于思想层面，空间逻辑多停留在国域差异，缺乏相应的技术表达和规范性分析。基于以上现状，本书以中国城市群为研究对象，对比美国波士华城市群，以劳动力收入偏离与空间决策为切入点，分析劳动力收入偏离对城市群劳动供给、经济发展的影响，实现理论上的一些推进。

1.2.2 现实意义

通过梳理和深度挖掘世界级城市群集聚全球资源、优化配置能力的实践经验，对我国未来大城市群空间分工发展的动力、作用机制和潜在机会做出较为准确的判断，充分认识我国大城市群对区域经济发展的整合能力，为我国经济实现持续高质量发展提供切实有效的政策支持体系。因此，本书的研究具有较强的应用价值。在人口负增长的背景下，中国政府对人口尤其是劳动力资源空间优化配置的重视程度不断提高。中国人口发展进入新的阶段，从低增长到负增长的发展态势已经成为社会发展的重要背景，虽然已表现出劳动力供给减少、老龄化程度加深、劳动力结构老化等不利趋势，但14多亿人口的巨大规模仍是主流。中国如何规避经济发展停滞，激发蕴含在巨大人口规模中的经济发展潜能，还需结合全球以城市群承接经济发展的空间逻辑，触发中国大城市群人口与劳动力的空间优化配置的重要思考。

对比中美典型城市群劳动力收入差异与空间分工，为中国的城市群发展提供借鉴。作为发展中的大国，伴随改革开放带来的经济起飞，中华人民共和国从"一穷二白"走到现在，已经在国际经济中占据一定位置，已创造了无数的奇迹。但是，经济总量的增长不等同于经济发展，而且大国的经济发展与小国不同，尤其在空间方面。但由于我国城市群起步较晚，多数城市群发展并不成熟，当城市群内部没能承接高附加值部门时，国内与国际的双循环新发展格局很难开启。城市群是高附加值部门的集中承载空间，劳动力收入与之匹配，发达城市群有机会承担世界的优势要素呈现更优的收入回报，并与高生产率形成循环，这些都是提升本国产业格局的重要抓手。城市群通过人口汇集带来新的生产要素和新的需求，无形中又强化了集聚能力，但是这种集聚能否持续，取决于空间分工和协同优化。空间分工这种崭新形态在高效推进生产力提升的同时，为城市群区域经济发展提供了契机。但是目前，中国城市群建设仍存在很大不足，主要表现在：第一，中国的人力资本一直在不断提升，但人力资本没有机会服务于企业，或者说人力资本并没有精准地进入经济循环体系。第二，虽然地区间的劳动力差异较大，但空间分工的典型模式仍不凸显，这意味着集聚力较弱且不可持续，这必然引起经济运转低效。第三，劳动力的异质集聚与城市间的空间分工实际上是一个彼此促进、相互循环的经济系统，空间格局为劳动力积累搭建平台，人力资本异质积累后又进一步推动空间的有效配置，这种机理的实证探讨对时下的中国经济具有重要意义，但中国城市群的劳动力收入回报没能体现这种态势。可见，本书以空间分工逻辑，对城市群劳动力收入偏离、劳动供给与经济增长进行系统研究，结合国际国内对比，进行理论探索与实践验证是具有一定现实意义的。

1.3　研究方法、研究思路与研究内容

1.3.1　研究方法

本书采取定性分析与定量分析相结合的方法，将理论逻辑、实证研究、实验研究有机地统一起来。

本书在开启研究之前，运用文献归纳法，对与之相关的文献做了全面系统的梳理，从追根溯源的探究到前沿文献的追踪，可以有效帮助研究者了解前人的成果积累和最新的进展，既可以站在巨人的肩膀上努力拓展未知世界的边界，又可以避免研究工作的重复和浪费。本书在收集整理国内外文献时，从四个视角梳理了研究主题的研究现状，即立足于劳动力收入偏离的文献述评、异质性劳动力区位选择视角的文献述评、劳动供给的文献评述以及城市群空间结构的文献述评，并整合为本书的研究基础，总结理论机理、模型推演、变量革新等方面的缺口与不足，为选择更适宜的切入点以突破现有研究瓶颈并找准方向。

本书将多种数理与实证分析方法有机结合。运用数学工具建立体系化的理论模型，使经济逻辑更加清晰、完整，同时也为与经济现实的对接提供了可能，即运用计量经济学构建桥梁，完成由理论到实证的完整演绎。为与理论研究相呼应

形成彼此验证的逻辑布局，本书进行了大量实证研究工作。首先，在明确概念的基础上，从空间分工的传统理论入手，回顾空间分工思想的演变历程。借助CD生产函数、CES模型与劳动供给模型等，剥离区域经济增长关键因素——劳动供给，为劳动力空间分工影响经济增长建立理论基础。其次，验证城市群个体空间岗位选择对收入回报的积极意义，运用双边随机前沿分析模型，测度中国三大典型城市群中劳动者收入偏离，与国际上成熟城市群——美国波士华城市群对比寻找差异。再次，从中美城市群之间的差异表象推进，运用门限回归模型以严格的统计推断方法，寻找城市群的空间分工依据。以此鉴别中国城市群处于不同的空间分工形态、不同发展阶段。运用工具变量法（2SLS）和广义矩估计法（GMM）实证检验劳动力收入偏离对城市群劳动供给、经济增长的积极作用。最后，检验空间改革对城市群经济增长的效果，运用合成控制法（SCM）设计自然实验，测度空间改革对城市群经济增长的效益，验证空间协调分工对城市群发展的积极意义，以及相机优化的政策环境对释放后发经济体潜力的重要作用。在以上方法有机结合的基础上，笔者借鉴波士华城市群发展经验提出城市群建设的系统化政策建议。对经济理论的公理化构建是保证其科学性和严密性的必然选择，以上理论分析和实证分析的结合可以更加充分地实现研究的客观性。

本书在搭建理论体系和验证经济思想的过程中，充分运用了定性分析与定量分析彼此交互、相互完善的分析方法。总体来看，本书通过数学推导和以数据为基础的统计推断，以自上而下地贯穿总体逻辑，较为充分的定量分析是本书的主体。定性分析体现在与之相匹配的逻辑推演和定性研究上，在系统分析劳动力进行空间选择的个人决策时运用了充分的逻辑演绎和定性分析；将空间分工嵌入核心模型时的探究过程；在发现国内城市群的巨大差距，尤其是京津冀城市群呈现出潜力和机遇的客观现实时，定性分析后发现城市群的历史发展规律和逻辑体系等，保证与定量分析结合互补的整体性。

本书深入且广泛地运用了比较分析法。从本书主题来看，目标在于通过对比城市群间的差异，寻找我国城市群与世界级城市群的差异，通过提升城市群品质扩大国内大循环的外延，改善中国的经济发展质量。当立足于微观视角的研究拓展到总体时，往往会掩盖各个微观个体之间的差异，然而这些差异非常富有启发性。本书通过比较城市群地区与非城市群地区的空间岗位，验证城市群的空间区位有利于劳动力的收入优化；比较各个城市群的岗位空间优势劣势，分析劳动力的收入偏离差异；与美国波士华城市群进行比较，寻找能够提升我国城市群的机会和空间；比较城市群内部的空间分工差异，验证对劳动力供给和生产效率的积极意义；对比不同的岗位、年龄、受教育程度于空间区域的不同优势与劣势，验证城市群内部的空间差异，寻找科学的调整路径等。

1.3.2　研究思路

本书以当下中国大城市群发展的实际和全球经济发展中越发依赖于城市群发展质量的现实为研究背景，探究在中国人口负增长和年龄结构不断老化条件下，如何充分利用城市群空间分工集聚的潜力，开启人口规模对区域尤其是大城市群经济增长的"黑箱"，探索劳动力规模与结构对经济集聚与增长的动力机制，探索劳动力收入偏离、劳动供给与经济增长之间的逻辑关系，并提出可行的政策与支持系统。本书拟通过理论研究、实证研究以及实验评估来实现以下具体的研究目标：

第一，探索空间岗位差异对个体劳动力的吸引，测度空间岗位优势或劣势影响劳动者收入偏离的差异。在充分考虑劳动力异质性的前提下，验证空间岗位的优势与劣势并测度，进而比较不同城市群之间的差异；验证不同岗位的优势与劣势最终优化或恶化了劳动者的收入偏离，进行不同空间单元的对比，检验城市群的明显优势；测度处于不同城市群的劳动力个体虽有异质性，但普遍受到城市群空间分工的积极影响，从而呈现积极的收入偏离，这种偏离的差异体现了不同城市群对劳动力个体的吸引能力，通过与世界级城市群的比较寻找中国城市群的潜力与差距。

第二，在测度城市群劳动力收入偏离的基础上，将空间分工嵌入城市群的经济运行中，深入探索异质性劳动力空间自选择的规律与机制。以微观劳动力个体视角，分析空间分工的重要意义，实证检验不同城市群劳动力收入偏离差异导致的不同劳动供给行为，影响该地区的经济增长效率，并进行国内和国际城市群的对比，寻找有意义的发现。

第三，验证个体空间选择如何通过与城市群空间中衍生的空间分工匹配，来影响劳动力收入偏离作用于经济增长。为厘清城市群劳动力收入偏离与经济增长的关系，需要在区分不同的城市群发展现状、空间分工结构的基础上，检验对城市群经济增长的影响效应。

第四，对国内城市群过往的空间政策调整变迁进行评估和检验。论证政策变迁是否有效改善城市群的空间协同性、推动经济增长，强调经济环境和政策对城市群协调发展的积极意义，面对国际上强有力的经济竞争，我国世界级城市群的建设必须建立在科学、系统的发展规划的指引下，说明政策实验、政策效果的科学体系建设对我国意义重大。

根据上述目标，本书的研究思路从问题提出、理论研究、实证研究、对策及支持体系研究四大部分展开。如图 1-1 所示，问题提出部分阐述现实的经济矛盾，在系统地搜索和梳理研究历史和现状的基础上，初步建构问题的理论背景，由此引发现实矛盾的理论指向。理论研究部分，承接背景理论的系统规划，并以此为基础构建问题解决的理论模型，结合劳动力收入偏离与自选择的空间逻辑在区域经济增长模型中设计空间分工刻画。实证研究部分，将理论模型转化为计量模型，使其技术刻画得以实现，采用中国地级市和微观数据实证检验三大城市群的空间分工层次，并在度量劳动力收入偏离和异质性空间集聚的基础上对比分析世界发达城市群，深入剖析其对劳动供给与经济增长的作用机制。对策和支持体系研究部分，做规范化的技术分析与现实指引。

1.3.3 研究内容

第 1 章为绪论。本章主要阐述本书的研究背景、研究意义，从多个视角系统地梳理与本书相关的研究文献，分析本书研究的发展脉络，并在其基础上分析研究现状，评述研究的基础与出发点。首先，梳理并评述劳动力收入偏离、异质性劳动力区位选择、劳动供给与城市群相关的国内外研究文献，寻找其现有研究的优势与不足，并以此为切入点展开本书的研究。其次，综合汇总以上四个方面，以不同侧面、不同角度对比并梳理现有文献对本书研究的启发，结合实际指出与现实国情相匹配的问题与解决方向，为本书的探索提供借鉴。最后，确立研究目标、主要内容及方法，梳理整体研究思路和框架，并介绍创新点。

第 2 章为概念界定与理论基础。首先，明确一些重要和容易混淆的概念，对城市群的界定在学术界颇有争议，故在系统研究之前，明确该重要概念是极有必要的。与此同时，介绍本书的研究重点。其次，分不同视角逐一梳理国内外相关的研究理论与路径。构建城市群中劳动力收入偏离对劳动供给、经济增长的影响机制研究。本部分的主要内容是提出假说、理论推导及核心模型的构建，在 CD 生产函数的基础上，构建劳动力对区域经济生产率影响的数理模型，剥离出劳动供给变动影响区域经济增长的理论机制。再次，分析劳动力个体的理性决策机制，

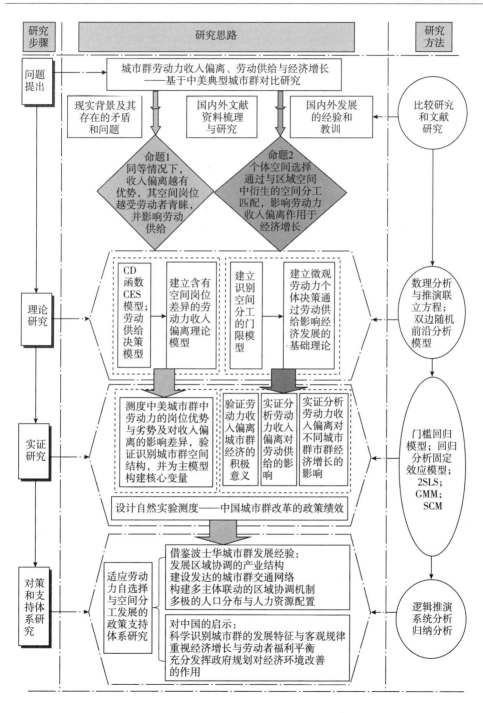

图 1-1 主要研究思路

以及收入偏离对个人选择意愿的影响，构建劳动参与模型与劳动供给模型。最后，提出两个理论假说。

第3章为中美城市群劳动力区域分布与收入偏离测度。本章主要测度并检验假说1，构建后面章节模型中核心变量的代理变量，作为解释不同城市群空间分工成熟度的重要指标。首先，阐释异质性劳动力空间自选择受不同空间岗位优势与劣势的影响，其博弈的结果是导致个体收入偏离且呈差异化空间分布。其次，运用双边随机边界模型，选取微观劳动力视角，将京津冀、长三角、珠三角城市群分别与美国波士华城市群进行对比。最后，实证检验中美城市群的差距，其测度数据作为重要指标为第4章、第5章的实证检验提供数据支撑。

第4章为城市群劳动力收入偏离对劳动供给影响的实证分析。在充分考虑劳动力异质性的基础上，考察城市群劳动力收入偏离对劳动供给的微观基础，寻找空间分工于个体层面与空间层面的规律，验证空间分工并给予技术表达，考察城市群劳动力收入偏离对不同分工层级劳动供给的影响。

第5章在第3章、第4章厘清城市群中劳动力收入偏离与不同城市群空间分工形态的基础上，实证分析城市劳动力收入偏离对不同城市群经济增长的影响机理，验证前文提出的理论思想与假设。

第6章为中国城市群协同政策的自然实验。运用合成控制法设计自然实验，检验并测度中国城市群协同政策、政策转变、调整演进带来的经济增长效应，设计适合中国本土的城市群发展思路。

第7章为研究结论与政策建议。汇总全书的主要理论，概括总结出主要研究结论，在此基础上，展望未来深入研究的方向。

1.4　创新点

本书研究的重点在于，一是大城市群中劳动力收入偏离、劳动供给与经济增长的新理论研究，通过数理规范研究和推导，在新经济地理框架下考虑劳动力流动和产业上下游关联，再通过构建模型为要素流动、产业关联与技术跨区溢出分析提供一个理论框架，证明城市群空间分工潜力的存在。二是促进劳动力空间分工的空间差别化的劳动供给行为与作用核算，首先需要对劳动力异质性活跃度进行测度，并在此基础上基于经济模型对分工作用进行核算。试图解决两个重要的难点：一个是数理推导将城市间空间分工与技术外溢内生地引入生产函数，考虑微观个体之间的技术性交流与溢出，并建立上下游产业之间的关联；另一个是验证劳动力空间分工在大城市群中的差别与潜力并进行测度。最终完成在中国人口负增长和劳动力年龄结构不断老化的条件下，探索中国大城市群在全球经济中后发崛起所需要依赖的内在动力、集聚机制与潜力的研究目标。为此，需要构建城市间空间分工与技术外溢内生的经济增长动态模型，揭示劳动空间分工对大城市群经济增长的内生促进机制，测度劳动空间分工的空间差别化的劳动供给行为与作用，为政策支持体系研究提供理论推导与实证依据。本书的创新点如下：

1.4.1 劳动力与区域发展理论的探索

本书丰富了城市群劳动力收入偏离、劳动供给对经济增长的理论研究。选取个体视角与区域视角相结合的方法，以微观数据测度城市群中劳动力的收入偏离，在其基础上识别门限效应，实现了空间分工的技术表达，揭示了劳动空间分工影响劳动供给的微观基础，验证了其对城市群经济增长的积极作用。打破现有文献中传统区域总体分析思路，补充了以区域为单元的劳动力个体研究，利用空间分工理论分析劳动力与区域经济增长，运用微观个体指标为区域经济发展增加空间维度分析的理论探讨。构建数理模型并系统分析，补充长期以来理论研究中空间异质性对经济增长推动作用的忽视，提出个体主观决策与人口空间结构对后发经济体培育世界级城市群过程中的潜能和效应的探析。论证后发国家在理论上基于人口规模优势的空间结构潜力与机制作用。主要从两个方面进行理论探索：第一，劳动空间分工促进城市群经济增长的内生机制，主要体现为有效的交流学习、边际产出等收入增加和劳动力长期集聚等；第二，劳动空间分工与城市群经济增长的交互作用机制，主要体现在掌控全球资源能力、技术进步内生性问题和劳动力平台效应等上。

1.4.2 空间分工测度及作用核算

在理论上，本书将证明劳动空间分工所带来的交流学习机会、产业上下游关联、收入溢价吸引等对于大城市群经济发展的巨大推力，通过深化空间分工水平缓解劳动力对区域经济发展带来的局限。不可否认，对于当下的中国来说，大城市群崛起对于提升整体经济发展质量至关重要，本书对劳动力空间异质性、活跃度及产业关联给予测度，确定空间分工的潜力与机会，并在此基础上对大城市群实现经济发展的劳动空间分工及其作用进行定量分析和计算。

1.4.3 研究方法的创新

为分析大城市群经济发展与空间分工之间错综复杂的理论关系，对劳动空间分工与效应进行测度与计量，本书的研究落脚在超越单一城市的城市群体系，以劳动空间分工与上下游流动视角重构新经济地理学模型，不仅利用网络结构分析、对应分析方法进行宏观、微观经济信息分工效应分析，还利用新经济地理模型结合双边随机前沿分析与门限效应分析考察更加细分的结构效应与增量效应。对同一系列样本数据进行多角度、多方法的分析，不仅可以在一定程度上保证结论的稳定性和有效性，还将获得更多、更有意义的结论。实证部分为满足研究需要，利用双边随机前沿方法刻画城市群空间岗位的差异与吸引力，并以此为数据基础识别模型的门限效应与空间分工，进而采用 2SLS、GMM 探究劳动力收入偏离、劳动供给对城市群经济增长的影响及微观基础，最后采用合成控制法（SCM）设计自然实验测度城市群协同政策绩效，检验城市群发展不同阶段的政策环境的影响。为了使上述结论更加符合现实和具有科学性，本书的研究选择对中美主要城市群进行比较，以便获得支撑上述结论的丰富信息。

2 概念界定与理论基础

关于劳动力与经济增长的专题研究，本书建立在已有研究的基础上，可以说正是因为前人研究的卓越贡献，才有了本书的思考与探索，也为本书提供了指导思路与理论基础。本章在厘清重要概念的基础上，通过梳理劳动力收入偏离、劳动供给与经济增长相关文献，构建本书的理论基础。

2.1 概念界定

2.1.1 劳动力收入偏离

劳动力收入偏离指实际收入偏离应获得收入的幅度，理论上每一位劳动者都可以获得均衡的潜在收入，偏离可以是与潜在收入相比的向下扭曲，也可以是向上溢价。偏离的产生，一方面源自附着于劳动力自身的异质性人力资本；另一方面取决于劳动者所处的劳动力市场与岗位。

异质性是相对同质性而言的，由于资本的同质性特点，人力资本曾与之混淆，认为人力资本也如同资本一样没有差别，区别仅在于数量多少。伴随着生产力和社会分工水平的提高，人的因素开始从资本总和概念中抽离出来，人力资本较物质资本开始被认为具有更高的投资收益，而根本原因就在于其本身独特的经济属性——异质性。这种异质性不仅体现在与物质资本的差异，更体现在不同类型的人力资本之间的差异化投资收益，最终导致差异化的经济动态增长。在学术研究中往往将人力资本分为四个层次：一般人力资本主要指基本的较为简单的劳动能力，如认知、计算、分析等；技术型人力资本指需要专业的培训，掌握某方面的专业技术；管理型人力资本，多为技术型人才中选拔的管理人员，一般需在掌握技术的同时具备管理、领导的能力；企业家人力资本为最高层次，其异质性人力资本更不易替代，往往以前三者的能力积累为前提再加上雄韬伟略和人格魅力等形成，"三军易得，一将难求"是对这种异质性的最好体现。不同层次人力资本，其收入偏离是不同的。

劳动力作为生产要素，是价格的接受者，其收入扭曲与溢价受市场制约。在城市群中，由于不同区域集聚着不同经济附加值的部门，不同城市之间形成分工合作的协调机制，异质性劳动力通过空间分工匹配进入不同的城市，也获得更多的经济机会，通过职业平台、同行交流学习等途径，改善原有的收入偏离。

2.1.2　劳动供给

劳动供给也就是劳动力的供给，是指在一定市场工资率的条件下，劳动供给决策主体包括个人或者家庭，愿意并且能够提供的劳动时间。分为微观和宏观两个维度，微观视角的劳动供给，是个体提供劳动时间的问题，运用消费者理论，分析消费者在既定的预算约束下，分配劳动和闲暇时间达到自身的效用最大化，劳动供给是闲暇的机会成本，是针对不同工资与收入水平的反映，受公共政策等多方面的影响；宏观视角的劳动供给，可以是整个国家或地区的劳动供给差异问题。

2.1.3　城市群

本书以城市群为研究对象，作为集聚与扩散的共同产物，城市群这一高效率的城市空间组织必然成为世界经济发展的主流。在全球率先完成城市化进程的欧洲与北美，经自然演进出现了人口稠密、城市密集、城市间分工细化、和谐发展的区域地理空间，即城市群。现代城市群的概念最早由法国地理学家 Jean Gottmann（1957）提出，他明确指出了这种城市连绵成片的空间状态。在漫长的人类发展史中，城市不断吸引大量的人口和经济要素，城市群就是更高阶段的发展产物，汇集了地区乃至国家甚至全球的经济活跃要素，成为最为高效的区域空间，被视为国家经济发展的重要支点，也是国家综合实力的体现。国外城市群的研究较早，相关研究也最为领先。国内外对城市群及相近概念表达多达十几种，但国内学者基本认可的城市群概念需要具备如下特征：特定地域范围；有相当数量和规模等级的城市；有 1~2 个特大城市（世界级城市）为城市群的核心；有发达的交通运输通信设施相连接；各城市之间存在密切联系和相互作用，即空间分工。

目前国内对城市群的识别，归纳起来主要有以下几种方法：综合指标判别法（姚士谋等，1999；方创琳和毛汉英，1999；宁越敏和查志强，1999；肖金成和袁朱，2009），按照地域面积、总人口规模、城市密度和特大城市个数、城镇人口比重、城市群内部规模等级机构、交通网络密度、通勤时间、社会消费零售总额、流动人口占比等进行评估；模型法，如李震等（2006）构建城市空间分布的引力模型，测算场强和聚集度，王丽（2006）基于 GIS 空间技术构建包括潜力模型、场模型、引力模型在内的综合识别体系；大数据集成方法，如国务院发展研究中心大数据宏观课题组利用空间分析和网络分析方法，采用跨城市人口流动大数据，综合人口密度与夜间灯光等数据，对中国城市群的发育程度和演变进行分析等。

2.2 劳动力收入偏离、劳动供给与经济增长的相关理论

经济的空间维度是近年来极受关注的研究热点，这为解释区域经济增长背后的原理提供了极大的理论支撑，其中空间分工思想也获得解释现实的契机。在空间因素进入经济领域以前，经济研究一直沿着时间的维度推衍，经济增长话题更是不曾间断。可以说，在人类的历史长河中，经济增长取得了神话般的硕果，这种惊人的现象引发了人们无限的思考，令人着迷不已，其无穷魅力吸引着古往今来的众多学者，这必然是个意义非凡的问题。这对发展中的中国来说尤为重要。虽然，经济增长在人类社会中从来都不曾间断，但当今社会的经济增长早已同之前大不相同，18 世纪的工业革命是公认的历史转折点，其后经济增长才明显具备了前所未有的内生、可持续的优质属性。人类社会在工业革命之后，生产方式、生活方式、意识形态、政治制度等都发生了翻天覆地的变化（Clark 和郝煜，2014）。考虑空间因素之前，在传统要素的基础上更多的学者将内生经济增长的动力归功于人力资本，认为人力资本对经济增长的贡献是绝对积极的，甚至测算

了劳动力对经济增长的贡献率高达 40%（Mankiw et al.，1992），这或许是因为空间的力量被模糊进去了。

2.2.1 分工、空间与经济增长理论

2.2.1.1 分工理论

经济学在时间维度上已经走了很远，空间维度却刚刚开始，未来的经济学必然在空间维度大展身手。在亚当·斯密时代，经济增长被解释为：在微观企业中分工有效提升生产效率，在宏观市场经济中价值规律作为"看不见的手"配置资源。现如今，当以跨国公司为首的公司采用新的管理模式后，传统的分工便开始向空间分工过渡，这为中观维度的经济增长提供了新的视角——城市群。

分工在经济学中是个古老的概念，亚当·斯密（1974）通过制针工厂的精细分工解释了微观企业的生产力水平随着内部分工的演进而提升，生产力水平与分工程度之间呈正相关关系。更具体地，社会化的人由于交换偏好，更愿意通过分工交换的方式满足自己的需求，交换与分工在这个过程中不断强化，也催生了"专业化"与"交易市场"。当源起于简单交换的"分工劳作"随着生产力的发展扩大为"社会化大生产"时，分工开始逐渐能够产生足够的剩余，人们更加坚定地从事一份工作。企业则站在成本的角度，以利益最大化为目标，为社会提供各自"占些优势"的产品生产即专业化生产。厂商放弃生产"自给自足"的所有产品，或者从来都没曾打算这样，"专业化大生产"必然推动分工沿着"比较优势"发展。

继亚当·斯密的"绝对比较优势"、李嘉图（1881）的"相对比较优势"，国际贸易理论的发展随之而来，在此来看是极为顺理成章的。Heckscher Eli（1919）与学生深入探究国际贸易的要素差异，发现了 H-O 理论。但该理论并不能很好地解释经济现实，Leontief（1953）提出要素禀赋比较优势并非国际贸易往来的决定因素。之后，"里昂惕夫之谜"引发了人们对"比较优势"学说的思考，在此之前学者将此定义为"静态比较优势理论"。随后，分工也开始沿着"静态比较优势理论"走向动态的同时，由时间维度扩展为空间、时间的双维度发展。

自 20 世纪 60 年代末以来，Lucas（1988）、Krugman（1991）、Grossman 等（2003）建立并发展了动态比较优势理论，构建了一个基于 H-O 理论的两国贸易模型，在这一模型中两个国家具有相似的初始要素禀赋，并且将人力资本因素引

入了比较优势分析。他们指出国家间的贸易模式实质上体现了该国在人力资本方面的要素禀赋，同时就人力资本作用于比较优势以及贸易模式的机制做出了描述，还对贸易如何影响国内收入分配以及国内产业的发展做了实证分析。Bond（2003）构建了一个包含实物资本和人力资本积累的两国三部门的内生增长模型，该模型包括两种贸易品（投资与消费品），一种非贸易品（教育商品），并假定了两国具有相同偏好与技术，其创新点在于将实物资本积累与人力资本积累相结合来对比较优势及贸易模式做出了分析，同时指出在人力资本与实物资本积累的动态比较优势模型中，要素价格均等化理论会使基于要素积累的一国内生增长模式变得无法预测。

Krugman（1979，1981）融合了规模经济与垄断竞争建立贸易理论，通过国际贸易理论的分析方法开创了动态比较优势理论研究的新局面，也为后来学者对该问题的研究建立了基础。Lucas（1988）对 Krugman 的上述理论进行了扩展，分析了不同产品在不同学习曲线情况下的国际贸易模式与形成过程。Young（1928）进一步发展了 Lucas 的理论，他建立了一个存在国内技术外溢的模型，产业的"干中学"效应存在界限并且可以溢出到其他行业。格罗斯曼与赫尔普曼（Grossman & Helpman，2003）根据 Romer（1990）的内生增长模型建立了一个标准的两个国家、两种生产要素和两种商品的国际贸易与经济增长的动态模型，在这一模型中作为内生变量的技术进步被认为是企业追求利润最大化的结果，而技术进步与规模经济的存在共同促进了经济增长。

杨小凯和张永生（2003）构建了一个包含要素禀赋、技术进步等因素的 H-O 模型，运用超边际分析的方法将贸易模式内生化，研究结论指出 H-O 模型的多样化假设这一条件只有在存在边界角点解时才能成立。同时，强调了交易效率的提高对国际贸易发展的重要意义。一般认为，以杨小凯和张永生为代表的新兴古典经济学派所做出的一般均衡的超边际分析较好地解释并预测了经济内生化增长模式，而这一增长模式取决于内生专业化的动态比较优势。

2.2.1.2 空间分工理论

亚当·斯密（2005）在解释分工时也涉及了些许的空间因素，只是更多的是以市场表述出现，由于交易市场既有抽象探索又有具体分析，显然空间因素并没有体现在前者，而前者也是更受关注的"看不见的手"原理。本书分析亚当·斯密针对市场的研究发现，如果交通运输的便利度、交易的空间距离覆盖度、人口密度、人均收入等都在他的考量范围内，这无疑涵盖了空间的思考。

从李嘉图（1881）在阐述比较优势时，借助不同区域生产效率的差别对比来凸显区域的差别优势，这实际上已是在运用空间地区的差异解释分工与贸易了。Young（1928）则将亚当·斯密的市场范围重新拎出，强调了市场规模对分工的反作用，其中对市场规模的分析中不乏空间与辖域的探讨。在劳动价值论和古典区位论中，空间要素都是古典经济学家考虑的重要因素，但限于研究技术与工具并没能系统化。同样，早期的地域分工思想按照比较优势理论和要素禀赋理论，基于地理分工继续古典区位的逻辑体系，但都有一定的局限性。

现代意义的空间分工最早是由英国人文地理学家 Massey（1979）提出，城市群的空间分工是基于早期区域分工理论的进步，论述了产业分工和职能分工两个并存甚至递进的分工形式，是异质性劳动力空间选择和分类的结果，也是城市外部效应经不断强化后形成城市群分层体系的基础。根据相关文献的梳理笔者发现继麦茜之后，虽然后续研究于不同角度开展，但是研究仍有很多的局限。

Massey（1979）认为透过劳动空间可以看到产业格局，在其著作中提到产业组织与社会关系共同影响区域经济地理，这种思路在现实的资本主义社会中已经明显地体现出来，并成为她的理论基础。Storper 等（1983）运用劳动空间分工的思想，推演了差异化的劳动需求与劳动供给于地区间的匹配问题。斯科特（1985，1988，1988a）继 Massey 之后，运用空间分工的基本思路，通过论证大都市的空间集聚作用，展开地域分工的空间刻画。20 世纪 90 年代，新经济地理学的理论与实证推进，使得微观经济视角的空间选择与分工问题向着系统化、成熟化迈进。

Krugman（1991）认为集聚的微观向心趋势是空间分布的动力，但并没有涉及知识溢出、劳动力共享等因素，直到 1991 年指出，微观经济活动的空间选择也许正是人文地理的空间分工和中心—外围模型共同论证的同一问题。随后，在 20 世纪 90 年代涌现出一系列空间分工的实证研究，视角几乎都针对国际大都市群：Park（1993）以当时的韩国汉城为实证来源，Hitz 等（1994）选取瑞士苏黎世地区为研究对象，Bade 等（2000）建立了德国西部地区的空间区位模型，Martin（1999）经验验证了欧洲诸国的空间分工链条，Duranton 等（2004）利用法国大城市数据核实了空间分工与专业职位的理论相关性。

2.2.1.3 新经济增长理论

古典经济学在探索经济增长时，劳动的专业化和分工只是定性地阐述，并没有构建模型。新古典增长理论虽然没有将技术进步内生化，但已经开始意识到其重要性，新经济增长理论对此取得了关键性的推进。新经济增长理论修改了古典模型，加入了知识和人力资本，并视为内生变量直接影响经济增长。Romer（1990）、Lucas（1988）、杨小凯和张永生等很多经济学家都为新经济增长理论体系的构建贡献了自己的智慧。

Lucas（1988）提出了两个经济增长模型：两资本模型与两商品模型。将人力资本、技术进步和知识积累具体化为微观的人力资本，人力资本增加可以推动生产部门的经济产出。同时也强调了，专业化的人力资本虽在现有的水平上形成，但可以在技能与产品螺旋上升过程中，实现边际产出递增。在一个有效率的经济机制中，较高的物质资本积累需要有较高的人力资本积累相对应，可见，岗位平台的重要意义。欠发达国家与发达国家相比，欠发达国家工人工资收入要低得多，这使欠发达国家工人倾向于向发达国家移民。对应到城市群发展中，高附加值部门集聚的意义便是这个道理，同样是为了吸引更多的劳动力迁移。

假定经济体中总共有劳动力数为 $L(h)$，人力资本为 h，可取值 0 至无穷大。若人力资本水平为 h 的工人数量为 $L(h)$，则总共人数为 $L_t = \int_0^\infty L(h)dh$。如果每个工人具有的技能为 $h(t)$，他将自己的时间分为闲暇、生产和学习三个部分，如果闲暇时间一定，将 $u(t)$ 比例用于生产，则 $1-u(t)$ 比例即可以进行人力资本积累，这样可得用于生产的总有效劳动，也就是加权后的工人工时数：

$$H_t = \int_0^\infty u(t)L(h)hdh \qquad (2-1)$$

将平均人力资本引入总的生产函数，在 t 时刻，储蓄等于总投资，资本不考虑折旧。技术进步率 $\mu = \dfrac{\dot{A_t}}{A_t}$，具有人力资本外溢效应的最终产品生产函数为：

$$Y_t = A_t K_t^\alpha H_t^{1-\alpha} h_{\alpha t}^\gamma \qquad (2-2)$$

其中，

$$H_t = u(t)h_t N(t) \qquad (2-3)$$

然后，构建人力资本积累模型：

$$\dot{h_t} = h_t^\xi G[1-u(t)] \qquad (2-4)$$

其中，$G(0)=0$，$G'(x) \geq 0$；$\zeta < 1$。且此方程中隐含 $\dfrac{\dot{h_t}}{h_t} \leq h_t^{\xi-1}G(1)$ 这一条件。令函数 $G[1-u(t)]$ 为线型，$G[1-u(t)] = \delta[1-u(t)]$，$\delta$ 表示人力资本的产出弹

性，则人力资本积累方程可以写为：

$$\dot{h}_t = h_t^{\zeta}\delta[1-u(t)] \tag{2-5}$$

可以看出，如果 $u(t)=1$，则 $\dot{h}_t(t)=0$，即无人力资本积累；如果 $u(t)=0$，则 h_t^{ζ} 按 δ 的速度增长，即 $\dot{h}_t(t)$ 可以达到最大值。由此可见，模型强调了教育与培训对经济增长的作用。进一步可以通过均衡条件下效应函数最大化，得到物质资本投资增长率方程：

$$k = \left(\frac{1-\alpha-\beta}{1-\alpha}\right)\nu \tag{2-6}$$

人力资本均衡增长率方程：

$$\nu = [v(1-\alpha+\gamma)-\gamma]^{-1}\{(1-\alpha)[\delta-(\rho-\lambda)]\} \tag{2-7}$$

其中，ν 是人力资本的增长率，ρ 为贴现率，v 是避险系数，λ 为劳动力的增长率。

以上模型将技术进步作为内生变量纳入经济的增长体系，同时用人力资本的差异水平揭示了对生产环节产生的外部效应。

两商品模型指出了发展中国家与发达国家之间人力资本的差异、人力资本外部收益的差异和资本市场间的差异，其模型为：

$$C_i = h_i(t)U_i(t)N(t)，i=1，2。 \tag{2-8}$$

式 $(2-8)$ 中，C_i 表示厂商生产第 i 种消费品的产出，$h_i(t)$ 表示生产 i 商品的人力资本，主要通过边干边学获得；$U_i(t)$ 表示用于生产 i 商品的劳动系数；$u_i\geq 0$，且 $u_1+u_2=1$；$N(t)$ 表示劳动投入量。

由于 $h_i(t)$ 是边干边学的结果，所以 $h_i(t)$ 随着生产商品的数量增加而增加。δ 为产出弹性，如果商品 1 的产出弹性 δ_1 大于商品 2 的产出弹性 δ_2，则对商品 2 来说，商品 1 是高技术产品。高技术产品生产对应着高收入回报，这样高附加值部门聚集更高人力资本的劳动力，形成高生产率与高回报率的循环优势，推动经济增长。

2.2.2 劳动力收入偏离理论

劳动力收入偏离方面的理论探究，源于劳动力市场的扭曲。在理想的劳动力市场，劳动力的均衡价格由劳动的供给和需求共同决定，在价格机制驱动下，劳动力在生产各个部门之间自由流动。这是需要前提条件的，劳动力供求双方需要都是市场价格的接受者，双方都不存在定价优势，而且劳动力可以充分自由地流动，市场会自发引导劳动力的流向实现均衡分配，以及双方均是理性人并信息完全。现实中，市场并非如此，劳动力价格决定的演变，经历了从古典工资理论到现代工资理论的过程。其中以明塞尔（2001）于收入分配领域构建的收入方程最为著名。

2.2.2.1　明赛尔收入方程

从微观角度来看，人力资本与劳动供给的关系主要是与个人劳动供给的关系，这也是由人力资本的特性决定的。20 世纪 50~70 年代把人力资本与劳动供给结合起来研究的重要经济学家就是明塞尔，明塞尔的人力资本理论研究人力资本投资与劳动市场，以及技术与人力资本需求。1958 年，他发表了题为《人力资本投资与个人收入分配》一文，首次进行了建立个人收入分配与其接受培训量之间关系的经济数学模型，并论证了收入分配曲线是向右弯曲的，也就是劳动者受教育水平年限越长，收入越高；他还论证了收入不仅是劳动力的工资报酬，更是劳动力供给的价格。1974 年他在《学校教育、经验与收入》一书中创建了更为完备的劳动力生命周期。其中关于人力资本积累的收入模型，认为随着年龄的增加，收益不断增长，把收入的重点转向工作经验；并且通过引入劳动者的收入、劳动者受教育年限、劳动者的工作经验（年限）变量建立"明塞尔模型"。提出收入在某个工龄点达到峰值后，随着年龄继续增加，收入开始下降。他的重要贡献还有明塞尔收入函数模型，计算了工资或个人收入的自然对数 $\ln Y$，受教育年限 S，工作年限 EXP（以年为单位），工作年限的平方，即 EXP^2，随机误差项 u 为变量的教育收益率：

$$\ln Y = \alpha + \beta S + \gamma EXP + \delta EXP^2 + u \tag{2-9}$$

他还通过计算短期工资收益和长期流动收益的情况分析工资转换中的失业问题、流动收益的下降，等等。明塞尔的人力资本理论至今仍然被广泛沿用，但是还存在自身缺陷，他没有考虑到个人先天因素的差异和社会因素造成的受教育水平差异，在模型计算时变量应更为全面。

2.2.2.2　劳动市场价格扭曲度量

如上文所述，劳动市场的价格扭曲指的是在市场机制失灵或外部干预下，可能导致配置效率偏离。近年来，国内外学术界对劳动市场扭曲度量问题的关注度越来越高，一般认为劳动市场扭曲的度量主要是对劳动力的现实市场价格与影子价格的偏离程度、偏离状态测定的过程。常用的有下面几种测度方法：

第一，生产函数法。假设特定的生产要素市场的生产函数与 CD 函数相关，通过一定的转化可得：

$$\ln y = \alpha_0 + \beta_i \ln x_i + u_i \qquad (2-10)$$

通过回归分析，可以得到 β_i 的估计值 $\hat{\beta}_i$，如果只考虑资本与劳动两种要素，那么就可以得到两种要素的边际产出：

$$MP_i = \hat{\beta}_i \frac{\bar{x}}{\bar{y}} \qquad (2-11)$$

如果要素的价格分别为 w_i、w_j，则可得出：

$$MP_i = kw_i \qquad (2-12)$$

$$\frac{MP_i}{MP_j} = \frac{k_i w_i}{k_j w_j} \qquad (2-13)$$

市场价格合理与否，取决于 k 值，如果 k 值为 1，证明市场价格合理；如果 k 值不为 1，证明市场价格扭曲，k 值越大证明扭曲的程度越大。

第二，随机前沿分析法。随机前沿分析法是通过构造生产函数来估计生产可能性边界，然后测算实际的生产点与生产可能性边界之间的差值，这一差值就是价格扭曲度。依据是否知道生产函数的具体形式这一标准，可分为参数化随机前沿分析和非参数化数据包络分析两种方法。利用这两种方法进行估计，优点是可以将扭曲分解为不同的部分，并估计整体扭曲度，缺点是不能估计不同要素的扭曲度。

第三，影子价格法。这一方法是将完全竞争市场中的均衡价格设定为影子价格，再来测算实际价格的偏离程度，从此得出要素价格的扭曲。估计影子价格的方法通常有两种：参数化方法和非参数化数据包络分析。还有学者采用可计算的一般均衡方法来估计要素市场的扭曲。

2.2.3 劳动供给理论

劳动供给分析劳动者既定时间的分配、劳动或闲暇。闲暇包括休息、吃饭、休闲等，泛指一系列非劳动活动，但以劳动收入损失为代价。以效用论为基础，劳动供给对工资的反映包括替代效应和收入效应。替代效用是指随着工资的提高，劳动者会选择增加劳动供给时间从而减少闲暇时间，以劳动替代闲暇来获取更多的劳动收入，实现自身效用最大化；收入效应是指随着工资水平的提高，单位货币的边际效用下降，闲暇的效用提升，劳动者在保持较高的消费水平基础上，更愿意分配时间给闲暇。

2.2.3.1　劳动供给曲线

如果劳动价格即工资为 W_0，则最大可能的消费为 $C_0 = W_0L + Y$，即劳动收入与非劳动收入之和。假设横轴 H 为闲暇，纵轴 Y 为收入，E 为初始状态点。当劳动价格工资为 W_0 时，可以得到相应的预算线 EC_0，与 U_0 相切于 A。当价格上升到 W_1、W_2 时，相应的预算线 EC_1、EC_2 分别与 U_1、U_2 相切于 B、C 点。每一个切点都对应着一个最优闲暇量 H_0、H_1、H_2。相应的劳动供给量分别为 $\overline{L} - H_0$、$\overline{L} - H_1$、$\overline{L} - H_2$，可得劳动供给曲线上三个点 A、B、C，连接 A、B、C 得价格扩展线 PEP，如图 2-1 所示。

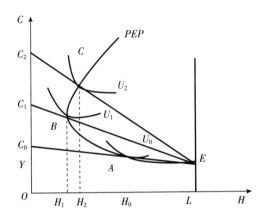

图 2-1　劳动供给曲线（a）

给定消费者的初始资源数量和偏好，对于每一工资水平就有一个劳动供给量，相连即为劳动供给曲线。当工资较低时，随工资上升，消费者会减少闲暇，增加劳动供给，此时，劳动供给曲线向右上方倾斜；当工资已经处于较高水平上时，增加工资，则劳动供给量可能不会增加，反而会减少。这意味着劳动供给曲线在较高的工资水平上可能向后弯曲，如图 2-2 所示。随着闲暇价格的上升，闲暇需求量究竟是下降还是上升取决于两种效应的大小：替代效应大于收入效应时，闲暇需求量随着工资的增加而减少；直至到达图中 B 点，即劳动量最大点。当收入效应大于替代效应时，闲暇需求量随着工资的增加而增加（劳动供给曲线向后弯）。通常收入效应要小于替代效应，但闲暇价格的变化有时也会超过替代效应。当工资处于较高水平，此时工资上涨引起的整个劳动收入增量就会很大，从而可以超过替代效应。因此供给曲线在较高的工资水平上开始向后弯曲。

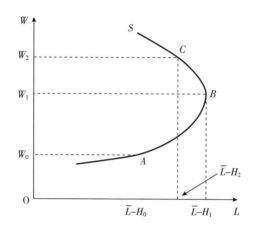

图 2-2　劳动供给曲线（b）

2.2.3.2　劳动供给的空间性

区域是劳动力供给的空间载体，劳动者个体的经济决策分析需考虑空间差异。例如，地域集聚度不同使劳动力供给存在空间差别，Moretti（2004）分析集聚经济造成地区间劳动力供给差异的三种效应：

第一，蓄水池效应。经济集聚带来的好处体现在两个方面：一方面提高劳动者与工作岗位的匹配度，当聚集的劳动力和企业具有充分的异质性时，二者数量越多，则互相匹配的可能性越高。匹配程度越高，包括劳动力和企业资本在内的生产要素的边际生产率随之上升，更易在生产中发挥作用；另一方面可以降低经济风险，集聚可以有效降低劳动者因偶发性冲击而面临的失业风险，体现在工人搜寻到新就业机会的可能性提升，以及企业更容易雇佣到新的劳动力。

第二，分享效应。通过与同类机构共享投入品，新进入的企业可以有效控制成本，也造就了区域内同类部门的规模化集聚。同类部门分享包括基础设施、专业性设备及技术型劳动力等在内的中间投入品，避免企业自身搜寻和购买专用性投入品时增加额外成本。

第三，知识外溢效应。处于不同集聚程度地区的类似部门，通过近似专业人力资本集聚带来正式或非正式的交流、学习、互相补充，在技术创新、盈利能力等方面均具有显著的差异。聚集程度占优的空间，劳动力人力资本提升途径较多，可以有效匹配岗位，更新劳动与资本的协调度，实现更高的资本回报率。

2.2.3.3 劳动供给的影响因素

影响劳动力供给的因素很多、关系复杂，完全揭示它们之间的联系很困难。因此，本书只从劳动力市场分析的角度考察几种主要的关系。首先要考虑劳动供给与市场工资率之间的关系，假定其他条件不变，市场工资率被识别为劳动供给的重要因素。从微观角度分析，在市场经济下，劳动力供给的决策主体是劳动者自身与家庭。在劳动力供给决策时，决策主体面临两种选择：一是劳动参与决策，即是否进入劳动力市场寻求有酬劳动；二是劳动决策时间，即在个人可支配的时间中，闲暇时间与劳动时间的选择。两种选择都需要考虑。从宏观角度分析，影响整个社会或某个空间区域劳动力供给的因素还取决于人口的规模、年龄结构、城乡结构、人口迁移、劳动参与率等因素。这些因素将影响潜在劳动力资源的数量，而最终要通过个人和家庭的参与决策成为现实劳动力资源。

2.3 城市群劳动力收入偏离、劳动供给与经济增长的作用机理

城市群的巨大体量可以在区域空间内纳入众多城市，各个城市之间的紧密联系建立在各级政府通力合作的基础上，大中小城市错落组成子系统，各个子系统协调共赢。由于频繁的经济联系，地区与城市之间形成完善的分工合作，各个城市借助自身优势嵌入城市群的产业体系，错位发展、避免恶性竞争，同时产业水平不断提升、人口多极集聚、资源合理配置。经过不断发展，核心城市领头辐射次核心城市，多个次核心城市错位多极发展辐射所在的都市圈，逐级拓展，最终缩小区域之间的差异，整体呈现较高的经济社会发展水平。作为如此庞大的经济空间，城市群内部劳动收入偏离、劳动供给与经济的影响机制值得本书去探索。

2.3.1 经济增长理论

为了分析劳动力供给因素对区域经济增长现实中的作用机理，本书借鉴 CD

生产函数，采用 Peri（2009）研究移民对区域经济生产率影响的数理模型，剥离出劳动力供给变动影响区域经济增长的机制。可假设第 i 地区第 j 年份的总产出为 Y_{ij}，其生产函数为：

$$Y_{ij}=K_{ij}^{\alpha}\left[\,T_{ij}A_{ij}f\left(h_{ij}\right)\,\right]^{1-\alpha} \tag{2-14}$$

其中，K_{ij} 是第 i 地区第 j 年份的资本总体存量，T_{ij} 为总体工作小时数，A_{ij} 为第 i 地区第 j 年份的全要素生产率，$f\left(h_{ij}\right)$ 为技术密集指数，$f\left(h_{ij}\right)$ 可以用 λ_{ij}（生产率的技能偏向程度）与 h_{ij}（高技能劳动力工作小时数占总体工作小时数的比重）为变量的 CES 方程（constant elasticity of substitutiion）来表述：

$$f(h_{ij})=\left[\,\left(\lambda_{ij}h_{ij}\right)^{\frac{\sigma-1}{\sigma}}+\left(1-\lambda_{ij}\right)\left(1-h_{ij}\right)^{\frac{\sigma-1}{\sigma}}\,\right]^{\frac{\sigma}{\sigma-1}} \tag{2-15}$$

另外，若有高技能劳动力的工资率为 ν_{ij}^{H}、工作时间占比为 h_{ij}；低技能劳动力的工资率为 ν_{ij}^{L}、工作时间占比为 $(1-h_{ij})$，可得式（2-16）：

$$\frac{\nu_{ij}^{H}}{\nu_{ij}^{L}}=\left(\frac{\lambda_{ij}}{1-\lambda_{ij}}\right)^{\frac{\sigma-1}{\sigma}}\left(\frac{h_{ij}}{1-h_{ij}}\right)^{-\frac{1}{\sigma}} \tag{2-16}$$

由式（2-16）可推导出 λ_{ij}

$$\lambda_{ij}=\frac{\nu_{ij}^{H\frac{\sigma}{1-\sigma}}h_{ij}^{\frac{1}{\sigma-1}}}{\nu_{ij}^{H\frac{\sigma}{1-\sigma}}h_{ij}^{\frac{1}{\sigma-1}}+\nu_{ij}^{L\frac{\sigma}{1-\sigma}}\left(1-h_{ij}\right)^{\frac{1}{\sigma-1}}} \tag{2-17}$$

此外，可进一步推算生产效率即劳均产出，从而剥离出地区产出的来源。通过变换式（2-15），同时引入总就业人数 N_{ij}，可得劳均产出 $y_{ij}=Y_{ij}/N_{ij}$，$t_{ij}=T_{ij}/N_{ij}$ 为劳均工作小时数，K_{ij}/Y_{ij} 为资本产出比。

$$y_{ij}=\left(\frac{K_{ij}}{Y_{ij}}\right)^{\frac{\alpha}{1-\alpha}}\left[\,t_{ij}A_{ij}f\left(h_{ij}\right)\,\right] \tag{2-18}$$

对式（2-18）等号两边分别取对数，用 "^" 表示总产出随时间的变化率：

$$\hat{Y}_{ij}=\hat{N}_{ij}+\hat{y}_{ij}=\hat{N}_{ij}+\left(\frac{\alpha}{1-\alpha}\right)\frac{\hat{K}_{ij}}{Y_{ij}}+\hat{A}_{ij}+\hat{t}_{ij}+\hat{\lambda}_{ij} \tag{2-19}$$

式（2-19）为本书理论分析的基础公式，分解 $\hat{Y}_{ij}$ 可以发现经济增长从长期来看，来源于两部分的变化：一是劳动力供给的变化率 $\hat{N}_{ij}$，二是劳均产出的变化率 $\hat{y}_{ij}$。通常情况下劳均产出也就是劳动生产率在短期内是不容易发生变化的，虽然本书只考虑短期经济现实，但这并不意味着劳均产出变化率不会影响经济增长变化，这种影响往往通过劳动供给的长期变化来间接实现。

为了说明以上间接的影响机制，如式（2-19）所示进一步将劳均产出的变化率分解为四个部分：资本密集程度的变化、全要素生产率的变化、劳均工作小时数的变化和技术密集指数的变化。这四个方面的变化在短期内都会受到劳动供给的影响，劳动供给的变化率会进一步干预着经济增长的变化，可见前者劳动力供给对经济整体发展非常重要。分析具体原因发现：由于资本产出比与 $\alpha/(1-\alpha)$ 共同作用于劳均产出的变化率，α 反映的是 CD 生产函数中资本相对劳动的重要性，中国的经济现实是随着劳动力市场的诸多限制，资本回报率呈下降态势（都阳等，2018），$\alpha/(1-\alpha)$ 随之减少从而进一步拉低资本产出比的贡献率；与此同时，劳动供给还通过人力资本、劳动力匹配等诸多方面影响全要素生产率、劳均工作时间、技术密集指数（Peri，2016）等因素，对经济增长影响深远。

综上所述，劳动供给会深刻地影响经济增长。考虑空间差异的劳动力市场规模变动也存在积极的经济意义，尤其在短期内劳动生产率不易改变的现实局限下，但限定空间单元为城市群后我们很有必要仔细分析劳动力市场规模的变动与经济增长的变化关系，借此发现劳动供给对经济增长的影响机理。通常情况下，劳动力供给主要受劳动年龄人口数、失业率和劳动参与率等因素的影响，其中失业率短期内相对稳定，所以劳动力供给的变动主要受劳动年龄人口变动和劳动参与率变动的影响，但人口结构的变化是非常缓慢的，短期内无法快速调整。所以，经过仔细梳理结论，本书认为劳动参与这一要素，是具有积极操作空间的变量。可见有必要探究劳动参与的作用机制，积极鼓励劳动参与，有效提升经济增长的动力。

2.3.2　劳动供给决策机制

在劳动参与率逐渐下降的事实背后，有必要进行更深一步的思考，如何抑制如此强势的劳动参与率下降，实现经济增长的短期效应。下降的每一个百分点意味着数百万微观劳动力个体选择退出劳动力市场，因此需要首先探讨微观个体的选择问题，那么在短期失业率变化较小、年龄结构相对稳定的情况下，即期劳动供给无疑可以通过劳动参与情况和工作时间来衡量。借助劳动供给模型，通常假设劳动力本人 k 具有一系列的个体特征 Z_k，且其效用可由消费 C_k 和闲暇 R_k 组成，不同的 Z_k 决定着不同的 C_k 和 R_k 的效用组合偏好：$U_k(C_k, R_k; Z_k)$。

劳动力个体在追求个人效用最大化的同时，必须考虑限制条件，即个人的全部收入可以满足消费和闲暇的需要，而且劳动与闲暇是在个人偏好作用下的替代效应与收入效应的组合，其中劳动可获得工资收入，闲暇的机会成本也是工资收入，H 为劳动力愿意提供的劳动时间，ω_k 为工资率，F_k 为个人 k 的非工作收入：

$$C_k + \omega_k R_k = \omega_k H + F_k \qquad (2-20)$$

微观劳动者在选择进入劳动力市场时，会根据自身情况考虑劳动收入与闲暇的边际效用，根据经济学中的边际选择规律，一旦工作带来的边际效用低于闲暇的边际效用 U_R 便会退出市场；反之即进入市场，其工作时间 H_k 由个体特征、工作外收入及工资率等共同决定。设 φ_k 为收入的边际效用，与劳动的边际收入相乘即为工作的边际效用，如式（2-21）所示：

$$H_k = \begin{cases} 0 & U_R \geqslant \omega_k \varphi_k \\ H_k^S(\omega_k, \ F_k; \ Z_k) & \forall \{\omega_k, \ F_k; \ Z_k\} \ni U_R \end{cases} \qquad (2-21)$$

式（2-21）分析了劳动供给的决定情况，其中参与劳动市场与退出劳动市场的决策还可以保留工资 ω_k^* 临界值来作为标准，如这些人宁愿不工作，也不愿意接受水平达不到自己认为的最低要求的薪酬去工作，即"保留"自己的劳动力，可见闲暇的边际效用还可以作为保留工资表达：

$$U_R = U(\omega_k^*; \ Z_k) \qquad (2-22)$$

又因为保留工资是可以通过工资外收入等个人特征来获取，如式（2-23）所示：

$$\omega_k^* = \omega_k^*(F_k; \ Z_k) \qquad (2-23)$$

所以可将式（2-22）、式（2-23）逐一代入式（2-21），便可以式（2-21）为基础建立计量模型，借助微观劳动力调查数据，详细分析短期内劳动供给的变化和规律，寻找可有效抑制劳动供给迅速下降的策略。

2.3.3 新经济地理微观机制

城市群分工问题实际上是城市体系中各个城市的产业结构问题，而单个城市分工的宏观问题可以归结为企业选址与劳动力空间决策的微观问题，伴随企业组织方式的变化，企业总部与工厂会趋向分置在不同城市以控制成本，总部需要完善服务以提高运营效率，工厂则需要同类生产集中以共享设备、技术与劳动。企业的选址决策通常会经过集聚经济与集聚不经济的博弈，劳动力随之由企业提供的岗位进行空间决策、选择也引导了企业的空间分布。

考虑在新经济地理学框架下构建理论模型，假设一个包括 i 个不同城市组成的连续空间，不同城市专业化生产特定的可贸易商品（同时考虑总部与工厂分置在不同的城市以降低成本的企业组织方式），通过城市间的空间分工实现报酬递增，这样产品在第 i 个城市的出厂价为 P_i。由于需要同时考虑产品间贸易，本书用冰山成本形式考虑贸易成本，假设 1 单位可贸易品由第 i 个城市运输至第 n 个城市，只会有其中的一部分 $1/f_{in}$（$f_{in}>1$）到达，即每从第 n 个城市运输 f_{in} 单位可贸易品，就有 1 单位运达第 n 个城市，$f_{in}-1$ 反映出两个城市间的贸易成本。故该贸易品在消费地的售价与生产地并不相同，若生产地产品价格为 P_i，消费地消费该产品的价格则为 $P_i f_{in}$，若城市 n 可获得 m 种可贸易品的消费集合，可得 I_n 作为消费的产品价格指数：

$$I_n = \left[\sum_{i=1}^{n} m_i (P_i f_{in})^{1-\sigma} \right]^{\frac{1}{(1-\sigma)}} \quad n=1,2,3,\cdots,i \quad (2-24)$$

进一步考虑城市间上游部门与下游部门的成本联系，由于不可贸易部门以本地地租形式进入成本；可贸易部门需要考虑除了土地要素之外的劳动要素，同时考虑作为中间投入的城市群各个城市生产的其他产品；产品生产的固定与边际投入则需要考察技术水平 ρ_i，通过产品的固定投入 F/ρ_i 与边际投入 $1/\rho_i$，以技术内生性嵌入成本函数，经济活动中劳动力的交流与集聚深刻影响技术水平，于城市群中应该考虑本地与整个城市群体系劳动力的两个空间维度，故 ρ_i 要考虑城市 i 的劳动力数量 L_i，城市群中除去城市 i 分布于其他城市的劳动力数量 L_{-i}，以及劳动力之间的交流程度 π（$0<\pi<1$），城市间技术合作与知识溢出的摩擦程度 ϑ（$0<\vartheta<1$），设 ρ_0 为常数，以式（2-25）表达技术水平与劳动力之间的关系：

$$\rho_i = \rho_0 L_i^{\pi} L_{-i}^{\pi\vartheta} \quad (2-25)$$

其中，总产量是城市群对该商品的总需求，这里以 C-D 函数形式表述消费者的效用函数，即 θ 为可贸易品的支出份额，（$1-\theta$）为不可贸易品的支出份额；以 CES 函数形式表述可贸易品的消费集合，通过加总群内各城市对城市 i 生产的可贸易品的消费需求可得需求总量：

$$Q_i = \theta \sum_{n=1}^{i} y_n (P_i f_{in})^{-\sigma} I_n^{\sigma-1} f_{in} \quad (2-26)$$

进而考虑可贸易品的生产行为，需考虑可贸易品的生产要素：土地、劳动、中间产品（需从城市群中其他城市获得），其中 r_i 为土地租金，w_i 为劳动力工资，I_i 为中间投入品价格指数，可构建城市 i 的生产成本函数：

$$TC_i = r_i^a w_i^b I_i^c (F/\rho_i + Q_i/\rho_i) \quad a+b+c=1 \quad (2-27)$$

结合式（2-25），根据边际成本定价原则，利润最大化时定价为 P_i，厂商利润为 0 时实现均衡产出 Q^*：

$$P_i = \frac{\sigma}{\sigma-1} r_i^a w_i^b I_i^c \frac{1}{\rho_0 L_i^\pi L_{-i}^{\pi\vartheta}} \qquad (2-28)$$

$$Q_i^* = F(\sigma-1) \qquad (2-29)$$

可见，城市群中实现空间分工与协作，需要城市 i 中的厂商作为供应商来满足整个城市群的市场需求，即市场出清时城市 i 可贸易品厂商需要在城市群中满足如下条件：

$$Q_i^* = Q_i \qquad (2-30)$$

进一步，将式（2-26）、式（2-29）式代入式（2-30）可得：

$$F(\sigma-1) = \theta \sum_{n=1}^{i} y_n (P f_{in})^{-\sigma} I_n^{\sigma-1} f_{in} \qquad (2-31)$$

最后，将式（2-24）、式（2-25）代入式（2-31）可得：

$$F(\sigma-1)\left(\frac{\sigma}{\sigma-1} r_i^a w_i^b \frac{1}{\rho_0 L_i^\pi L_{-i}^{\pi\vartheta}}\right)^\sigma = \sum_{n=1}^{i} \theta y_n f_{in}^{1-\sigma} I_n^{\sigma-1} \cdot \left[\left(\sum_{n=1}^{i} m_n P_n^{1-\sigma} f_{ni}^{1-\sigma}\right)^{\frac{1}{(1-\sigma)}}\right]^{-c\sigma}$$

$$(2-32)$$

由式（2-32）可以考察产品市场均衡时，城市 i 中个人消费其他地区的最终产品；企业则在生产过程中利用城市群其他地区提供的中间投入品，同时也作为供应商为整个城市群提供相应的最终产品。

（1）劳动空间分工结构效应。

空间分工引导企业将总部集中在商业丰富的"多样化城市"扮演管理者角色，工厂在同类生产集中的"专业化城市"扮演生产者角色，与此同时劳动者匹配进入不同层级的城市，利用交流、学习与合作激发劳动参与积极性，有效提高技术水平影响生产效率，带来更优的劳动收入溢价，通过空间结构效应缓解拥挤并缩小群内城市间的发展差异。以微观劳动力视角，城市群通过分工提升了每个城市中劳动者的交流程度与质量，关联城市之间更容易建立起充分的社会交流网络，帮助劳动者获取更为充分的信息、知识和技能交流，从而提高劳动者技能。基于模型分析，在短期内 L 一定的情况下，尤其需要考虑劳动力的集聚与流动，城市群由产业上下游关联带来好处，城市间的空间分工可以通过分层集聚不同的劳动力与经济机会，提升劳动力之间的交流程度 π，进而有效提升劳动力收入，为长期集聚劳动力提供条件。

（2）劳动空间分工增量效应。

在空间分工的基础上，改善劳动力收入溢价可进一步扩大城市群的劳动力市场规模，提升外部需求、外部供给和知识溢出，从而降低成本、推动市场需求和效率，带动区域整体形成规模经济提高利润。空间分工不仅将集聚经济扩展到更大的空间，以抵消集聚不经济在本地过度集中的高额成本，促进城市群在劳动力收入溢价吸引效应作用下增大 L，下游需求、上游供给、技术知识交流溢出都会有所增加，而且可以有效协调不同城市发展方向，规模较大的多样化城市通过规模较小的专业化城市优化自身发展空间，专业化城市则借助多样化城市开发潜能，带来市场的扩大、成本降低和效率提升，经济整体实现增长。

2.3.4 劳动力收入偏离、劳动供给影响城市群经济增长路径

城市群伴随着城市的高速发展而生，其空间结构的演化最早产生于国外，并很快引起学术界的关注，开始了城市群空间结构的研究。早在 20 世纪初，英国已经有学者以群的视角研究城市，但多数研究都处于初级形态。研究的突破阶段出现在"二战"后，欧洲、北美率先完成城市化进程并演变出城市群联片区域，这一空间现实被赋予新的解释。经济学在解释社会经济问题时往往依赖研究工具的进步，当新的现象出现而现有的技术工具无法解决时，这便需要新的研究工具来突破传统的研究瓶颈。

与传统的分工不同，空间分工使现代企业分布在更大的地理空间中。在工业社会与后工业社会并行的当今世界中，后工业部门更多集聚在世界级城市群的核心城市中（贝尔，1984），这主要因为全球经济一体化的深度融合造就了高度集中的控制点，也必然需要强化中心控制和管理，因此高度专业化的生产者服务成为全球中心城市的最主要组成部分。工业社会往往在不断更新节约劳动的设备以资本取代劳动，后工业城市则超越了这种循环，转变为典型的以知识价值论为基础以发明替代品来节约资本。这便将"知识的驾驭者"——人才推为城市发展最为核心的要素，尤其是成为后工业城市的动力来源。

由于中心城市的嵌入，城市群被赋予得天独厚的发展机遇，转变为具有特殊的空间、社会结构和内在动力的空间组织，其中最为突出的变化是低收入群体获得更多的工作机会和收入，高收入群体也更为富裕，这使收入成为吸引劳动力的重要因素。但是劳动力收入不仅是自身能力的体现，或者说城市群中劳动力收入的提升是来自于其本身能力更为突出？城市在吸收劳动力时已做了遴选？城市群中劳动力的工资扭曲是否高出非城市群地区，在考虑生活成本后是否仍然是高的？考虑这些问题的前提是要测度城市群中劳动力工资收入的扭曲状况是如何

的，与世界顶级城市群的差距又是如何的。由以上分析提出两个假说：

2.3.4.1 劳动者收入偏离与个体空间选择

假说1：相对于非城市群地区，城市群收入偏离更有优势，并影响个体劳动供给。

著名人类学家和生物学家杰瑞德·戴蒙德（Jared Diamond，2005）指出一个简单事实：看似简单的大陆板块，即基本形态是南—北向狭长还是东—西向宽广，这看似毫无价值的简单事实，经过千百年演变，竟最终引发了农业在亚洲和欧洲的发展速度远超过南美洲、北美洲和非洲，而农业普及史的差异进一步推动不同族群人口、军队、技术的巨大差距。其原因是同纬度气候的相似性，促使农民更愿意选择沿东西向扩展种植而非南北。在工业及后工业社会，农业已经为现代社会奠定了先决条件，其重要性随着生产力的发展逐渐退却，区域空间的职业平台、经济氛围等取代从事农业生产的土壤与气候环境，成为微观经济个体的"更省力选择"，进而城市超越农村成为人类发展区位的空间选择偏好。

由于有多余的粮食可以养活农业外的人口，分工也成为可能并进一步推进现代社会的复杂制度向前发展。以"最省力法则"为指引，出生在不同空间单元的人在自我发展时会在不同的区域进行选择，是去是留取决于不同地区的经济机会，即区域空间能否提供与自己职业自洽的岗位或发展空间，这样现有区域的经济禀赋和发展基础成为选择的重要依据，选择的结果则是嵌于不同空间单元的差别化人口分布。

在完全竞争市场上，劳动者的工资收入可以在一定程度上反映企业的边际收益。但大量的实证研究显示，现实的劳动力市场是扭曲的，劳动力的劳动收入与边际收益存在差距，且呈现为劳动力收入的向下偏离。向下扭曲幅度大意味着劳动力实现自我发展较为艰难，向下扭曲幅度小意味着劳动力实现自我发展较为容易，可见微观劳动力的收入偏差在一定程度上反映出个人发展的"更省力"程度。由收入回报偏差引发对大脑的惩罚或激励刺激，强化劳动者的"更省力选择"和劳动参与行为，塑造出区域空间差异化的经济环境与发展潜力。

社会上的每个人对自己的职位和预期收入都是有要求的，有着自我价值现实的欲望，当本土不能充分开发、利用、积累人力资本，无法实现自我成长时，"智力外流"甚至"智力浪费"会导致人员的流动。流动会引起劳动力的异质性与空间分工对接，催生更大的内部市场，使高水平的专业化分工为人力资本的积累与提高营造良好的环境，区域的经济职能优势将得以加强，形成静态优势。并与动态优势高度自洽，在空间分工构架下形成规模经济，推进技术进步最终实现资源的优化配置。城市群中空间分工使区域经济形成层次，不同层次的区域集聚相应的人力资本，这样通过"干中学"可以促进动态比较优势演进，在资本要素积累的基础上实现均衡要素积累，以获得更多的机会实现资源优化配置，促进产业升级。世界级城市群就是这样随着时间的推移，一步步被推举到世界经济的中心，这是静态优势与动态筛选共同作用的结果。也就是说当城市群空间分工格局形成后，这种机制将淘汰落后产业、催生新兴产业、吸引更新异质性劳动力、实时更改资源错配、实现经济高效运转、推动生产效率提高、完成个人价值的自我实现最终表现为收入的提高。

人口汇集带来新的生产要素和需求，无形中又强化了劳动力的空间选择偏好。由于中心城市的嵌入，城市群被赋予得天独厚的发展机遇，转变为具有特殊的空间、社会结构和内在动力的空间组织，其中最为突出的变化是低收入群体获得更多的工作机会和收入，高收入群体也更为富裕，这使收入成为空间吸引力的重要因素与表现。城市群中的劳动力收入偏离，无疑会影响对最主要经济要素"人"的吸引能力，成为衡量区域经济发展潜力的重要指标。

2.3.4.2 劳动力空间选择影响经济增长的传导机制

假说2：个体空间选择通过与城市群空间中衍生的空间分工匹配，影响劳动力收入偏离作用于经济增长。

城市通过动态化分类筛选异质性劳动力，进而塑造城市群空间分工层级。Fujita 等（1999）发现异质性劳动力在集聚力的作用下呈现出随产业进入城市，并在市场作用下竞争博弈达到最优的现象，次优产业、次优劳动力受分散力的影响重新选择区位，这时高技能劳动力的优势极为突出，中等技能劳动力所受影响最为明显。Moretti 和 Thulim（2012）利用美国人口微观数据解释了不同技能劳动力的空间分布是不均匀的，大学生人口越发偏向选取高房价地区的工作岗位。同样的规律进一步解释，原因是由用人单位对异质性劳动力的需求差异导致，空间迁移趋势非常明显。

城市群的空间分工体现在区域的产业分工上，而伴随全球经济一体化的发展产业分工对于区域经济的弊端逐渐凸显，特别是产业分工中经济资源分布不合理，致使单个区域产业过度类似、产品过于雷同、价格战频发反而导致低端固化甚至高昂的环境代价。城市群内区域的职能化分工无疑是城市群经济发展的新契机，也更符合现实的发展趋势。Massey（1979）发现，企业在不断成熟发展后，往往会选择跨区域安排不同的部门，通过分离不同的生产部门，利用空间差异实现企业更好地发展，这在大型跨国公司中尤为普遍。城市群中不同的城市往往具备不同的要素禀赋，在中心城市最大的优势是高技能劳动力的集聚，缺点则是较大的工作压力及高昂的生活成本，非中心城市吸引着中、低技能劳动力的集中，不足则是人力成本较低缺乏技术攻关和产业革新的能力。

城市间层级体系的形成强化了外部效应、静态效应、中心城市。经过要素的不断集聚，中心城市作为集聚中心逐渐积累起静态优势，这是城市外部效应的充分体现。梁琦（2003）指出知识溢出是最为突出的静态优势。Combes 等（2008）提出几乎所有劳动力在进入大城市时都在生产静态优势的基础上，首先收获了静态集聚的益处，Duranton 和 Puga（2004）将静态优势解释为更多的共享、匹配和学习效应，是劳动力获得在职人力资本积累的有效途径，尤其高技能劳动力往往能更好地利用静态效应、成长更快，这在大城市中更为突出。Jorge 和 Puge（2016）推翻了原有的"大城市的收入高是因为集聚了能力更强的人"的普遍认知，证明静态优势和学习效应共同拉高了大城市的平均工资，且解释力各占一半。大城市往往更有利于在职人力资本的积累，为劳动力的个人发展提供适宜的环境，更充分的空间分工匹配伴随着更多的经济机会，影响劳动收入偏离作用于城市群经济增长。

2.4　本章小结

综合以上理论与路径分析发现，在分析城市群经济增长时，需要考虑劳动力收入偏离、劳动供给、经济增长对社会经济作用方向、时间维度和空间差异。具体而言，本书在第 3 章中，测度中美城市群劳动力收入偏离与经济发展阶段之间的规律，以此为基础，在第 4 章中在分析波士华城市群劳动力收入差异与空间分布规律的基础上，验证中国三大城市群个体层面与空间层面对劳动供给影响的微观基础，第 5 章验证不同城市群劳动力收入偏离与经济增长的关系，第 6 章通过设计自然实验考察中国城市群协同政策的政策绩效。

3 中美城市群劳动力区域分布与收入偏离测度

本章在介绍中美城市群劳动力收入偏离的基础上验证假说1，证明城市群的空间吸引力明显优于其他地区，以劳动力微观数据测度的个体劳动力收入偏离呈现出更优的态势，来解释中国城市群经济现实。接下来通过构建理论模型，采用美国微观数据（IPUMS-USA）与中国劳动力动态调查（CLDS）微观样本数据，设计研究对象、数据与变量，利用呈现的实证结果进行分析与比较，同时为后面章节构建指标变量。

3.1 城市群空间吸引与劳动力选择分析

城市群能否成为中国经济实现高质量发展的空间载体，关键在于对劳动要素能否产生较强吸引力和集聚力？而怎样的城市群才能够吸引和聚集劳动力？劳动力又为什么到大城市群选择就业生活呢？为此，本章选取中美典型城市群劳动力为研究对象，采用CLDS与IPUMS-USA微观样本数据，运用双边随机前沿研究方法，从不同城市群的劳动力收入溢价偏离角度，就不同空间岗位优势和岗位劣势的收入效应对劳动力吸引能力进行定量分析，并通过长三角、珠三角、京津冀与美国波士华对比以期获得我国未来城市群发展所需的借鉴之处。结果显示：劳动力收入溢价偏离明显受到岗位空间因素的影响，城市群中城市空间的不同分工定位的收入溢价偏离呈现出明显差异，进而显示出不同发展阶段和模式的城市群对劳动力吸引效应具有显著差别。具体表现为长三角、珠三角、京津冀城市群中大约 50%的样本呈现为收入偏离的优化，显现出相比其他区域三个城市群在劳动力吸引方面具有优势，表明通过城市群的高品质发展可以吸引聚集劳动力；相对于波士华城市群的劳动力收入受到单边向下偏离幅度较小、变动趋势平稳、劳动力的收入吸引效应稳定且强劲的突出优势，中国三大城市群劳动力收入下偏扭曲较大，劳动力进入三个城市群后收入向下偏离扭曲的概率依然偏大，而且三大城市群在劳动力吸引上表现不够稳定，亟须在收入下浮及收入稳定等方面加快改进和提升；通过分析可知，更优的空间分工定位使过度竞争等集聚劣势得以缓解，城市群更高品质、更丰富的岗位选择为劳动力提供就业精准对接的可能，劳动者个人为避免在劳动竞争市场搜寻中的劣势，更愿意选择到大城市群就业。

3.1.1 劳动力空间选择现实

党的第十九届五中全会明确提出了构建国内大循环为主体、国内国际双循环相互促进的新发展格局，以建设世界级城市群作为经济发展的空间支撑已是大势所趋，同时作为参与全球竞争与国际分工的基本地域单元，中国城市群发展也逐渐凸显出来（Friedmann & Socrencen，2019）。第七次全国人口普查显示，珠三角、长三角、京津冀城市群对劳动力和人口吸引已经具有一定优势，但现实中存在集聚不协调、不持续的发展"瓶颈"。一是人口集聚与高人力资本人才缺乏并行；二是劳动吸引乏力与收入回报不足共存；三是城市群劳动力吸引合力效应较低。这些问题的症结究竟在哪里？长期以来中国劳动力市场普遍存在劳动收益较边际产出向下扭曲的显著现实（白重恩和钱震杰，2009；蒋含明，2016），随着经济发展进入转型期，扭曲发展的代价开始显现，劳动力收入问题、劳动供给问题伴随着粗放型发展，阻碍了优势要素的集聚，限制了城市群的发展质量。波士华城市群公认为综合实力最强，被称为美国"主街"，既为本国提供诸多基本服务，又为全球企业提供跨国经济平台，集中了大量高附加值的劳动岗位，收入平均高出其他地区 30%（Glaeser & Mare，2011），吸纳聚集了美国近 1/6 人口，具有极强的劳动吸引与集聚能力，通过优秀经济要素的聚集进一步强化了这种双循环发展。由此可见，面对国际分工与竞争越发激烈的客观事实，城市群的发展直接表现为高附加值岗位集聚，这种吸引效应在传统理论中呈现出的显性高收入水平，也同样出现在非城市群的单个大城市中，但现实中劳动力在空间选择中却往往更偏好前者，那么在高收入的吸引和聚集动因中是否存在其他隐性因素的影响呢？

目前,发达国家已经呈现劳动者集聚与收入的强烈关联。然而,不同发展程度的城市群内部空间分工与关联程度并不相同,导致异质性的经济发展合力,成熟的城市群更容易表现出对劳动力的吸引优势,多数研究揭示出由空间优势引发收入溢价的原因(Puga,2010),包括集聚经济的静态优势(Holmes,2010),劳动力本身固有的能力优势(Combes et al.,2008),实践与学习的便捷性(Duranton & Puga,2004),以及更多机会积累有价值的经验(Puga et al.,2017)等。但是,由于中国城市群多处于发展阶段,收入溢价远没有世界发达城市群那样突出。例如,在考虑相同的教育背景、工作年限与行业的基础上,美国都市圈与非都市圈劳动者的收入差距很大(Puga et al.,2017)。而中国相应研究在空间上更多的是聚焦单个城市或者区域(杨振宇,2017),多以平均收入高低、区域之间平均收入差距等作为考量,阐述城乡之间、城市之间劳动流动和吸引集聚的差异(陆铭等,2014),这有可能忽视了城市群合力效应对城市之间劳动力吸引影响存在的偏差,缺乏城市群在激发劳动力收入溢价及其吸引效应方面的深入研究。

总体来看,已有研究对城市群的吸引多探讨收入水平、公共服务等显性优势,但从吸引的作用和机制来看,仅考虑这些显性优势是不全面的,还需要考虑国际分工地位、城市群内部分工协作等发展品质提升所带来的劳动力收入偏离或溢价现象。本章就不同城市群发展阶段对劳动力收入溢价的吸引效应进行测度和深入分析。基于此,本书结合中观与微观两个维度,一方面运用区域数据,另一方面采用中美劳动力微观数据,分析中美两国典型城市群的人口集聚差异,并根据岗位空间优势与劣势博弈关系建立个体收入偏离模型,对岗位空间优劣博弈的收入吸引效应进行检验,对劳动力个体收入偏离进行测度,得到不同发展阶段城市群收入溢价对劳动力吸引的规律与经验,为未来我国世界级城市群建设促进双循环畅通的新发展格局提供经验与实证依据。

3.1.2 空间吸引的微观分析

地理与空间要素对区域和国家的影响远比我们想象的重要。甚至人类学和生物学指出大陆板块的基本地貌,经过千百年演变,最终导致了不同大洲差异化的经济发展。由于纬度气候的相似性,促使农民更愿意选择沿东西向扩展种植而非南北,进而农业发展的差异会一步步推动不同族群人口、军队、技术的巨大差距。这种人类不经意的天性选择是本能为大脑保存精力,想方设法地遵循"最省力法则"(Jared Diamond,2005)。同样道理,在工业与服务业为中心的工业社会与后工业社会，种植环境等资源禀赋被区域空间的经济机会取代，成为人类集聚或流动的主要力量，继续遵循"最省力法则"塑造区域的空间差异与空间选择偏好，进而引导人口嵌于差异化的空间单元。通常在经济社会中，劳动者愿意选择某空间岗位生活工作是有收入条件的，由于生活成本的地区差异性，这意味着不同的空间劳动力市场具备不同的收入底线，而偏离这个底线的幅度可以用来衡量该空间对劳动者的吸引力度，向上幅度大则劳动者实现自我发展较为容易，向下偏离较大则难于实现自我发展。

可见微观劳动力的收入偏差在一定程度上反映出个人发展的"更省力"程度。由收入回报偏差引发对大脑的惩罚或激励刺激，强化劳动者的"更省力选择"和劳动参与行为，进而塑造出区域空间差异化的经济环境与发展潜力。如果劳动者胜任该空间岗位则有机会获得更多的财富积累，激烈的要素市场竞争中，往往只有更适宜的劳动者才有机会获得这种进入机会，与此同时意味更匹配的劳动供给质量，以及由职场平台赋予个人的"更省力"发展机会。

3.1.3　劳动力空间选择特征

成熟的城市群往往汇集了学习机会、创新效应、共享资源、社交网络等，可以多维度提升劳动力的收入。其劳动力市场，往往较非城市群地区存在更多的劳动供给者和劳动需求者，双方更有机会实现有效选择，信息交流也更为充分，劳动者应该更有机会实现自身价值最大化，从而分得经济增长中的合理收益。可见，劳动力个人付出与所得博弈会深度影响城市群的集聚能力。劳动生产率的提升是经济发展的重要体现，根据新古典经济理论，工资水平与边际产出的对等可有效稳定劳动力市场，而更高收入水平与更高边际产出的良性循环是集聚能力的重要体现，即更优的收入偏离是城市群集聚能力的有力保障。影响城市群集聚能力的研究很多，除了界定城市群概念、特征等的基础性研究以外（戈特曼，1961；周一星，1991；姚士谋，1992；顾朝林，2001；方创琳，2011），城市群的经济发展作用（宁越敏，2011）、内部的空间联系与结构等多为宏观的经济研究或中观的区域研究，针对城市群内部的经济要素研究并不多见，而且由于国际、国内城市群集聚各自呈现出典型的异质性，缺乏微观视角的基础性研究，亟须客观地刻画和测度来开启更为细致的系统性探索。

不可否认收入主要取决于个体能力，城市群是否通过提升劳动者的本身能力提高其收入，还是仅吸引了更有能力的劳动者；城市群中劳动力的收入溢价是否优于非城市群地区，在考虑生活成本后是否仍然是好的；面对国际劳动力市场，中国城市群在收入扭曲方面是否相对世界级城市群仍有优势或是差距。考虑这些问题的前提是要测度城市群中劳动力收入的偏离状况，与世界顶级城市群的差异又是如何。总体来看，已有研究虽然已经揭示了城市在收入吸引方面的优势，但现实中为什么劳动力个体的空间选择偏好存在收入吸引的悖论？是否城市群的合力效应没有充分表达？城市群存在的合力吸引效应的作用机制是什么？是否会受到隐性的收入溢价偏离影响？基于此，本书首先就不同城市群发展阶段对劳动力收入溢价的吸引效应进行测度和深入分析。结合中观与微观两个维度，一方面运用区域数据，分析中美两国典型城市群在产业结构、城市关联、国际产业分工以及人口集聚差异；另一方面采用劳动力微观数据，根据岗位空间优势与劣势博弈关系建立个体收入偏离模型，对岗位空间优劣博弈的收入吸引效应进行检验，对同一能力水平下劳动力个体收入偏离进行测度，并通过三大城市群之间及与波士华城市群的比较，得到不同发展阶段城市群收入溢价对劳动力吸引的规律与经验，为未来中国世界级城市群建设提供经验与实证依据。中国作为后发经济体需要打造怎样的氛围，充分认识中国城市群与世界级城市群在要素集聚能力上的差异，尤其劳动力收入偏离的差异，提升我国城市群边际产出、增强要素吸引力，成为推动我国在世界经济中分工地位提升的重要前提。为了回答这些问题，本书采用 CLDS、IPUMS-USA 数据，运用双边随机前沿研究方法，选取中美典型城市群中的劳动力为研究对象，对比各自收入偏离的差距。进一步探索城市群内部的收入偏离差异，测度我国城市群相对世界城市群地区是否改善了收入的扭曲状态，进而推进我国世界级城市群的建设步伐。

3.2　中美城市群劳动力收入偏离实证分析

3.2.1　中美城市群基本特征与人口集聚

3.2.1.1　三大城市群和波士华城市群基本特征

我国三大城市群发展与美国的波士华城市群发展所处阶段不同，其基本特征也不同。长三角城市群面积大约 21.3 万平方千米，占中国国土面积的 2.2%；珠三角城市群面积大约5.5万平方千米,占国土面积的0.6%;京津冀城市群面积21.5万平方千米,占国土面积的2.3%。波士华城市群面积13.8万平方千米,占美国总面积的1.5%,城市化水平达到90%以上。从空间结构来看,中国三大城市群中空间首位度最高为3.04,而波士华城市群可达5.412,表现出首位城市的集聚作用,与其他城市的差距较大。从产业结构比较来看,我国三大城市群第一产业占比稳定,在核心城市中第三产业占比均达70%以上,第二产业最高为26.99%,核心城市与非核心城市间仍存在调整空间,核心城市的第三产业占比需要提升。波士华城市群则整体呈现出第二产业占比缓慢上升且第三产业趋于饱和的态势,核心城市在充分吸纳第三产业的同时将第二产业转移至非核心城市,值得注意的是产业转移还引发了"管理、分析、研究、决策、政府与教育相关产业"的"第四产业"经济活动(Gottmann,1957),表明波士华城市群进入成熟阶段,也反映了其真正实力所在。从城市群空间分工角度来看,波士华城市群中城市分工定位明确,核心城市以经济服务、政治、文化为中心,节点核心城市以工业等为支柱,城市间分析协作紧密。而我国三大城市群在空间分工上存在重叠,核心城市功能多,节点城市仅处于辅助作用,协作协同程度还比较低,这种情况尤以京津冀城市群最为突出。这也表明我国城市以群为主体的发展还处于起步成长阶段。

由于波士华城市群之间错位发展、内部分工合理、优秀的产业结构提升了国际分工定位,这也衍生出城市群的巨大合力更提升了劳动者的个体收入,在美国高收入最集中的都市圈中,以华盛顿、纽约、波士顿、巴尔的摩、哈特福德为中心城市的五大都市圈拥有数量最多的高收入者,相应地,全美贫困率最低的十个州也有六个位于波士华城市群。而中国三大城市群中高收入者通常没有分布到各个城市,只集中于核心城市。这会不会影响劳动者的空间选择?

3.2.1.2 中国三大城市群的人口集聚

相对于美国波士华城市群以都市圈为单元,由不同郡县区域交汇而成,不同的郡县又分别属于不同的州或特区;中国城市群的空间构成则以地级市为基础,有较为明显的边界。作为中国最为典型的城市群,京津冀城市群人口数量逐年递增,由2012年的9619.1万人发展到2017年的10111万人,如图3-1所示;珠三角城市群人口数量由2012年的3062.4万人增长到2017年的3334万人,如图3-2所示;长三角城市群人口数量由2012年的12729.6万人增加到2017年的13002万人,如图3-3所示。同时,由于美国除波士华城市群外还有另外一世界级城市群北美五大湖城市群形成对人口的集聚能力,但在中国除三大典型城市群外没有更为先进的空间区域，故以三大城市群所涵盖的地级市人口对比全国人口，即可衡量中国城市群的人口集聚能力。2012~2014年稳定在0.1848左右，2015~2017年逐年递增至0.1876，如图3-4所示，可见中国城市群开始逐渐提升空间吸引力，呈上升态势。可见，对比中美城市群人口集聚的发展态势发现，不同城市群对人口的集聚能力存在异质性，相对于波士华城市群更加稳定的人口集聚水平，中国城市群人口集聚呈现出逐渐上升的态势。差异源自发展阶段或是吸引要素的能力，为厘清人口集聚能否持续形成良性循环，需进一步探究集聚差异背后的原因。

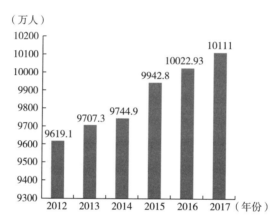

图3-1 京津冀城市群人口

资料来源：2012~2018年《中国城市统计年鉴》。

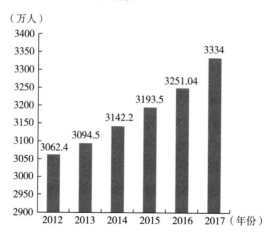

图3-2 珠三角城市群人口

资料来源：2012~2018年《中国城市统计年鉴》。

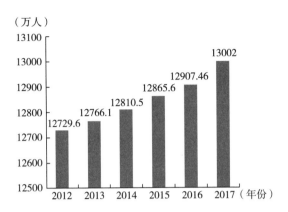

图 3-3　长三角城市群人口

资料来源：2012~2018 年《中国城市统计年鉴》。

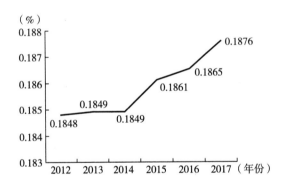

图 3-4　三大城市群人口占全国人口比重

资料来源：2012~2018 年《中国城市统计年鉴》。

中国城市群的空间构成以地级市为基础，有较为明显的边界。如表 3-1 所示作为中国最为典型的城市群，三大城市群人口数量均逐年递增。2012~2018 年长三角城市群人口数量由 12729.6 万人增加到 13175.0 万人；珠三角城市群人口数量由 3062.4 万人增长到 3586.0 万人；京津冀由 9619.1 万人发展到 10126.0 万人。以三大城市群所涵盖的地级市人口对比全国人口，即可反映三大城市群的人口吸引能力。2012~2014 年稳定在 18.48% 左右，2015~2017 年逐年递增至 18.76%，2018 年提升到 19.00% 极为缓慢。

表 3-1 三大城市群人口规模

年份	2012	2013	2014	2015	2016	2017	2018
京津冀城市群人口（万人）	9619.1	9707.3	9744.9	9942.8	10022.9	10111.0	10126.0
珠三角城市群人口（万人）	3062.4	3094.5	3142.2	3193.5	3251.0	3334.0	3586.0
长三角城市群人口（万人）	12729.6	12766.1	12810.5	12865.6	12907.5	13002.0	13175.0
三大城市群人口占全国人口比重（%）	18.48	18.49	18.49	18.61	18.65	18.76	19.00

资料来源：2010~2018 年《中国城市统计年鉴》。

3.2.1.3 波士华城市群的人口集聚

位于北美大西洋沿岸平原地带的波士华城市群，已经连成片状，以纽约和华盛顿为中心，汇集成带状的城镇集群，空间跨越 12 个州和 1 个特区，主要包含 9 个都市圈，由 25 个城镇及辐射区域组成，分别是纽约、纽瓦克、泽西城、费城、卡姆登、威尔明顿、巴尔的摩、哥伦比亚、陶森、华盛顿、阿灵顿、亚历山德里亚、波士顿、坎布里奇、牛顿、普罗维登斯、沃威克、哈特福德、西哈特福德、东哈特福德、纽黑文、米尔福、布里奇波特、斯坦福、诺沃克。以城镇所在郡县的人口数据计量波士华城市群的人口规模发现，城市群人口自 2010~2018 年逐年上升，由 13697142 人上升为 14221946 人，逐年上升速率分别为 0.8422%、0.7912%、0.5466%、0.4761%、0.3956%、0.2851%、0.201%、0.2331%，如图 3-5 所示。可见，总体来看波士华城市群的流入人口大于流出人口，人口集聚能力持续并逐渐趋于稳定。

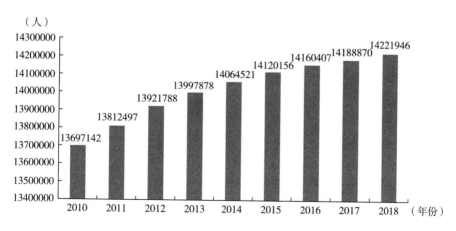

图 3-5 波士华城市群郡县人口

资料来源：美国人口普查局。

进一步比较波士华城市群中主要都市圈相对所在州总人口占比，发现城市群所处的 12 个州与自治区中，都市圈作为城市群的主要组成部分，其人口占比稳定而持续，自 2010 年起由 17.71% 逐年上升，2016 年达到最大值 17.86%，2017 年、2018 年稍有下降稳定在 17.84%~17.85%。在城市群所在州人口逐渐递增的背景下，主要都市圈人口占比稳定并持续递增进一步验证了波士华城市群对人口的集聚能力，如图 3-6 所示，证明了该地区的经济活力。

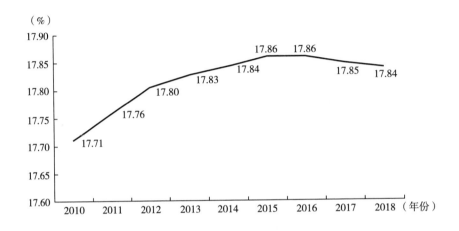

图 3-6　波士华城市群主要都市圈人口占所在州人口比重

资料来源：美国人口普查局。

　　美国波士华城市群以都市圈为单元，由不同郡县区域交会而成，不同的郡县又分别隶属于不同的州或特区。如表 3-2 所示，以城镇所在郡县的人口数据计算波士华城市群的人口规模发现，城市群所在郡县人口自 2010~2018 年逐年上升，由 1370 万人上升为 1422 万人，上升速率分别为 0.84%、0.79%、0.55%、0.48%、0.40%、0.29%、0.20%、0.23%，总体来看，波士华城市群的流入人口大于流出人口，人口集聚能力持续并逐渐趋于稳定。波士华所在州人口占全美总人口比重稳中有降，进一步比较波士华城市群中主要都市圈相对所在州总人口的比重，发现都市圈作为城市群的主要组成部分，其人口占比稳定而持续，在城市群所在州人口逐渐递增的背景下，主要都市圈人口占比稳中有增，这进一步验证了波士华城市群对人口的吸引能力，反映出该地区的经济活力。

表3-2 波士华城市群主要都市圈人口规模

年份	2010	2011	2012	2013	2014	2015	2016	2017	2018
所在郡县人口（万人）	1370	1381	1392	1400	1406	1412	1416	1419	1422
所在州人口（万人）	7734	7779	7819	7852	7883	7907	7928	7950	7972
所在州人口占全国人口比重（%）	25.00	24.97	24.91	24.84	24.76	24.65	24.54	24.45	24.37
所在郡县人口占所在州人口比重（%）	17.70	17.76	17.80	17.83	17.84	17.86	17.86	17.85	17.84

资料来源：2010~2018年美国人口普查局数据。

3.2.2 劳动力收入偏离模型构建

根据新古典经济理论，工资水平与边际产出对等可有效稳定劳动力市场，而更高收入水平与更高边际产出的良性循环是吸引能力的重要体现（康蕾等，2020），同时更优的收入溢价是城市群集聚能力的有力保障。成熟的城市群往往汇集多源的学习机会、创新效应、共享资源、社交网络等，可以多维度提升劳动力的收入，形成更多经济机会保持人口集聚态势（Duranton et al.，2004；Jorge De La Roca et al.，2013）。作为集聚与扩散的共同产物，高品质城市群的城市空间组织可以汇集地区、国家乃至全球的经济活跃要素，在提升生产效率的同时也可以塑造更适宜经济发展的环境，微观经济个体在适宜的环境与氛围滋养下，重新强化了区域的吸引优势，形成良性互动（杨东亮等，2020）。城市群劳动力市场，往往较非城市群地区存在更多的劳动供给者和劳动需求者，信息交流高效充分，双方有机会实现有效选择，劳动者也更有机会实现自身价值最大化，从而分得经济增长中的合理收益。一方面工资有所提升，大学生人口偏向选取高房价地区的工作岗位（Moretti，2013），这源自用人单位对异质性劳动力的需求差异（Diamond，2013），尽管高额的生活成本会反作用于这种集聚力量，但公司也会给予劳动者更多的生产性利益作为补偿（Jorge De La Roca et al.，2013），我国则是不同技能劳动力均享受了大城市的工资溢价（李红阳等，2017）。另一方面可以获得更多的工资外收入，如工程师、专家跨区域合作等，正式就业者可得更多灵活方式获取工资外收入、非正式就业者则可通过获取更多份工作来增加收入。然而集聚同时也伴随着一定的空间劣势，如由过度竞争、低端发展陷阱、集聚不足等抵消收入的溢价，这在发展阶段的城市群表现较为突出。为将空间带来的优势或劣势更好地纳入研究体系，现改变传统的以工资为对象的研究思路将研究对象设定为劳动者收入，毕竟无论优势或劣势都将体现在劳动力个人付出与所得的博弈，决定收入的溢价或扭曲也就是收入偏离，即劳动者个人总收入偏离自身能力应该获取潜在收入的幅度。

劳动力市场往往可以在基础设施建设、社交便捷性与资源共享前提下实现迅速成长，这种以微观经济个体为主导的发展环境，可以通过汇集经济活跃要素，形成生产效率更优的发展环境，在劳动分工与生产率原则的推动下循环互动，重塑区域间的差异化增长。假设一个典型空间的劳动力市场，有大量的工作岗位和劳动者，劳动者在选取空间工作岗位时，会考虑由此空间选择带来的总体收入，通常可呈现为以下形式：

$$SR_{ij} = \underline{SR_{ij}} + \rho(\overline{SR_{ij}} - \underline{SR_{ij}}) \qquad\qquad (3-1)$$

其中，$\underline{SR_{ij}}$ 为 j 劳动者愿意选择 i 空间岗位生活工作的收入底线，由于生活成本存在地区差异，在现实的社会生活中如果劳动者得到的收入低于 $\underline{SR_{ij}}$ 会选择退出 i 空间劳动力市场，选择闲暇或进入其他空间劳动力市场；$\overline{SR_{ij}}$ 为劳动者在 i 空间劳动市场中可能获得的最高收入且有地区差异，不同的空间岗位所具备的经济机会是不同的；ρ（$0 \leqslant \rho \leqslant 1$）即实际所得高出收入底线的幅度，如果 ρ 越高则意味着劳动者有机会获得更多的财富积累，激烈的要素市场竞争中，往往只有更适宜的劳动者才有机会获得更高 ρ 的空间进入机会，与此同时意味着更匹配的劳动供给质量，空间经济氛围与职场平台也被不断优化，可见 ρ 可以用来衡量不同空间工作岗位对劳动者的吸引力即空间岗位优势。

工作岗位质量或其优劣的直观表现是由此空间自选择带来的收入偏离。新古典经济学认为在完全竞争的劳动力市场，每一位劳动者都可以获得均衡的工资收入，理论上视为边际产出价值。但考虑经济现实，劳动者的实际劳动力工资普遍偏离潜在工资，处于不同岗位的劳动者可能获得不同的工资收入，通常会低于这种潜在的工资收入（王宁和史晋川，2015；蒲艳萍，2018），信息不对称、劳资双方议价能力和劳动市场的歧视性偏好是工资向下扭曲的主要原因（Kumbhakar & Parmeter，2009），但也需要考虑由空间选择带来的经济机会也存在巨大差别，处于不同经济氛围的劳动者自我发展与成长会引发工资外收入的积累，从而修正这种扭曲呈现差异化的收入偏离现象。现实中，收入向下扭曲幅度大即意味着劳动力实现自我发展较为艰难，幅度小即更容易，可见微观劳动力的收入偏差在一定程度上反映出个人发展的空间氛围选择偏好。同时由收入回报偏差引发对大脑的惩罚或激励刺激，强化劳动者的空间选择和劳动供给行为，进而塑造出区域空间差异化的经济环境与发展潜力。为考察这种现象现引入新思路，将式（3-1）变形为式（3-2）：若 j 劳动力由其自身能力，本应获取一份较为合理的收入即潜在收入，变形后我们可以清楚地看到，空间岗位优势 ρ 可以参与测度由空间选择带来的收入扭曲。

$$SR_{ij} = SR^* + \rho(\overline{SR_{ij}} - SR^*) - (1-\rho)(SR^* - \underline{SR_{ij}}) \tag{3-2}$$

假设按照劳动力本身能力应获得潜在收入 SR^*，在实际情况中，差异化的劳动力市场有些会凸显优势有些则呈现劣势，若岗位所处的空间经济氛围低迷、缺乏激励，劳动者的实际收入会极大压低，过低的收入回报引发对大脑的惩罚从而引起劳动者的消极怠慢，限制了劳动力的自我发展，这种向下扭曲幅度由式（3-2）中的第三项 $(1-\rho)(SR^* - \underline{SR_{ij}})$ 表示，$(1-\rho)$ 即空间岗位劣势强化了与劳动者预期收入下浮 $(SR^* - \underline{SR_{ij}})$ 的偏离；有些岗位所处经济氛围充满激励、积极活跃，会通过增加第二项 $\rho(\overline{SR_{ij}} - SR^*)$，缓解收入向下扭曲的程度，空间岗位优势 ρ 强化了与劳动者预期收入上浮 $(\overline{SR_{ij}} - SR^*)$ 的偏离，可见处于不同要素市场的工作岗位为劳动者提供的经济机会是有差异的，而且重塑了劳动者的空间选择和劳动供给行为。

为进一步分析其差异，首先需明确变量 SR^*，由于劳动者的均衡收入 SR^* 并不能通过观测获取，但我们认为在劳动力个体特征一定的情况下，完全竞争的要素市场可以自发形成均衡的收入即潜在收入，固以此代之，可由式（3-3）表示：

$$SR_{ij}{}^* = \beta X_{ij} + \varepsilon_{ij} \tag{3-3}$$

这样，将式（3-3）代入式（3-2）可得式（3-4）：

$$SR_{ij} = \beta X_{ij} + \varepsilon_{ij} + \rho(\overline{SR_{ij}} - SR^*) - (1-\rho)(SR^* - \underline{SR_{ij}}) \tag{3-4}$$

进一步将式（3-4）进行简化，设 $\rho(\overline{SR_{ij}} - SR^*)$ 为 γ_{ij}，即相对潜在收入水平向上溢价的部分，$(1-\rho)(SR^* - \underline{SR_{ij}})$ 为 ϑ_{ij}，即相对潜在收入水平向下扭曲的部分，可得：

$$SR_{ij}{}^* = \beta X_{ij} + \varepsilon_{ij} + \gamma_{ij} - \vartheta_{ij} \tag{3-5}$$

其中，$\beta X_{ij} + \varepsilon_{ij}$ 表示微观个体在系列特征变量 X 情况下的线性函数，用来衡量均衡劳动力收入。为更全面地反映地区间空间分工与集聚而产生的福利效应，本书的研究对象设计为收入而非工资，其中 X 中包含了劳动者的年龄、教育程度、工龄的平方、健康状况、性别及反映隐性技能的变量（参考 Mincer 工资方程，并对其进行了调整，总收入还包括了除工资收入外的非工资收入部分：包括农业收入、工资收入、经营收入等，自给自足的农业生产需按市场价值折算成收入）；$\gamma_{ij} = \rho(\overline{SR} - SR^*) \geq 0$；$\vartheta_{ij} = (1-\rho)(SR^* - \overline{SR}) \geq 0$；$\varepsilon_{ij}$ 为普通随机干扰项。劳动力市场的积极互动会吸引更为优质的劳动力资源，表现为收入溢价通过 γ_{ij} 偏大体现；与之相对，市场的不均衡或不良互动则会导致劳动者的收入下偏严重 ϑ_{ij} 值较大。

这样 $\varepsilon_{ij} + \gamma_{ij} - \vartheta_{ij}$ 成为新的复合干扰项 π_{ij}，构造出一个经典的双边随机边界模型（Kumbhakar & Parmeter，2009），相对传统线性回归分析，新模型可利用复合干扰项来测度经济个体产出边界的偏离程度并进一步分解，将复合干扰项分解为：一部分为常规意义的干扰项来自衡量误差或其他统计偏误，具有对称性质；另一部分包含两个单边特征分布的干扰项，分别反映向上偏离的无效率和向下偏离的无效率。

为了同时通过模型测度出参数 β、γ_{ij}、ϑ_{ij}，假设 γ_{ij} 和 ϑ_{ij} 均具有单边性质，服从指数分布，且 γ_{ij}、ϑ_{ij}、ε_{ij} 彼此相互独立，也都独立于劳动力的个体特征变量 X_{ij}。这样，这个包含"复合干扰项"的回归问题可以借助最大似然估计，首先需推导出复合干扰项 π_{ij} 的概率密度函数：

$$f(\pi) = \frac{exp(a_i)}{\sigma_\gamma + \sigma_\vartheta}\Phi(c_i) + \frac{exp(b_i)}{\sigma_\gamma + \sigma_\vartheta}\int_{-h_i}^{\infty}\phi(\theta)d\theta \qquad (3-6)$$

$$f(\pi) = \frac{exp(a_i)}{\sigma_\gamma + \sigma_\vartheta}\Phi(c_i) + \frac{exp(b_i)}{\sigma_\gamma + \sigma_\vartheta}\phi(h_i) \qquad (3-7)$$

上面概率密度函数中，$\Phi(c_i)$ 为标准正态分布函数的累积分布函数，$\phi(h_i)$ 为标准正态分布的概率密度函数，另外几个参数可如下表述：

$$a_i = \frac{\sigma_\gamma^2}{2\sigma_\vartheta^2} + \frac{\pi_{ij}}{\sigma_\vartheta}; \quad b_i = \frac{\sigma_\gamma^2}{2\sigma_\varepsilon^2} - \frac{\pi_{ij}}{\sigma_\varepsilon}; \quad h_i = \frac{\pi_{ij}}{\sigma_\gamma} - \frac{\sigma_\gamma}{\sigma_\varepsilon}; \quad c_i = -\frac{\pi_{ij}}{\sigma_\gamma} - \frac{\sigma_\gamma}{\sigma_\vartheta}$$

假设获取 z 组观测值，可借助对数似然函数表述如下：

$$\ln L(X; m) = -z\ln(\sigma_\gamma + \sigma_\vartheta) + \sum_{i=1}^{z}\ln\left[e^{a_i}\Phi(c_i) + e^{b_i}\Phi(h_i)\right] \qquad (3-8)$$

$$m = [\beta, \sigma_\varepsilon, \sigma_\vartheta, \sigma_\gamma]'$$

为了推算出市场中劳动力收入的溢价和向下扭曲的幅度，还需要复合干扰项中 γ_{ij}、ϑ_{ij} 的条件分布，可表述为：

$$f(\gamma_{ij} \mid \pi_{ij}) = \frac{\eta exp(-\eta\gamma_{ij})\Phi(\gamma_{ij}/\sigma_\varepsilon + c_i)}{exp(b_i - a_i)\left[\Phi(h_i) + exp(a_i - b_i)\Phi(c_i)\right]} \qquad (3-9)$$

$$f(\vartheta_{ij} \mid \pi_{ij}) = \frac{\eta exp(-\eta\vartheta_{ij})\varPhi(\vartheta_{ij}/\sigma_\varepsilon + h_i)}{\varPhi(h_i) + exp(a_i - b_i)\varPhi(c_i)} \tag{3-10}$$

将 $\eta = 1/\sigma_\vartheta + 1/\sigma_\gamma$ 代入式（3-9）、式（3-10），可以得出 γ_{ij} 和 ϑ_{ij} 条件期望的表达式，表达式如下：

$$E(\gamma_{ij} \mid \pi_{ij}) = \frac{1}{1/\sigma_\vartheta + 1/\sigma_\gamma} + \frac{\sigma_\varepsilon[\phi(-h_i) + h_i\phi(h_i)]}{\varPhi(h_i) + exp(a_i - b_i)\varPhi(c_i)} \tag{3-11}$$

$$E(\vartheta_{ij} \mid \pi_{ij}) = \frac{1}{1/\sigma_\vartheta + 1/\sigma_\gamma} + \frac{exp(a_i - b_i)\sigma_\varepsilon[\phi(-c_i) + c_i\varPhi(c_i)]}{\varPhi(h_i) + exp(a_i - b_i)\varPhi(c_i)} \tag{3-12}$$

为了得到百分数形式的结果，用 $100[e^z - 1]$，设 $z = E(\gamma \mid \pi)$ 或 $z = E(\vartheta \mid \pi)$。又因为 $E(e^z) \neq e^{E(z)}$，所以可以用 $E[exp(-z)]$，令 $z = \gamma$ 或 ϑ 来计算劳动力收入的溢出或下浮幅度。

两者的估计式：

$$E(1 - e^{-\gamma_{ij}} \mid \pi_{ij}) = 1 - \frac{\eta}{1+\eta} \frac{[\varPhi(c_i) + exp(b_i - a_i)exp(\sigma_\varepsilon^2/2 - \sigma_\varepsilon h_i)\varPhi(h_i - \sigma_\varepsilon)]}{exp(b_i - a_i)[\varPhi(h_i) + exp(a_i - b_i)\varPhi(c_i)]}$$

$$\tag{3-13}$$

$$E(1 - e^{-\vartheta_{ij}} \mid \pi_{ij}) = 1 - \frac{\eta}{1+\eta} \frac{[\varPhi(h_i) + exp(a_i - b_i)exp(\sigma_\varepsilon^2/2 - \sigma_\varepsilon c_i)\varPhi(c_i - \sigma_\varepsilon)]}{\varPhi(h_i) + exp(a_i - b_i)\varPhi(c_i)}$$

$$\tag{3-14}$$

为研究需要，还需要收入偏离的综合效应，即 $\rho(\overline{SR} - SR^*) - (1-\rho)(SR^* - \underline{SR})$，可用 NP 表示如下：

$$NP = E(1 - e^{-\gamma_{ij}} \mid \pi_{ij}) - E(1 - e^{-\vartheta_{ij}} \mid \pi_{ij}) = E(e^{-\vartheta_{ij}} - e^{-\gamma_{ij}} \mid \pi_{ij}) \tag{3-15}$$

由于 σ_ϑ 仅出现在 a_i 和 c_i 中，且 σ_ε 仅出现在 b_i 和 h_i 中，可见式（3-15）中的两者都是可以推算识别的。在后续检验中，岗位优势与劣势对收入偏离的影响可以由估计结果决定（卢洪友，2011），并在实现收入扭曲与溢价偏离测算的同时揭示收入吸引效应。

3.2.3 微观研究对象与数据来源

经济全球化与经济一体化已成为经济发展的大势所趋，作为集聚与扩散的共同产物，城市群这一高效率的城市空间组织必然成为世界经济发展的主流。体量最大的是美国的波士华城市群，其经济总量在世界经济体排名列居第 5 位（基于 2013 数据），超越了众多国家和地区。随着全球一体化发展，当下世界经济的中心开始有东移的趋势（曹诗颂等，2017），世界级城市群往往承载着世界经济中心的空间表现，这为中国的城市群发展带来了前所未有的机遇。地处太平洋西岸的京津冀城市群，与地处大西洋西岸的波士华城市群地处相似的地理纬度，又具有相对较好的经济基础，逐渐具备了类似于之前波士华城市群的发展契机。相对于成熟的世界城市群，京津冀城市群发展势头迅猛初步实现了波士华城市群前一阶段的产业结构（周伟，2016），工业化洗礼之后能否吸纳优质的经济要素为集聚提供支撑成为了发展的关键，尤其人力资本可谓重中之重，其吸引能力集中体现为劳动力的收入扭曲状况，可见有必要细化对比中国城市群与世界级城市群，分析收入扭曲差异进而改善、提升城市群发展需具备的基本条件。现以中美典型城市群区域范围内的劳动力为核心研究对象，采用微观数据库：CLDS、IPUMS-USA，对比波士华城市群与中国的长三角、珠三角、京津冀三大城市群做详细分析（见表3-3）。

表3-3　波士华、长三角、珠三角、京津冀城市群对比分析

地区	城市群	基本特征	主要城市
美国	波士华城市群（东北部大西洋沿岸城市群）	面积：13.8万平方千米（形如带状，长约1000千米，宽50~200千米，占美国总面积的1.5%） 人口数量：6500万人，占美国总人口的22.5%，城市化水平达到90%以上	纽约、纽瓦克、泽西城、费城、卡姆登、威尔明顿、巴尔的摩、哥伦比亚、陶森、华盛顿、阿灵顿、亚历山德里亚、波士顿、坎布里奇、牛顿、普罗维登斯、沃威克、哈特福德、西哈特福德、东哈特福德、纽黑文、米尔福、布里奇波特、斯坦福、诺沃克
中国	长三角城市群	面积：21.3万平方千米，占中国国土面积的2.2% 常住人口：1.5亿人（2017年），占中国总人口的11%	上海、南京、苏州、无锡、常州、镇江、南通、扬州、泰州、盐城、杭州、宁波、嘉兴、湖州、绍兴、金华、舟山、台州、合肥、马鞍山、芜湖、铜陵、安庆、滁州、池州、宣城
中国	珠三角城市群	面积：5.5万平方千米，占中国国土面积的0.6% 常住人口：6151万人（2017年），占中国总人口的4.4%	广州、深圳、珠海、佛山、江门、肇庆、惠州、东莞、中山
中国	京津冀城市群	面积：21.5万平方千米，占中国国土面积的2.3% 常住人口：1.1亿人（2017年），占中国总人口的8%	北京、天津、石家庄、唐山、廊坊、张家口、承德、秦皇岛、沧州、衡水、保定、邢台、邯郸

3.2.4 微观劳动力变量指标选取与描述性统计

由于模型需要较为丰富的微观数据，不仅包含个体特征、家庭特征还需要空间单元细化到城市层级的信息，而且需要中国数据与国际数据的对比，考虑到北美五大湖城市群、西北欧城市群都涉及跨国数据，难以实现横向对比，限于数据的可得性，本书将研究对象调整为美国的波士华城市群和中国的长三角、珠三角、京津冀城市群区域范围内的劳动力。国内数据采用中山大学社会科学调查中心于 2012 年、2014 年、2016 年在中国大陆开展的劳动力动态调查项目。该调查涵盖了中国劳动力的教育、工作、迁移、健康、社会参与、经济活动等，其样本覆盖了中国除香港特别行政区、澳门特别行政区、台湾省、西藏自治区和海南省外的 29 个省市（自治区）的劳动力人口，可以用于中国社会与劳动力的相关研究、国际比较研究和政策研究等。国外数据采用 IPUMS-USA，收集了人口、地理、居民生活、收入和消费信息等诸多数据，样本覆盖了本书需要的波士华城市群涉及的 12 个州和 1 个特区的诸多数据，如个人信息、家庭信息、空间信息等。该数据在调查设计上与国内的劳动力动态调查项目虽不完全同步，但两者基本覆盖了调查家庭的空间信息，包括完备、准确的个人与家庭数据，问卷系统调查了工作、个人特征、家庭收入、家庭成员情况等方面，覆盖了本书所设计模型的所有变量，基本可以实现国内国际就微观个体考察的对比需求。

本书的研究选取了劳动力上一年各类收入合计（包括农业收入、工资收入、经营收入等，自给自足的农业生产需按市场价值折算成收入）对数值作为劳动力福利水平的体现指标，以被解释变量的形式出现，通常世界级城市群的分工更加精细，可提供更有优势的个人发展平台，劳动者获得更多学习和历练，在人力资本的积累上可实现专业和高效，不仅拓宽了劳动者的收入渠道，而且使劳动者获取更多的经济机会，如周末工程师、专家跨区域合作等人才区域一体化的推广，正式就业者可通过更多灵活方式获取工资外收入、非正式就业者则可通过获取更多份工作来增加收入，这充分体现出城市群对劳动力的吸引。

为了衡量劳动力潜在的均衡收入，本书借鉴了经典的 Mincer 工资决定方程，以其为基础测度收入扭曲，模型主要包括如下个体特征变量：受教育水平、工龄、工龄的平方项、性别、健康状况，同时加入户口、迁移、职业、空间等信息体现劳动力个体隐形技能。本书采用"最高学历"衡量被调查个体的受教育水平，取变量 education 为受教育年限，按离开学校的教育程度计算，包括毕业、结业、肄业、中途退学、辍学。小学为 6 年，初中为 9 年，高中、中专、技校为 12 年，大专为 15 年，大学本科为 16 年，硕士为 19 年，博士为 22 年，该指标值越大表明受教育水平越高；工龄与其平方项，可通过年龄作为代理变量，体现工作经验并测度与个人收入的非线性关系；健康状况选自问卷中的"目前健康状况自评"，分为"非常健康、健康、一般、比较不健康、非常不健康"5 个档次；性别设为二值变量。表 3-4 梳理了上述变量的界定与统计方法。

表 3-4　变量的统计性描述

变量	变量名称	平均值	最大值	最小值	标准差
个体总收入（包括农业收入、工资收入、经营收入等，自给自足的农业生产按市场价格折算收入）	lnincome	10.389	13.236	5.704	1.020
年龄（调查当前年份——受访者出生年份）	age	45.239	17.000	77.000	12.650
性别（1 男，2 女）	gender	1.502	1.000	2.000	0.500
健康状况（1 非常健康，2 健康，3 一般，4 比较不健康，5 非常不健康）	health	2.112	1.000	5.000	0.817
户口（1 农业户口，2 非农户口，3 居民户口之前是农业户口，4 居民户口之前是非农户口）	hukou	1.461	1.000	4.000	0.918
是否为迁移劳动力（1 是，2 否）	immigration	1.804	1.000	2.000	0.398
受教育年限（仅考虑正规教育）	education	9.649	0.000	22.000	4.646
工作状态（1 雇员，2 雇主，3 自雇，4 务农）	occ	1.680	1.000	4.000	1.111
城市	city	—	—	—	—
城市群	n	—	—	—	—
年度	y	—	—	—	—

在数据处理时，采用 CLDS（2012 年、2014 年、2016 年）微观数据的成人库，整理出 16~64 岁及 65 岁以上仍在工作的样本，共计 36034 个，该调查公布了样本的地理坐标到市级，符合本书的研究要求，因此在城市群的空间选取时本书考虑了中国最突出的三个城市群京津冀城市群、长三角城市群和珠三角城市群，结合中国劳动力动态调查的分层抽样方案[1]，筛取了三个城市群的 26 个城市的对应样本 9302 个[2]。

---

① 中国劳动力动态调查抽样设计采用分层的方法，本书所涉的广东省、江苏省、河北省具有区域代表性，北京、上海、天津、浙江、安徽为小省层代表性偏弱，鉴于数据的限制特此说明。

② 2016 年，国务院常务会议通过的《长江三角洲城市群发展规划》，规划中包括 26 个城市，其中上海 1 个、浙江 8 个、安徽 8 个、江苏 9 个。

在收集劳动力工作经验的过程中发现，工作结束时间与工作开始时间之差缺失值过多，以此代表工龄会导致大量可用信息的损失，故以年龄及其平方项分别代替工作经验与工资收入水平间的线性与非线性关系。

劳动力的受教育水平，可通过"最高学历"转换为受教育年限：无正式教育 0 年、小学教育 6 年、初中教育 9 年、普通高中教育（职业高中教育、中专教育、技校教育）12 年、大学专科教育 15 年、大学本科教育 16 年、研究生教育 19 年、博士教育 22 年。在数据处理中，发现在调查中回答"不清楚"的 6 个被访者中，其父母的受教育程度为未受过教育，仅有 1 个母亲为小学教育，为充分利用调查信息，斟酌样本的综合回答，认定 6 位被访者的受教育程度为"未受过教育"。

在对比研究中劳动力收入的衡量上，由于国情差异，IPUMS-USA 数据中教育体制、空间信息、家庭信息等与中国的数据不一致，本书在选取变量时以 CLDS 数据库为基准进行了一致性处理。变量受教育年限①，该指标值越大表明受教育水平越高；工龄与其平方项，可通过年龄作为代理变量（调查当前年份——受访者出生年份），体现工作经验并测度与个人收入的非线性关系；健康状况选自问卷中的"目前健康状况自评"，分别赋值为 1 非常不健康、2 比较不健康、3 一般、4 健康、5 非常健康；性别设为二值变量（1 男，0 女）；户籍信息（1 非农户籍，0 农业户籍）；是否为迁移劳动力②（1 是，0 否）；农村还是城市（1 城市，0 农村）等。表 3-5 为主要变量的描述性统计。

表 3-5 主要变量的描述性统计

变量	均值		最小值		最大值		标准差	
	三大城市群	波士华	三大城市群	波士华	三大城市群	波士华	三大城市群	波士华
个体总收入（千元、千美元③）	39.310	70.911	0.800	1.100	450.000	587.000	36.080	76.071

① 受教育程度按小学为 6 年，初中为 9 年，高中、中专、技校为 12 年，大专为 15 年，大学本科为 16 年，硕士为 19 年，博士为 22 年进行计算得到受教育年限。

② CLDS 数据中"被访者 14 岁以来有流动经历"视为迁移劳动力，IPUMS 数据中"一年前有州内流动、不同州之间流动、出国"视为迁移劳动力。

③ 个人总收入单位在 CLDS 数据中为人民币，IPUMS 数据中为美元，本书采用两个数据集分别测算故不必要进行单位转换。

变量	均值		最小值		最大值		标准差	
年龄（岁）	45.24	41.78	15.00	16.00	77.00	64.00	12.65	12.00
受教育年限（年）	9.65	14.49	0.00	0.00	22.00	22.00	4.65	3.19
健康状况	2.11	0.99①	1.00	—	5.00	—	0.82	—
男性占比（%）	0.55	0.52	—	—	—	—	—	—
非农户籍人口占比（%）	0.33	—	—	—	—	—	—	—
城市人口占比（%）	0.50	1.00	—	—	—	—	—	—
迁移人口占比（%）	0.28	0.14	—	—	—	—	—	—

注：在收集劳动力工作经验的过程中发现，主要工作的持续时间：工作结束时间与工作开始时间之差缺失值过多，以此表示工龄会导致大量可用信息的损失，故以年龄及其平方项代替工作经验考察与收入水平间的线性与非线性关系。健康状况美国按调查数据中"是否有自理能力"（是为1，否为0）。

资料来源：2012年、2014年、2016年中国 CLDS 与 IPUMS-USA 数据。

3.3 中美城市群劳动力收入偏离实证结果分析

3.3.1 模型设定与劳动者均衡收入的影响因素

为估算处于不同工作环境的岗位呈现出的优势与劣势对异质性劳动者收入效应的影响，本书采用双边随机前沿模型进行测度，表 3-6 汇总了基于不同模型的估计结果。其中，模型 1 为最小二乘法（OLS）模型，模型 2 采用双边随机前沿方法进行最大似然估计（MLE），模型 3~模型 5 逐步控制了城市变量、城市群变量，模型 6 剔除了不显著变量、增加年度变量等，对比模型结果明显有改善，其中对数似然函数值改善明显，固后续以模型 6 作为基准估计结果进行分析。

从一系列调整的模型回归结果发现，主要投入变量的估计结果与现有研究结论保持一致：在其他因素保持不变的情况下，收入水平的对数值与受教育年限呈"U"形曲线关系；与年龄呈倒"U"形曲线关系；与劳动力的流动与否呈正相关关系；与劳动者对健康水平的自我评价呈正相关关系；女性相对不如男性劳动力的收入高；城市劳动力的年收入水平高于农村；户口类型里包含了很多隐性信

---

① IPUMS 调查中为"是否有自理能力"（1是，0否）。

表 3-6　基准模型估计结果

变量	中国三大城市群（N=12761）						波士华城市群（N=134943）
	模型1	模型2	模型3	模型4	模型5	模型6	模型7
年龄对数	15.621*** (26.77)	12.089*** (22.25)	12.712*** (15.35)	13.061*** (15.28)	11.586*** (22.57)	11.651*** (23.52)	9.959*** (66.23)
年龄对数平方项	−2.164*** (−26.74)	−1.677*** (−22.22)	−1.765*** (−15.40)	−1.824*** (−15.45)	−1.609*** (−22.60)	−1.628*** (−23.67)	−1.260*** (−60.83·)
迁移 （无迁移=0）	0.208*** (10.25)	0.184*** (10.93)	0.110*** (4.05)	0.178*** (6.51)	0.153*** (9.31)	0.086*** (5.25)	—
户籍 （农业户籍=0）	0.161*** (6.49)	0.134*** (6.44)	0.125*** (3.59)	0.169*** (4.80)	0.112*** (5.40)	0.116*** (5.79)	—
健康状况	0.120*** (11.22)	0.088*** (9.48)	0.064*** (4.46)	0.051*** (3.48)	0.074*** (8.34)	0.071*** (8.28)	0.184*** (4.92)
性别 （女=0）	0.400*** (11.22)	0.359*** (23.69)	0.366*** (15.92)	0.353*** (14.63)	0.370*** (26.22)	0.377*** (27.62)	0.304*** (77.86)
受教育年限	−0.009 (−1.03)	−0.013 (−1.65)	0.004 (0.33)	0.002 (0.17)	0.001 (0.14)	0.006 (0.82)	−0.010*** (−4.19)
受教育年限平方项	0.004*** (10.04)	0.004*** (11.54)	0.003*** (4.69)	0.003*** (5.46)	0.003*** (8.47)	0.003*** (7.48)	0.006*** (58.91)
城市 （农村=0）	0.162*** (7.48)	0.114*** (6.41)	0.116*** (3.49)	0.136*** (4.66)	0.060*** (3.01)	0.075*** (3.90)	—
常数项	−19.018*** (−18.31)	−12.280*** (−12.64)	−12.639*** (−8.49)	−13.383*** (−8.72)	−10.689*** (−11.37)	−11.683*** (−13.05)	−7.616*** (−27.69)
Adj R-squared	0.306	—	—	—	—	—	—
Log likelihood	—	−11105.07	−10445.32	−10345.48	−10431.52	−10265.39	−150314.33
LR chi2	—	3835.96	5798.01	4982.03	5687.30	6281.84	74700.82

注：括号内数据为 t 值，*、**、*** 分别表示 10%、5%、1% 水平下显著。

息，于城市间流动并取得户口的劳动者收入往往高于由农业户口转为城市户口的劳动者，又顺次高于一直持有非农户口的劳动者，更高于一直持有农业户口的劳动者。

3.3.2　城市群的岗位优势与劣势对劳动力收入偏离的影响与效应

通过表 3-6 汇总信息发现，地处不同区域空间的工作岗位表现出差异化的综合优势或劣势，这直接影响劳动力的收入偏差，劳动者往往选择可充分实现自我价值的区域要素市场，以抵御普遍存在的企业"买方优势"。这呈现出劳动者以空间自主选择的岗位优势，尽可能多地抵消岗位劣势对收入的影响，充分匹配后，劳动者与岗位于城市群中的博弈积极修正了劳动者收入的下偏幅度。

收入偏离形成过程中，分析空间优劣因素测度模型的解释能力需要以模型6为基础通过方差分解实现，表3-7、表3-8汇报了岗位空间优劣因素效应的分析结果。中国三大城市群岗位空间劣势系数高达0.7009，岗位空间优势系数只有0.5694，波士华的相应系数为0.4778和0.3987，由 $E(w-u)=sigma_w-sigma_u$ 的非零结果-0.1315与-0.0791表明，平均来看劳动者的收入明显受到了随机边界的影响，且方向为负。扰动项的总方差为0.9987和0.5678，可以明确的是其中81.66%是由于三大城市群岗位的优劣与劳动者空间自选择所致，劣势高达60.24%，优势仅达到39.76%。与之相对应波士华城市群则可解释其中的68.22%，劣势占58.95%，优势占41.05%。这表明城市群对劳动力的吸引源于岗位优劣博弈后的空间自选择，很大程度上可由收入偏离解释。更进一步，为测度不同城市群劳动力的收入偏离，本书可以分组进行单边效应估计。

表3-7　中国三大城市群岗位差异影响劳动力收入的效应分析

	变量	表达式	测得系数
岗位分析	随机误差项	sigma_v	0.4280
	岗位劣势	sigma_u	0.7009
	岗位优势	sigma_w	0.5694
方差分解	随机项总方差	Total sigma_sqs	0.9987
	总方差中岗位优劣博弈因素占比(%)	(sigu2+sigw2)/Total	81.66
	岗位劣势影响占比(%)	sigu2/(sigu2+sigw2)	60.24
	岗位优势影响占比(%)	sigw2/(sigu2+sigw2)	39.76

表3-8　波士华城市群岗位差异影响劳动力收入的效应分析

	变量	表达式	测得系数
岗位分析	随机误差项	sigma_v	0.4248
	岗位劣势	sigma_u	0.4778
	岗位优势	sigma_w	0.3987

续表

	变量	表达式	测得系数
方差分解	随机项总方差	Total sigma_ sqs	0.5678
	总方差中岗位优劣博弈因素占比(%)	(sigu2+sigw2)/Total	68.22
	岗位劣势影响占比(%)	sigu2/(sigu2+sigw2)	58.95
	岗位优势影响占比(%)	sigw2/(sigu2+sigw2)	41.05

3.3.3 劳动力空间岗位优劣博弈中收入溢出与下浮的估计

以微观视角出发的研究中,在分析个体的同时,通常会借助汇总样本的统计变量来刻画总体,但以这些以平均数为代表的总体描述往往会掩盖各个微观个体之间的差别,然而这些差别非常富有启发性。为发挥微观个体研究的优越性,下文分别就总体和不同样本分组做细分的效益研究。

3.3.3.1 样本总体的单边效应估计

在岗位空间综合优劣与劳动者的空间选择博弈的作用下,引起收入的溢出与下浮程度可由式(3-13)和式(3-14)推算,即岗位空间综合优势可帮助劳动者获取一部分预期的收入溢出来增加收入,平均上浮 $E(1-e^{-\gamma_{ij}}\mid\pi_{ij})$;岗位综合劣势迫使劳动者接受一部分预期收入下浮来压低收入,平均下浮 $E(1-e^{-\vartheta_{ij}}\mid\pi_{ij})$。两者均为比例性指标,估计劳动力市场中,通过空间自选择与岗位优劣博弈导致的收入上下浮动占潜在收入(均衡收入)的比重。

在控制城市差别、年度等虚拟变量后,针对中国典型的三大城市群劳动力微观个体对比全国数据,得出岗位综合空间博弈使劳动力的收入较均衡收入平均下浮37.6%,上浮31.3%,由空间经济氛围的差异最终使劳动者的收入低于均衡收入的6.3%。全国下浮、上浮和净偏离的程度分别为41.4%、33.4%、8.1%,对比后更突出了三大城市群的优越性。

细看分布情况发现,从第1四分位的统计数据发现迫使全国1/4的劳动者接受收入下浮平均达25.2%,三大城市群下浮了21.1%,而且综合净偏离为正的14.9%高出全国12.3%的平均水平,岗位空间综合劣势在三大城市群中远没有全国平均表现得那么突出,结合优势并没凸显的分布特征发现:城市群的岗位劣势明显受到抑制,使劳动者同等情况下获取更多的博弈优势,最终阻止劳动力的收入下偏,促进了部分劳动者收入的更优向上偏离(见表3-9)。

表 3-9   2012~2016 年全国样本效应估计   单位:%

	平均值		Q1		Q2		Q3		标准差	
	全国	三大城市群	全国	三大城市群	全国	三大城市群	全国	三大城市群	全国	三大城市群
获取的收入溢出	0.334	0.313	0.230	0.207	0.268	0.227	0.375	0.360	0.149	0.161
接受的收入下浮	0.414	0.376	0.252	0.211	0.337	0.286	0.526	0.496	0.200	0.202
净偏离	-0.081	-0.063	0.123	0.149	-0.069	-0.059	-0.296	-0.290	0.312	0.319

注:Q1、Q2、Q3 分别表示第 1、2、3 四分位,即第 25、50、75 百分位。

　　测算得到三大城市群与其他地区样本收入溢价或偏离的估计结果,如表3-10 所示。结果显示,在控制城市差别、年度等虚拟变量后,以中国典型的三大城市群劳动力微观个体对比全国除三大城市群外其他地区样本,得到三大城市群合并样本的岗位综合空间博弈使劳动力的收入较均衡收入平均下浮42.2%,上浮 35.0%,空间经济氛围的差异最终使劳动者收入低于均衡收入净下偏扭曲7.2%。除三大城市群外其他地区样本的结果是下浮 42.9%、上浮 34.1% 和净扭曲的程度为下偏 8.8%。这表明三大城市群的收入溢价较高和向下偏离扭曲较小的收入吸引效应具有优势。由样本收入净偏离的异质性分布情况发现,三大城市群 75% 分位的劳动者接受综合净偏离为正的 14.5% 高于其他地区的 10.5%,高收入溢价在城市群表现更优。可见,城市群劳动者在同等情况下获取更多空间选择的博弈优势,尤其提升了处于高分位劳动者的收入溢价,对劳动力具有收入吸引效应。由于收入偏离和溢价效应的存在,劳动力更愿意选择在大城市群的劳动力市场就业和生活,表现了大城市群对劳动力的吸引。

表 3-10   三大城市群与其他地区样本收入溢价或偏离的估计结果   单位:%

	均值		标准差		异质性分布					
					25		50		75	
	三大城市群	其他	三大城市群	其他	三大城市群	其他	三大城市群	其他	三大城市群	其他
获取的收入溢出	35.0	34.1	16.3	13.7	23.8	24.3	26.9	28.9	39.5	38.2
接受的收入下浮	42.2	42.9	20.8	19.1	25.0	27.8	33.4	36.0	54.0	53.2
净偏离	-7.2	-8.8	33.0	29.7	-30.3	-28.9	-6.5	-7.1	14.5	10.5

为进一步分析城市群的特征，本书从全国样本中分年度筛选出三大城市群的微观个体数据（其中 2012 年 2162 个，2014 年 3656 个，2016 年 3604 个）分别测算后对比表 3-11 发现，三个年度劳动力收入的偏离情况相对全国来说都有很大差异，虽然仍为负值但净偏离情况都明显减缓，这表明城市群的发展优势有利于劳动者实现均衡收入，伴随着岗位空间优势与劣势的博弈，城市群中的工作岗位呈现出利于收入回归均衡的态势，与全国数据相比，其中 2012 年收入的下浮和溢出都有缩减，且下浮的缓解更为突出，最终呈现出净偏离为下偏 5.4%，优于全国平均水平 7.3%；2014 年城市群中收入溢出轻微上浮但低于全国平均上浮程度，同时下浮继续扩大，呈现出高于全国平均水平 4.9% 的收入下偏 5.5%；2016 年三大城市群中的收入下浮扩大，但全国平均呈现出更大的下浮，收入溢出也有所回落，收入的净偏离扩大到下偏 7.7%，但这仍优于全国平均水平 7.9%。

表 3-11　不同年度的城市群样本估计结果　　　　单位：%

		平均值	Q1	Q2	Q3	标准差
2012 年 三大城市群	获取的收入溢出	0.286	0.185	0.215	0.320	0.148
	接受的收入下浮	0.340	0.196	0.261	0.438	0.185
	净偏离	-0.054	0.125	-0.046	-0.253	0.293
2014 年 三大城市群	获取的收入溢出	0.323	0.211	0.228	0.380	0.169
	接受的收入下浮	0.378	0.212	0.278	0.499	0.205
	净偏离	-0.055	0.167	-0.050	-0.287	0.327
2016 年 三大城市群	获取的收入溢出	0.314	0.212	0.229	0.359	0.159
	接受的收入下浮	0.391	0.216	0.297	0.519	0.209
	净偏离	-0.077	0.142	-0.068	-0.308	0.324

　　注：Q1、Q2、Q3 分别表示第 1、2、3 四分位，即第 25、50、75 百分位。

3.3.3.2　美国波士华城市群估计结果

　　波士华城市群又名美国东北部大都市群，发展非常成熟，主要包含九个重要的都市圈，自东北向西南排列：波士顿—坎布里奇—牛顿都市圈、普罗维登斯—沃威克都市圈、哈特福德—西哈特福德—东哈特福德都市圈、纽黑文—米尔福都市圈、布里奇波特—斯坦福—诺沃克都市圈、纽约—纽瓦克—泽西城都市圈、费城—卡姆登—威尔明顿都市圈、巴尔的摩—哥伦比亚—陶森都市圈、华盛顿—阿灵顿—亚历山德里亚都市圈。本书从美国 2012 年、2014 年、2016 年全国 16~64

岁的劳动力样本中逐层筛选出波士华城市群中核心的 4 个都市圈：巴尔的摩—哥伦比亚—陶森都市圈、纽约—纽瓦克—泽西城都市圈、费城—卡姆登—威尔明顿都市圈、华盛顿—阿灵顿—亚历山德里亚都市圈，对 134943 个样本数据进行分析，并对比表 3-8、表 3-10 发现：样本中总体呈现的平均收入偏离为-3.9%，对比相同年度中国三大城市群的测度数据有明显优势，其中单边收入下浮为 32.4%，该数据代表岗位所处的空间劣势对收入的影响，对比小于中国三大城市群的 37.6%，这充分显示出波士华城市群作为世界级经济中心的空间优势；同时样本中第 3 四分位劳动力获得劳动收入净偏离平均达-18.4%，优于中国三大城市群同样分位的-29%；对比表 3-11、表 3-13 发现：与发展中的中国城市群相比，美国波士华城市群已经非常稳定，各方面的测度指标变化很小，表 3-7 中三大城市群的收入下偏扩大的趋势并没有在波士华城市群中出现，可见在其他条件不变的情况下，空间优势对收入偏离有积极的调整作用。

表 3-12　波士华城市群样本估计结果　　　　　单位：%

2012~2016 年		平均值	Q1	Q2	Q3	标准差
波士华城市群	获取的收入溢出	0.285	0.198	0.243	0.323	0.125
	接受的收入下浮	0.324	0.214	0.270	0.382	0.152
	净偏离	-0.039	0.109	-0.026	-0.184	0.249

注：Q1、Q2、Q3 分别表示第 1、2、3 四分位，即第 25、50、75 百分位。

表 3-13　不同年度的波士华城市群样本估计结果　　　　　单位：%

年份		平均值	Q1	Q2	Q3	标准差
2012	获取的收入溢出	0.276	0.193	0.237	0.313	0.119
	接受的收入下浮	0.317	0.210	0.265	0.372	0.149
	净偏离	-0.041	0.103	-0.028	-0.179	0.242
2014	获取的收入溢出	0.291	0.200	0.247	0.331	0.129
	接受的收入下浮	0.329	0.216	0.272	0.389	0.156
	净偏离	-0.038	0.115	-0.025	-0.189	0.256
2016	获取的收入溢出	0.286	0.199	0.244	0.324	0.124
	接受的收入下浮	0.327	0.216	0.272	0.386	0.153
	净偏离	-0.041	0.108	-0.028	-0.188	0.249

注：Q1、Q2、Q3 分别表示第 1、2、3 四分位，即第 25、50、75 百分位。

3.3.3.3 长三角、珠三角、京津冀城市群样本估计结果

对比表 3-6、表 3-7 发现处于三大城市群内部的劳动者收入偏离程度总体相对全国具有较明显的优势，表现为收入在空间优势与劣势博弈后呈现的下偏幅度上的削减，但不可否认的是，三大城市群发展的程度不尽相同，各自具有不同的特点。为此，有必要继续细化城市群间的比较分析，根据表 3-14 综合来看，三大城市群中长三角城市群总体表现最为突出，位于长三角的劳动力收入溢出平均可达 33.4%，下浮为 38.2%，呈现出的收入净偏离为 -4.8%，领先于全国平均水平。相对而言，珠三角城市群的劳动力收入溢出平均可达 30.5%，下浮为 38.1%，呈现出的收入净偏离为 -7.6%，明显不如长三角城市群；京津冀城市群的劳动力收入溢出平均可达 28.7%，下浮为 37.4%，呈现出的收入净偏离为 -8.6%，在三大城市群中表现出更多的劣势。

表 3-14　长三角、珠三角、京津冀城市群样本估计结果

2012~2016 年		平均值	Q1	Q2	Q3	标准差
长三角城市群	获取的收入溢出	0.334	0.217	0.241	0.394	0.171
	接受的收入下浮	0.382	0.219	0.280	0.502	0.203
	净偏离	-0.048	0.176	-0.039	-0.285	0.329
珠三角城市群	获取的收入溢出	0.305	0.205	0.213	0.352	0.160
	接受的收入下浮	0.381	0.206	0.284	0.508	0.211
	净偏离	-0.076	0.146	-0.071	-0.303	0.324
京津冀城市群	获取的收入溢出	0.287	0.200	0.234	0.323	0.128
	接受的收入下浮	0.374	0.227	0.306	0.462	0.187
	净偏离	-0.086	0.096	-0.072	-0.262	0.282

注：Q1、Q2、Q3 分别表示第 1、2、3 四分位，即第 25、50、75 百分位。

为更加直观地呈现不同城市群劳动者收入在溢出与下浮的差异，可参见组图 3-7、图 3-8、图 3-9。图 3-7 中，三个城市群的劳动者收入溢价频率分布中京津冀城市群集中在左端低幅度部分，对照图 3-8 中下浮，更明显的现实是京津冀城市群的收入偏离较长三角城市群和珠三角城市群都最不占优，偏离向下幅度更多，且样本分布以左边面积更大，即样本收入下偏占比人数更多、幅度更大；长三角城市群虽也集中在左端低幅度部分，但右端高幅度也有分布，对照图 3-8，图 3-9 呈现出两端相对平衡的分布，即样本收入溢价与下偏占比人数更为对等；珠三角城市群介于两者之间。

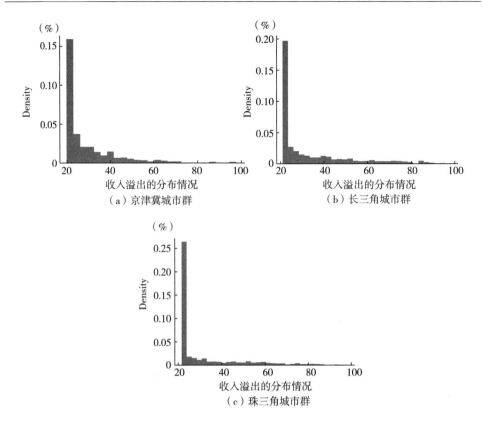

（a）京津冀城市群 （b）长三角城市群

（c）珠三角城市群

图 3-7 劳动者收入溢价频率分布

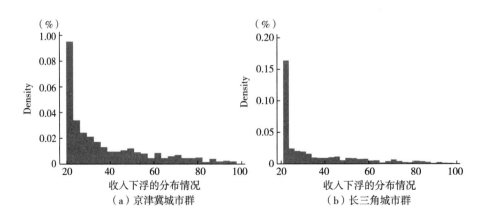

（a）京津冀城市群 （b）长三角城市群

图 3-8 劳动者收入下浮频率分布

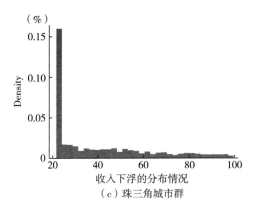

（c）珠三角城市群

图 3-8 劳动者收入下浮频率分布（续图）

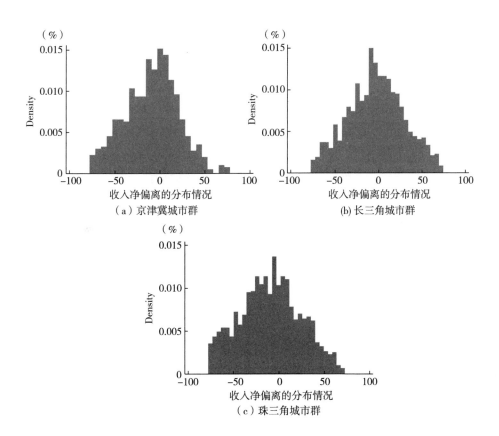

图 3-9 劳动者收入净偏离频率分布

3.4 测度结果分析与讨论

上文利用微观劳动力个体数据，以劳动力收入偏离模型测度处于不同城市群的劳动收入偏离幅度，以全样本、三个城市群总体样本、单个城市群样本多维度与美国城市群样本对比，就不同岗位的岗位优势和岗位劣势进行测度和比较，实证结果显示：处于不同城市群的劳动力在收入偏离方面呈现出明显的差异。相对于其他地区，在长三角、珠三角、京津冀三大城市群，岗位优势体现得更为明显，高于全国平均的1.8%，这无疑为劳动者提供了更有力的发展机遇。但相对于美国波士华城市群，中国城市群劳动力收入下偏体现得更为明显，这对城市群集聚智慧力量，经济全球化中的发展定位无疑是很大的障碍。进一步分析以波士华为代表的顶级城市群，其典型的优势在于劳动力收入受到单边向下偏离的幅度要小，尤其是第3四分位仅为-18.4%，明显优于中国三大城市群同样分位的-29%，这表明在世界级城市群中，更高的分工占位使过度竞争等劣势因素得以缓解，更高端的品质与更丰富的选择为劳动力个体提供了岗位精准对接的可能，从而形成空间优势，有效地改善收入偏离。从测度结果看，中国的城市群显然还存在一定差距。在差别年度的分析中发现，2012~2014年中国三大城市群的劳动力收入受到更多向下扭曲的影响，尽管仍优于测度出的全国数值，但对比同年的美国波士华城市群，其平稳的数据走向占据了明显的优势。可见，若建立世界级城市群仅关注国内的差异是不够的，毕竟作为世界经济中心的空间载体，对国际化人才的集聚能力是巨大的挑战，竞争更多是国际化的。想方设法为国际、国内人才提供稳定并富有前景的职业氛围，无疑是我国建设世界级城市群无法回避的现实问题。

在构建新发展格局中，大城市群特别是建设世界级城市群是聚集劳动要素及其他生产要素的空间集群，也是提高人们生活品质实现美好生活、促进国内大循环与国际竞争的空间载体。本书采用微观数据与城市空间相关数据相结合，通过模型估计检验及收入偏离溢价的测度，突破高收入源于高素质劳动力本身溢价的传统认知，证明大城市群在劳动力吸引和集聚动因中排除个人能力后，仍有收入溢价或偏离幅度的影响，体现出城市群城市之间的合力吸引效应，实现岗位竞争优势和劳动力聚集的稳定性。本书在控制城市与城市群差异的基础上，通过长三角、珠三角和京津冀及与美国波士华城市群比较，得到如下具体结论：①劳动力收入偏离明显受到岗位空间因素的影响，处于不同城市群的具有相同能力水平的劳动力在收入偏离方面呈现出明显的差异。相对于中国其他地区，长三角、珠三角、京津冀城市群收入偏离优势体现得更为明显，大约50%的样本呈现为收入偏离的优化，即存在溢价，城市群对劳动力的收入吸引效应逐渐增强，这无疑为劳动者提供了更有力的发展机遇，显示出大城市群对劳动力吸引的优势和能力。②尽管三大城市群对劳动力具有一定的吸引优势，但相对于发达经济体波士华城市群而言仍有差距；在不同年度及城市群的分组分析中，同样表现出中国三大城市群及在劳动力吸引力方面优于国内其他城市，而由于劳动力收入受到更多向下扭曲较大的影响，相对比同年度的美国波士华城市群在劳动吸引的平稳性和强劲力方面还具有较大差距。这充分表明中国城市群在人口和劳动力聚集方面需要有更大更快的发展，需加快提升全球化中的国家竞争力。③以波士华为代表的世界级城市群的典型优势是劳动力收入受单边向下偏离的幅度要小，城市群中各城市之间已形成合力，更高的国际分工定位和合理的内部空间分工使过度竞争等劣势因素得以缓解，更高端的品质和更丰富的选择为劳动力个体提供了岗位精准对接的可能，这种空间优势有效改善收入扭曲，进而吸引高层次劳动力和人力资本。这些优势是我国城市群发展的方向。④长三角城市群在三大城市群中对劳动力的吸引效应总体表现最为突出，而珠三角城市群、京津冀城市群的差距较大。

由上述结论可进一步延伸得出：在劳动力选择空间转移流动中，微观个体不仅会考虑城市群的整体收入水平，而且会更多考虑城市群的发展合力。劳动者为避免在竞争市场中的收入议价劣势，通过选择进入收入溢价高或者向下偏离幅度小的城市群以获得所期望的收入，同时人们在适宜的环境与氛围滋养下，形成良性互动重塑劳动者的空间偏好，进而重新强化了城市群劳动力乃至其他经济要素的吸引优势。这表明收入溢价偏离这一变量反映出的是城市群在产业结构、国际分工定位、就业质量、城市品质等方面对劳动力吸引的综合效应。城市群在全球竞争高级阶段，随着人口和经济体量达到一定规模，交通一体化、公共服务一体化等基础性建设不断完善，大城市群发展需着重调整的是提升城市群空间分工协作形成强大的合力吸引效应，为国际、国内人才提供稳定并富有前景的空间岗位，保证丰富而精准的就业机会。当然，后发城市群的发展不能仅靠市场作用，而势必需要科学的规划引领，发挥政府的积极作用，加强城市群空间内部的分工协同、提升国际分工定位，引导参与更强的国际竞争，使大城市群更具有优质要素的吸引力和聚集力，实现城市群劳动力市场的良性互动，促使大城市群承担起国内循环与国际循环的桥梁，成为中国参与世界竞争的空间载体。

3.5　本章小结

以上研究选取个体视角研究区域问题，以微观数据测度城市群中劳动力的收入偏离，打破现有文献中传统区域总体分析思路，补充了以区域为单元的劳动力个体研究。由于研究对象为劳动力收入而非工资或企业的边际产出，可有效运用收入背后隐含的信息来衡量空间为劳动者带来的益处。实证部分选用了双边随机前沿方法，为定量分析劳动力个体在空间岗位中获取的效应问题提供了新的思路，为我国区域发展研究提供技术参考。为了使上述三个方面结论更加符合现实和具有科学性，本书选择中美主要城市群的比较，以获得支撑上述结论的信息。

4 城市群劳动力收入偏离对劳动供给影响的实证分析

本章在介绍中美典型城市群劳动力分布差异的基础上继续验证假说1，并为假说2构建微观基础。城市群劳动供给行为差异反映了劳动力空间位移的效应。个体进行空间选择时，通常也在被选择和被分类，并在联合作用下实现岗位匹配。从微观来看，异质性劳动力在进入不同空间的劳动力市场，往往体现为差异化的劳动供给决策。在充分考虑劳动力异质性基础上，本章考察城市群劳动力收入偏离对劳动供给的微观基础，寻找空间分工于个体层面与空间层面的规律，验证城市群劳动力收入偏离对不同分工层级劳动供给的影响。

4.1 波士华城市群劳动力收入与空间供给

4.1.1 波士华城市群概况

现实告诉我们，城市群演变遵循一定的规律：发展初期为集聚阶段，城市群的发展契机在于充分解决核心城市的效率下降问题；发展中期为带动阶段，需要大力疏导提升核心城市对周边地区的带动能力；发展后期为全球竞争高级阶段，在城市群空间分工和专业化的基础上，提升整体的实力，争取成为本国参与世界竞争的空间集点。以此来看，当经济体量达到一定规模、完善交通一体化等基础性建设这些前提条件实现后，紧接着需要着重调整的是提升城市群的产业结构和指挥控制能力，即城市间在发展后期的转型中形成分工与专业化升级。促使跨国公司与本地企业形成上下游环节，推动总部向核心城市、制造向周边城市的双向迁移，产业分工突破传统的模式，向既有垂直分工又有水平分工的竞争合作关系转变，即空间分工。

六大城市群的基本特征与主要城市概况如表4-1所示。

表4-1 六大世界级城市群

地区	城市群	基本特征	主要城市
美洲	波士华城市群	面积：13.8万平方千米（形如带状，长约1000千米，宽50~200千米，占美国总面积的1.5%） 人口数量：6500万人，占美国总人口的22.5%，城市化水平达到90%以上	纽约、纽瓦克、泽西城、费城、卡姆登、威尔明顿、巴尔的摩、哥伦比亚、陶森、华盛顿、阿灵顿、亚历山德里亚、波士顿、坎布里奇、牛顿、普罗维登斯、沃威克、哈特福德、西哈特福德、东哈特福德、纽黑文、米尔福、布里奇波特、斯坦福、诺沃克
	北美五大湖区城市群	面积：94250平方英里① 人口数量：2500万人	芝加哥、底特律、大急流城、巴特尔克里克、卡拉马祖、加里、南本德、米兰、托莱多、门罗、安娜堡、奥本山、迪尔伯恩、克利夫兰、匹兹堡、伊利、罗彻斯特、布法罗、温莎、伦敦、圣凯瑟琳斯、密西沙加、多伦多
欧洲	英伦城市群	面积：4.5万平方千米，占国土的18.4% 人口数量：3665万人，占总人口的62.7%	以伦敦—利物浦为轴线，由伦敦大城市经济圈、伯明翰城市经济圈、利物浦城市经济圈、曼彻斯特城市经济圈、利兹城市经济圈组成
	西北欧城市群	面积：14.5万平方千米 总人口：4600万人	巴黎、阿姆斯特丹、鹿特丹、海牙、安特卫普、布鲁塞尔、科隆、法兰克福等。地跨法国、荷兰、比利时、卢森堡、德国。其中，人口达到10万人以上的城市有40座
亚洲	日本太平洋沿岸城市群又名东海道城市群	面积：3.5万平方千米，从东北向西南延伸1000千米，呈条带状，占日本总面积的6% 人口：将近7000万人，占日本总人口的61%	从东京湾的千叶开始，经东京、横滨、静冈、名古屋、京都、大阪、神户直达长崎
	中国长三角城市群	面积：21.3万平方千米，占中国国土面积的2.2% 常住人口：1.5亿人（2017年），占中国总人口的11%	上海、江苏（南京、苏州、无锡、常州、镇江、南通、扬州、泰州、盐城）、浙江（杭州、宁波、嘉兴、湖州、绍兴、金华、舟山、台州）、安徽（合肥、马鞍山、芜湖、铜陵、安庆、滁州、池州、宣城）共26个市

---

① 注：1英里＝1.6093千米。

波士华城市群位于北美大西洋沿岸的平原地带，又名美国东北部大都市群，是美国的东北走廊，发展非常成熟，城镇化率位于全美乃至世界的首位，是美国甚至世界经济的核心区域。波士华城市群中主要都市圈如表4-2所示。

表4-2 波士华城市群中主要都市圈

主要的都市圈	所在州或特区
波士顿—坎布里奇—牛顿都市圈	马萨诸塞州、新罕布什尔州
普罗维登斯—沃威克都市圈	罗得岛州、马萨诸塞州
哈特福德—西哈特福德—东哈特福德都市圈	康涅狄格州
纽黑文—米尔福都市圈	康涅狄格州
布里奇波特—斯坦福—诺沃克都市圈	康涅狄格州
纽约—纽瓦克—泽西城都市圈	纽约州、宾夕法尼亚州、新泽西州
费城—卡姆登—威尔明顿都市圈	宾夕法尼亚州、新泽西州、马里兰州、特拉华州
巴尔的摩—哥伦比亚—陶森都市圈	马里兰州
华盛顿—阿灵顿—亚历山德里亚都市圈	华盛顿哥伦比亚特区、马里兰州、弗吉尼亚州、西弗吉尼亚州

资料来源：IPUMS-USA 提供的微观个体数据。

4.1.2 波士华城市群劳动力收入差异与空间分布

4.1.2.1 前工业阶段

纽约作为波士华城市群的经济核心，其强大的经济体量和服务能力，站在世界的高点带动周边城市。整个城市群的一体化建设使其输出成为可能，无论高速公路、铁路、运河还是航空系统的构建，使该区域成为美国客运量最大、来往最为频繁的交通要道。也以此为基础，形成"总部—制造基地"区域合作模式，将信息、技术人员、游客等迅速传导至周边城市，并通过空间溢出，形成中心城市为周边中小城市提供技术和市场，中小城市满足中心城市产业扩散的双赢形态。

4.1.2.2 后工业阶段

当今世界的一个典型特点是前工业与后工业并存，而后工业被认为更多的集中在发达经济体，尤其是世界级的城市群中。波士华城市群在进入后工业阶段后，整个区域第三产业超越第二产业，都以服务业为主，但内部的分工仍是非常明确的。体现为服务业内部的细致分工，如哈特福德—西哈特福德—东哈特福德都市圈以保险服务闻名，波士顿—坎布里奇—牛顿都市圈的文化特征明显，纽约—纽瓦克—泽西城都市圈是世界金融中心等。

可见美国的空间分工发展已经非常成熟，所以据此将都市圈内部继续空间分层，第一层：都市圈中心或主要城市。拥有中心商务区（CBD）等积极的空间要素，主要包括高端服务业，如银行业、保险业、政府、总部等，借助公交枢纽区位形成的传统一级 CBD；新型服务业，如公司总部、媒体、广告、公共关系和设计行业等在相对核心区域 5~8 千米的范围内集聚为二级 CBD；教育、娱乐、运动、展览、会议等特定功能的集聚在更加远离核心区域的位置形成三级 CBD。波士华城市群有全世界最为典型的 CBD——纽约曼哈顿中城。第二层：都市圈次中心城市区域或混合区域。第三层：都市圈中其他区域。

综观波士华城市群中 2012 年、2014 年、2016 年的样本收入分布，发现居民收入差距极为悬殊。在这种情况下，为有效避免总体中极端数值的影响，可用中位数 P50 代表不同空间分层的样本收入一般水平。比较同一都市圈的三个空间分层发现，华盛顿—阿灵顿—亚历山德里亚都市圈中第一层的一般收入 71200 美元，第二层的一般收入 58300 美元，第三层的一般收入 45000 美元；纽约—纽瓦克—泽西城都市圈中第一层的一般收入 48000 美元，第二层的一般收入 45000 美元，第三层的一般收入 45000 美元；巴尔的摩—哥伦比亚—陶森都市圈中第一层的一般收入 46750 美元，第二层的一般收入 46000 美元，第三层的一般收入 46000 美元；费城—卡姆登—威尔明顿都市圈中第一层的一般收入 46000 美元，第二层的一般收入 43800 美元，第三层的一般收入 43000 美元（见表 4-3、表 4-4、表 4-5）。样本收入于不同空间分工的差异说明收入偏差是城市群空间分层的一个典型表现。

表 4-3　波士华城市群中第一层样本收入分布　　　　　单位：美元

都市圈	平均值	标准差	最小值	Q1	Q2	Q3	最大值
纽约—纽瓦克—泽西城都市圈	74212.63	99542.72	−11400	23000	48000	85000	1257000
费城—卡姆登—威尔明顿都市圈	62561.64	70422.98	−6600	24000	46000	77600	815000

续表

都市圈	平均值	标准差	最小值	Q1	Q2	Q3	最大值
巴尔的摩—哥伦比亚—陶森都市圈	60187.23	64688.71	−6800	25700	46750	73000	839000
华盛顿—阿灵顿—亚历山德里亚都市圈	89857.76	81556.38	−7000	39000	71200	119900	775100

注：Q1、Q2、Q3分别表示第1、2、3四分位，即第25、50、75百分位。

表 4-4　波士华城市群中第二层样本收入分布　　单位：美元

	平均值	标准差	最小值	Q1	Q2	Q3	最大值
纽约—纽瓦克—泽西城都市圈	64148.52	77228.41	−6700	21000	45000	80000	1201000
巴尔的摩—哥伦比亚—陶森都市圈	61669.01	68137.33	−7496	24000	46000	78000	1039000
费城—卡姆登—威尔明顿都市圈	58551.19	65859.09	−7600	22100	43800	73000	916000
华盛顿—阿灵顿—亚历山德里亚都市圈	78749.31	83252.22	−7500	28200	58300	100000	1360000

注：Q1、Q2、Q3分别表示第1、2、3四分位，即第25、50、75百分位。

表 4-5　波士华城市群中第三层样本收入分布　　单位：美元

	平均值	标准差	最小值	Q1	Q2	Q3	最大值
纽约—纽瓦克—泽西城都市圈	64628.96	79927.37	−7600	20300	45000	80000	1257000
费城—卡姆登—威尔明顿都市圈	59335.51	66543.89	−7600	21500	43000	75000	803000
巴尔的摩—哥伦比亚—陶森都市圈	60692.35	61978.06	−7500	22200	46000	80000	907000
华盛顿—阿灵顿—亚历山德里亚都市圈	60330.55	63027.43	−7000	22000	45000	80000	800000

注：Q1、Q2、Q3分别表示第1、2、3四分位，即第25、50、75百分位。

4.1.3　城市群劳动力收入偏离分析

城市群已经成为参与世界分工和国际竞争的主要空间单元，目前中国缺少有朝气、综合实力位居世界前列的城市，这种城市是城市群构建的关键，因为只有城市才可以集聚能够共享的基础设施、最前沿技术，以及由此扩充的人力资源与社交网络等。好在随着北京、上海、广州、深圳的崛起，中国的城市群开始具备发展的依托，但离全球经济指挥控制的世界城市群定位仍有一定距离，尤其在发达国家的世界级城市群已经在全球经济中占据重要位置的背景下，提升城市吸引经济要素的能力已成为城市群建设的关键性支撑。大力提升城市群的经济吸引力，已然成为世界经济发展的主流，塑造高度集中的空间单元，强化中心控制和管理能力，加大深度专业化的生产者服务、扩大劳动力需求，成为了我国城市群建设的关键。实现经济集聚能力的提升，提高区域竞争能力和国际竞争力，也必然以剖析城市群吸引力内在机制为前提。

如前所述，后工业部门更多地集聚在世界级城市群的核心城市中，这主要因为全球经济一体化的深度融合造就了高度集中的控制点，导致高度专业化的生产者服务成为全球中心城市的最主要组成部分。这一方面是迫于经济活动的客观需要，跨国公司的全球布局导致指挥与控制越发复杂，演变为空间控制节点在特定城市群集聚；另一方面更为重要，是由此带来的高端产业定位，可以汇集更丰富的经济机会，推动城市群中的微观要素市场向更有利于经济增长的方向良性运转。可见，城市群在推进全球经济更好运转的同时，也强化了自身发展，形成良性循环。与工业社会通过更新设备节约劳动、以资本取代劳动不同，后工业城市超越了这种循环，转变为典型的以知识价值论为基础、以发明替代品节约资本。将人才推为城市发展最为核心的要素，成为尤其是后工业城市的动力来源。纵观全球的人口分布，最为集中的空间区域莫过于世界级城市群，而且这并非简单的人口现象。

中国城市群核心城市的经济体量仍无法与世界级城市纽约比较，虽然在核心城市北京已经汇集了众多的全球 500 强企业总部，呈现出强大的指挥控制能力，但其第三产业的规模与比重远不如纽约，而且第三产业中金融、科技、信息等行业在世界城市群中没有明显的优势。作为中国首个进入后工业阶段的城市，北京的第三产业无论在数量上还是质量上都有待提高。而其所处的京津冀城市群在不断推进的一体化建设中，能否被其带动，城市间能否错位形成"总部—制造基地"区域合作模式，都需要以核心城市北京的服务能力、输出资本、技术、信息为基础。以上海为核心的长三角城市群最早呈现出空间分工形态，类似波士华城市群在前工业阶段的表现。形成了以上海提供服务，周边城市进行制造的产业链，分工形态呈现出典型的空间分工特点，其是否具备后工业阶段的空间分工雏形将在下文探讨。

为打开城市群空间分工与发展的"黑盒"，本书可以此为视角，专注于个体劳动力的收入与选择，以及由收入差异引起的区位差异。由于区域之间经济机会不同，每个劳动力都面临着"去与留的取舍"，这便引出了异质性劳动力的空间分布问题。也正是由于在城市群中存在更多较其他地区突出的优势，通过促进劳动力人力资本积累，使在职人力资本较非城市群地区积累得更快，且高能力者更为突出，这便自然而然地引起了空间分工和由空间分工带来的劳动力收入偏离差异。可见劳动力收入优势是城市群的突出优势之一。

4.2 三大城市群劳动力收入与空间供给

在中国有效劳动快速减少的背景下，城市群可通过人口数量的集聚来增加劳动供给，除了常规的劳动力数量、年龄结构方面的因素，还需要深入剖析劳动参与现状。在城市群框架下探讨劳动供给影响经济增长时，本书没有引入空间维度。现将研究与空间现实对接，期待能够发现城市群这一目前最为先进的空间组织，是否出现了非常典型的特征，即在考虑劳动力异质性、空间岗位差异的基础上，收入偏离是否积极影响劳动供给行为。城市群的劳动参与率不仅代表了劳动力的空间位移效应，还有更不能被忽视的空间分工优化效应，即劳动力的异质性在空间选择时，在选择效应和分类效应的联合作用下实现的空间分工布局，推进了劳动参与。劳动参与率的总体变化从宏观结构上可主要分解为人口结构变化引起的参与率变动和每一年龄组人口的平均参与率变动两个方面。从微观层面分解则可细化到三个因素：每个个体的失业率变化情况、工作时间的变动、劳动参与程度的变化，而这三个指标也是衡量短期内劳动供给变动的主要指标。那么到底什么在影响着城市群的劳动供给，除了常规的劳动力数量、年龄结构方面的因素，从微观来看，异质性劳动力在进入劳动力市场时，本书试图探索劳动力是否受到收入偏离的影响，通过空间分工在城市群空间维度中表现出更优的劳动参与行为、更多的劳动供给，即进入劳动市场的意愿和更多的劳动投入。当逻辑推演到这一步时，劳动参与问题不再是简单的人口问题，更多地体现为劳动力的有效甚至更高质量劳动供给问题，即劳动力是否选择进入劳动力市场、选择哪里进入，以及进入的话愿意提供多少劳动时间的问题。可见，城市群中的异质性劳动力，能否通过空间分工提供更积极的劳动供给进而影响经济增长，这取决于个体的供给决策。

基于城市群收入偏离占优的现实，不难发现，高收入必然以高劳动生产率为基础。不同的技能水平自然影响异质性劳动力在空间区位选择时，经由选择和分类的驱使，进入不同的城市和不同的岗位。在一些前沿的研究中，已经证实大城市集中了具有更多隐性技能的劳动力，技能的积累与工资溢价高度相关（Combes et al.，2012；Roca & Puga，2016），且这种劳动力的空间分布可以解释工资的溢价差别的75%（Mion & Naticchioni，2009），中国三大城市群收入的偏离差异可被空间因素解释81.56%。也就是说收入偏离的差异可以较充分地解释异质性劳动力的空间岗位选择，据此可见个体收益的扭曲与溢价，在反映出城市群对最主要经济要素"人"的吸引能力的同时，也在相当程度上体现了劳动力的空间分工。

4.2.1 劳动力空间分布与劳动供给现实

当下，全球以城市群作为经济发展的空间支撑已是大势所趋，中国的经济增长日益依赖于城市群的发展质量。党的十九届五中全会明确提出，以城市群为主体构建大中小城市和小城镇协调发展的城镇格局。世界级城市群之所以具有全球资源优化配置能力，无一例外是依托全球城市及背后强大的城市群网络共同作用的结果。伴随北京、上海、广州、深圳等大城市迅速成长，其背后城市群的作用也逐渐凸显，但现阶段城市群仍无法突破单体城市、充分发挥系统合力的好处，这无疑限制了经济能量的整合。因为，一方面，城市群只有依靠其背后的分工合作体系，形成合力方能产生强大的吸引效应，进而强化城市群的发展；另一方面，如果没有良好的分工与合作机制，城市群建设必然造成资源的巨大浪费，降低城市群的效率，可见分工是城市群建设的关键。长三角城市群、珠三角城市群、京津冀城市群作为中国生产率最高的城市群，其空间特征也表现得最为典型。那么，是否形成了城市分工直接关系到三大城市群的成长，关系到劳动力吸引与集聚的强度和可持续性，而空间分工是现代企业的典型组织形式，我们不得不思考劳动力向大城市群聚集，在受到收入溢价吸引（王金营和贾娜，2022）的同时，是否也被空间分工指引。

诚然，劳动力的空间选择与收入高度相关，但空间并非孤立存在，尤其成熟的城市群空间内部往往汇集密切的交流与合作网络，以更低的交易成本和更强的知识溢出，表现出集聚经济特有的空间属性（Rosenthal & Strange，2006）。这便引发空间内不同规模等级的城市基于分工与协作、依照现代企业组织方式，将总部集中在商业服务丰富的综合性城市，生产环节设置在同类生产集中的城市，形成"专业化城市"和"综合性城市"（Duranton & Puga，2004）协同发展的空间分工体系。但现有城市群空间结构研究多针对不同结构指标的测度研究（曾鹏等，2011；李国平，2013；牛方曲等，2015；黄妍妮等，2016；方大春和裴梦迪，2018），也有研究针对异质性劳动力空间分布（赵伟和李芬，2007；张文武，2012；周文等，2017），发现我国城市层级尚有优化空间（梁琦等，2013），城市规模并没有呈现其该有的态势（刘修岩和李松林，2017），却可能忽略了城市群内部结构对劳动力吸引影响的偏差，缺乏城市群在激发劳动力收入溢价及其空间分工效应的深入研究。

总体来看，现有研究对城市群劳动力集聚的解释仍不充分，特别是空间组织形式的运行机制与效应研究还存在不足。本书的研究立足于现实中存在劳动力区位选择与城市层级的匹配问题，以微观视角分析收入溢价的劳动力空间分工效应，对吸引合力背后的空间分工及其作用机制展开讨论，并进行实证检验，为中国大城市群研究与建设提供一定补充。本书在三个方面有所突破：第一，从城市群劳动力空间分工视角，构建集聚经济在城市群内部空间关联的理论模型，探索劳动力收入溢价影响城市群经济机会的空间差异，在理论上推进了劳动力空间自选择与上下游关联的空间机制研究。第二，本书通过估计微观劳动力收入溢价的空间异质性，本书对空间分工效益进行了实证检验，打破现有文献中传统区域总体分析思路，选取个体视角以微观数据研究区域问题，补充了以个体研究为微观基础的中观问题研究思维。第三，劳动空间分工的效应分析与机制检验显示，结构效应与增量效应是收入溢价引导分工与协作的重要机理，补充大城市群发展的理论与现实解释。

4.2.2 模型设计

为探索城市群劳动力收入偏离对劳动供给的影响，验证以上逻辑推演与假设，现对微观现实进行分析。首先尝试建立计量模型，借鉴都阳和费明（2018）关于劳动供给影响因素的研究，引入个人特征变量、家庭特征及中观区域特征因素作为控制变量，从而考察核心变量对劳动供给的影响。衡量劳动力进入城市群劳动市场的意愿，还需引入空间维度，由于城市群中的空间分工由劳动力收入的溢价与扭曲来体现，为测度城市群的空间分工，可以借助工资偏离的分布情况构建门槛模型，通过检验劳动力收入的扭曲与溢价水平是否存在门限效应，运行模型识别城市群呈现出哪几个不同的门槛或者说不同的分层，即实现辨别城市群中的空间分工层级，并进一步解释其通过劳动供给影响经济增长的积极效应。为验证以上逻辑推演与假设，本书基于劳动力理性决策驱动机制探讨一般劳动模型，被解释变量劳动供给可以由劳动参与和劳动供给时间综合反映，这样可采用劳动参与供给模型反映劳动供给状况：

$$PS_{ba} = e_a + \rho_1 NP_{ba} I(p_{ba} \leq \tau) + \rho_2 NP_{ba} I(p_{ba} > \tau) + \gamma_1 SR_{ba} + \gamma_2 F_{cb} + \gamma_3 M + \pi_{ba} \quad (4-1)$$

PS_{ba} 表示 a 个体在 b 空间层级中的劳动参与情况，取值该个体进入本区域空间劳动力市场一个月参与工作的小时数，取值为 0 时代表该个体退出劳动力市场不参与工作。NP_{ba} 代表 a 个体在 b 空间层级的收入偏离度，由第三章通过劳动力的个人收入与个体异质性体征包括年龄、性别、健康状况、职业类型、户口、受教育程度、迁移信息、空间差异等测度。F_{cb} 代表 a 个体所在家庭的基本信息包括上一年除去 a 个体收入的其他总收入，即工资收入、财产性收入、转移性收入、其他收入等，还有家庭规模、地区特征（城市还是农村）等。M 为所在城市群的虚拟变量，用来控制该城市群劳动力市场需求对劳动参与的影响，π_{ba} 为不可观测的随机干扰波动。微观个体的劳动参与供给不仅取决于自身还离不开家庭、社会等，故我们增加了相关控制因素。个体的劳动参与供给情况，可由式（2-21）中劳动力的决策过程可知，主要取决于保留工资与市场工资率的关系；市场工资率即劳动力的均衡价格，指作为商品的劳动力，其意愿供给的数量和意愿需求的数量相等时的那个价格，是劳动力市场上由劳动力供求双方竞争形成的，不同素质和不同稀缺程度的劳动力有不同的市场工资率。但在考虑城市群空间因素后，经济机会多元化、经济氛围优化、个人能力与学习平台等都会积极扩大收入来源，市场工资率与保留工资的关系，显然已无法解释空间岗位的多维优势或劣势对劳动供给决策的影响，故以处于空间经济岗位的个体收入、家庭因素，以及由空间岗位博弈引起的收入偏离刻画保留工资与市场工资率在空间维度的关系。这样不仅反映了劳动市场的供求，还在充分考虑个体异质性的基础上，反映出经济机会的空间差别通过收入偏离对劳动力供给的刺激与抑制。

为检验划分样本的空间分工门限效应，假设样本数据中之前测度的 NP 是用来划分样本的"门限变量"，可以解释外生变量的一部分，τ 是待估的门限值，第 1 部分为"regime1"，第 2 部分为"regime2"，I（·）为示性函数，通过两步法进行非线性最小二乘法（NLS），即依然最小化残差平方和来估计。首先，将每个观察值减去组内平均值，消除个体效应 e_a，现将式（4-1）转换为式（4-2）：

$$\mathrm{PS}_{ba}^{*}=\rho_{1}NP_{ba}^{*}I(p_{ba}\leqslant\tau)+\rho_{2}NP_{ba}^{*}I(p_{ba}>\tau)+\gamma_{1}SR_{ba}^{*}+\gamma_{2}F_{cb}^{*}+\gamma_{3}M^{*}+\pi_{ba}^{*} \quad (4-2)$$

其次，对所有样本值进行累叠，以矩阵形式表示为：

$$\mathrm{PS}_{ba}^{*}=X^{*}(\tau)\rho+\pi^{*} \quad (4-3)$$

一般需给定 τ 的取值，用 OLS 估计出 ρ_{1}、ρ_{2} 的估计值：

$$\hat{\rho}(\tau)=[X^{*}(\tau)'X^{*}(\tau)]^{-1}X^{*}(\tau)'\mathrm{PS}_{ba}^{*} \quad (4-4)$$

选择 τ 使残差平方和 SSR（τ）最小化，其中 SSR（τ）的表达式为：

$$\mathrm{SSR}(\tau)=[\mathrm{PS}_{ba}^{*}-X^{*}(\tau)\hat{\rho}(\tau)]'[\mathrm{PS}_{ba}^{*}-X^{*}(\tau)\hat{\rho}(\tau)] \quad (4-5)$$

其中，$[\mathrm{PS}_{ba}^{*}-X^{*}(\tau)\hat{\rho}(\tau)]$ 为残差向量。进而对式（4-5）进行最小化处理获得 τ 的估计值：

$$\hat{\tau}(\tau)=arg_{\tau}\mathrm{minSSR}(\tau) \quad (4-6)$$

也可得到 $\hat{\rho}=\hat{\rho}(\hat{\tau})$，以及残差向量和残差平方和。完成这些参数估计后，需要进行两个方面的检验：一是门限效应的检验，主要考察统计显著性，即 ρ_{1} 是否与 ρ_{2} 相等；二是检验门限值是否真实，即若拒绝 $\rho_{1}=\rho_{2}$，认为存在门限效应后继续检验 $\hat{\tau}=\tau_{0}$。

原假设 H_{0}：$\rho_{1}=\rho_{2}$，如果 H_{0} 成立，则不存在门限效应，模型简化为：

$$\mathrm{PS}_{ba}=e+\rho_{1}'x_{ba}+\pi_{ba} \quad (4-7)$$

所得的残差平方和为 SSR′，而无原假设 H_{0} 约束的残差平方和为式（4-5）的 SSR（τ），如果 SSR′-SSR（τ）越大，则越能拒绝原假设 H_{0}。Hansen（1999）建议可通过似然比检验构造统计量：

$$LR'=\frac{\mathrm{SSR}'-\mathrm{SSR}(\hat{\tau})}{\hat{\sigma}^{2}} \quad (4-8)$$

其中，$\hat{\sigma}^{2}=\dfrac{\mathrm{SSR}(\hat{\tau})}{n(T-1)}$ 为对扰动项方差的一致估计。如果原假设 $\rho_{1}=\rho_{2}$ 成立，则意味着不存在门限效应，也就是无论 τ 取值多少都不影响原模型。也就是无所谓门限值 τ 等于多少，即参数 τ 不可识别。由于统计量 LR' 仍依赖于样本距，并非标准的卡方分布，故需自助法得到临界值（Hanson，2005）。

如果拒绝原假设 $\rho_{1}=\rho_{2}$，则证明存在门限效应，然后检验门限值的真实值，设原假设 H_{0}：$\hat{\tau}=\tau_{0}$，定义似然比检验统计量：

$$LR(\tau) = \frac{\text{SSR}(\tau) - \text{SSR}(\hat{\tau})}{\hat{\sigma}^2} \qquad (4\text{-}9)$$

由于该统计量分布仍然不是标准的卡方分布，Hansen（2005）提供了简单的方法，利用 $LR(\tau)$ 计算 τ 的置信区间，即当 $LR_1(\tau_0) \leqslant -2\ln(1-\sqrt{1-\alpha})$ 时，不能拒绝原假设，其中 α 表示显著水平。

接下来，循环扩展估计模型如式（4-10）所示：

$$\text{PS}_{ba} = e_a + \rho_1 NP_{ba}I(p_{ba} \leqslant \tau_0) + \rho_2 NP_{ba}I(\tau_0 < p_{ba} \leqslant \tau_1) + \rho_3 NP_{ba}I(p_{ba} > \tau_1) +$$
$$\gamma_1 SR_{ba} + \gamma_2 F_{cb} + \gamma_3 M + \pi_{ba} \qquad (4\text{-}10)$$

假设存在第二个门限值 τ_1，若 $\tau_1 > \tau_0$，即可对所有的 $\{\tau_1 \mid \tau_1 > \tau_0,\ \tau_1 \in R\}$ 依次搜索，得到最小残差 $\text{SSR}(\tau_0,\ \tau_1)$；若第二个门限值 $\tau_1 < \tau_0$，那么继续对所有的 $\{\tau_1 \mid \tau_1 < \tau_0,\ \tau_1 \in R\}$ 依次搜索，得到最小残差 $\text{SSR}(\tau_1,\ \tau_0)$，接下来可得第二个门限值，$\hat{\tau}_1 = arg_{\tau_1}\min\{S_2^{\tau}(\tau_1)\}$，其中 $S_2^{\tau}(\tau_1)$ 即为下式：

$$S_2^{\tau}(\tau_1) = \begin{cases} \text{SSR}(\tau_1, \tau_0), \tau_1 < \tau_0 \\ \text{SSR}(\tau_0,\ \tau_1), \tau_1 > \tau_0 \end{cases} \qquad (4\text{-}11)$$

但需要注意的是，计算中 $\hat{\tau}_1$ 是渐进有效的，但 $\hat{\tau}$ 却由于其残差平方和包含了有可能被忽略的区间导致其不具有渐进有效性。所以，有必要在固定 $\hat{\tau}_1$ 后再重新估计 $\hat{\tau}$，进行筛选得到 $\hat{\tau} = arg_{\tau_0}\min\{S_1^{\tau}(\tau_0)\}$，其中 $S_1^{\tau}(\tau_0)$ 即为下式：

$$S_1^{\tau}(\tau_0) = \begin{cases} \text{SSR}(\tau_0, \hat{\tau}_1), \tau_0 < \hat{\tau}_1 \\ \text{SSR}(\hat{\tau}_1,\ \tau_0), \tau_0 > \hat{\tau}_1 \end{cases} \qquad (4\text{-}12)$$

4.2.3　变量选择与数据来源

由于模型需要较为丰富的微观数据，不仅是个体特征、家庭特征还需要将空间单元细化到城市层级的信息，数据来源采用微观数据：合并 CLDS（2012 年、2014 年、2016 年）微观数据的成人库和家庭库，整合出 16~64 岁及 65 岁以上仍在工作的样本，共计 15227 个，该调查公布了样本的地理坐标到市级，符合本书的研究要求，于是在城市群的空间选取时本书考虑了中国最突出的京津冀城市群、长三角城市群和珠三角城市群，结合中国劳动力动态调查的分层抽样方案，筛选了三个城市群中 32 个城市的对应样本 11137 个。样本覆盖了调查家庭的空间信息，包括完备、准确的个人与家庭数据，问卷系统调查了工作、个人特征、家庭收入、家庭成员情况等方面，覆盖了本书所设计模型的所有变量，基本可以满足研究与模型的数据需求。本书涉及的主要变量包括：

4.2.3.1 被解释变量

主要指被解释变量个体的劳动供给情况，通过月工作小时数测度。其中为描述劳动参与情况，本书选取 CLDS 中处于劳动阶段的 16~65 周岁的人口样本，还包括 65 岁以上有工作的样本。

关于劳动供给的描述，由于存在劳动力同时从事几份工作的现象，但受问卷设计的限制使用了折中的办法，通过"您目前或最近一份工作一般一周工作几小时？"与"您过去一周工作几小时？"两个问题综合核算出"月工作小时数"，以此刻画出劳动力异质性的劳动供给。

4.2.3.2 解释变量与控制变量

核心解释变量为城市群劳动力收入偏离程度。劳动供给问题在空间维度的延伸加深了问题的复杂性和系统性，也增加了研究难度。在补充空间维度后，系统信息不再割裂，而是由于空间分工紧密相连呈现分层次的关联，为研究异质性劳动力的空间性以及对劳动供给的影响提供了一个有效的途径。高收入必然以高劳动生产率为基础，反之亦然，不同的技能水平必然影响异质性劳动力在空间区位的选择，劳动力经由选择和分工的驱使，进入不同的城市和不同的岗位，这是隐性的空间分工与分布的一种显性表现（Glaeser & Mare，2001；Combes et al.，2008；Mion & Naticchioni，2009；Roca & Puga，2016），个体工资、收入的偏离差别，在很大程度上成为了异质性劳动力的空间分工的隐性表达（Mion & Naticchioni，2009）。由于存在不可观测的劳动技能，无论这种隐性的劳动技能还是显性的劳动技能，最终将表现为劳动力获取回报的能力，可通过收入偏离水平体现。

劳动者愿意选择某空间岗位生活工作有其认定的收入底线，由于生活成本有地区差异，在现实的社会生活中如果劳动者获得的收入低于该底线，则会选择退出空间劳动力市场，选择闲暇或进入其他空间劳动力市场；由于不同的空间岗位所具备的经济机会是不同的，所以劳动者在不同空间劳动市场中可能获得的最高收入有地区差异；这种差异可由实际所得高出收入底线的幅度来衡量，体现了不同空间工作岗位对劳动者的吸引力即空间岗位优势，如果这种优势高则意味着劳动者有机会获得更多的财富积累，在激烈市场竞争中，往往只有更适宜的劳动者才有机会获得更高优势的空间进入机会，与此同时意味着更匹配的劳动供给质量，以及由职场平台赋予个人的"更省力"发展机会。

也就是说，由于劳动力的异质性包含各自具有的获取工资溢价的技能、隐性的不可观测的能力等，并显性表现为劳动力的议价能力、获取收入机会的能力等，当劳动者匹配进入优势空间岗位时便意味着可以获得更多的收入机会，且该空间区位具备可预期的成长机会和学习平台，有利于工作经验的有效积累，进一步促进收入的快速提升；若异质性体现在劳动力本身仅具有一般性的劳动技能，则议价能力不具备议价的筹码，意味着该劳动力没有机会进入高收入溢价区位的工作岗位，退而选择较少收入和机会的空间区域与岗位，加之缺乏与高收入溢价区域相匹配的学习机会，导致收入进一步偏离高收入溢价空间的成长走势（Roca & Puga，2016；李红阳和邵敏，2017）。本书以微观个体收入偏离状况作为异质性劳动力空间分布的代理变量，通过验证空间分布影响劳动供给决策的门槛效应进而识别城市群的空间分工程度。通过个人特征等，测度劳动力样本的均衡收入，并运用双边随机边界模型测度出了每个劳动力样本的收入偏离分布，具体变量的描述性统计见表4-6。

表4-6 变量描述统计

变量	变量名称	平均值	最大值	最小值	标准差
第一部分：劳动供给时间					
劳动力个体在 1 个月内一共付出的工作时间（小时）	mwhours	216.822	500	0	80.670
第二部分：空间吸引					
空间岗位的收入偏离度	NP	-0.095	0.672	-0.765	0.311
个体总收入（包括农业收入、工资收入、经营收入等，自给自足的农业生产按市场价格折算收入）	lnincome	10.389	13.236	5.704	1.020
第三部分：个体特征					
年龄（调查当前年份——受访者出生年份）	age	45.239	17.000	77.000	12.650
性别（1男，2女）	gender	1.502	1.000	2.000	0.500
健康状况（1非常健康，2健康，3一般，4比较不健康，5非常不健康）	health	2.112	1.000	5.000	0.817
户口（1农业户口，2非农户口，3居民户口之前是农业户口，4居民户口之前是非农户口）	hukou	1.461	1.000	4.000	0.918

续表

变量	变量名称	平均值	最大值	最小值	标准差
是否为迁移劳动力（1是，2否）	immigration	1.804	1.000	2.000	0.398
受教育年限（仅考虑正规教育）	education	9.649	0.000	22.000	4.646
工作状态（1雇员，2雇主，3自雇，4务农）	occ	1.680	1.000	4.000	1.111
第四部分：家庭特征					
家庭规模	fmnum	4.329	1.000	10.000	1.530
农村还是城市（1农村，2城市）：	urban	1.377	1.000	2.000	0.485
家庭成员收入（上一年家庭总收入－样本个体总收入）	lnhincome	10.899	0.693	18.785	1.170
第五部分：其他控制变量					
城市	city	—	—	—	—
城市群	n	—	—	—	—
年度	y	—	—	—	—

4.3　实证结果分析

4.3.1　样本总体实证结果分析

为深入辨析不同空间分工层级下不同核心解释变量对劳动力供给影响的客观规律，本书选取由空间分工引发的工资偏离水平作为门槛变量，进行门槛模型的估计和检验。依次需要检验城市群中的空间分工情况即门限效应，再确定门限效应的具体形式也就是门限变量的门槛值，进而完善模型的结构。首先，考察门限变量及门限的个数，选取三大城市群的微观数据分别对一个门限、两个门限、三个门限设定的模型式（4-10）进行估计，结合运用"自助法"对比 F 值、P 值（见表4-7），可以明显地看出单一门槛效应的 P 值最为显著，双重门限模型的效果以自助法获取的 P 值在10%显著性水平上显著，基于这些对比，下文以双重门槛模型为基础进行分析。

表4-7　门槛效应检验

		F	P	门限值估计值	95%置信区间
长三角城市群	单一门限检验	39.525	0.003	-0.268	[-0.765, 0.000]
	双重门限检验	12.429	0.067	0.270	[-0.268, 0.271]
	三重门限检验	7.934	0.3	—	—
珠三角城市群	单一门限检验	6.106	0.567	—	—
京津冀城市群	单一门限检验	9.698	0.5	—	—

经对比检验门限效应、门限个数及考察门限取值的置信区间，对照图4-1~图4-5的似然比函数图发现，中国的三大典型城市群中，长三角城市群是中国唯一被列入世界前六大城市群的区域，也只有长三角城市群呈现出初步的空间分工态势。对微观数据进行严格的统计推断、参数估计和检验发现，劳动供给随自变量的变化规律呈现结构型差异，如表4-8所示，2016年长三角城市群已经呈现出两级门槛，即三层空间分工等级：第一层个体劳动者的收入偏离程度向上27%以上，该部分劳动者占总样本劳动力人口的11.89%；第二层个体劳动者的收入偏离程度为大于-26.8%小于27%，该部分劳动者占总样本劳动力人口的59.93%；第三层个体劳动者的收入偏离程度低于向下-26.8%，该部分劳动者占总样本劳动力人口的28.18%。对比2012年、2014年、2016年的数据可以清楚地看到，第二层级有逐年扩大的趋势，从2012年的8.72%提升到2016年的59.93%，第三层级由34.43%先扩大到54.68%又缩减到28.18%，第一层级在不断地缩减从56.85%到24.22%再到11.89%，总体来说趋于合理。

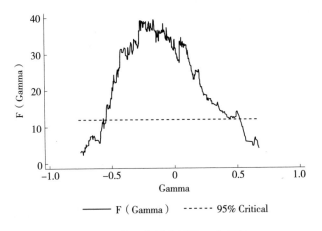

图4-1　长三角城市群第一个门限

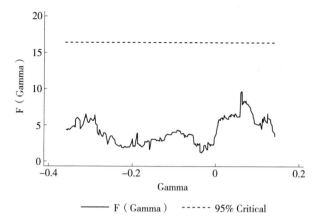

图 4-2　京津冀城市群的门限参数

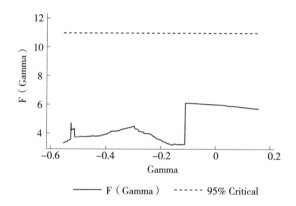

图 4-3　珠三角城市群的门限参数

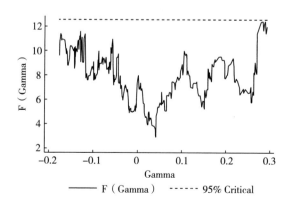

图 4-4　长三角城市群第二个门限

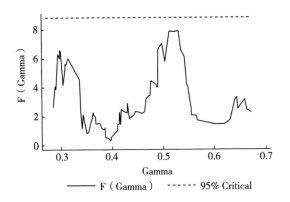

图 4-5　长三角城市群第三个门限

表 4-8　长三角城市群不同年份的空间分工结构

	空间分工层级	2012 年	2014 年	2016 年
第一层级	$NP>0.270$	56.85%	24.22%	11.89%
第二层级	$-0.268<NP\leqslant0.270$	8.72%	21.10%	59.93%
第三层级	$NP\leqslant-0.268$	34.43%	54.68%	28.18%

　　由不同分工层级呈现的个体劳动力的劳动供给决策规律是有所差别的。如表4-9 所示，处于第一层级的劳动者收入偏离呈现溢出的个体，其劳动供给时间与家庭收入（扣除本人收入）呈负向变化，城乡差异中位于城市的劳动者会有更多的劳动供给，与劳动者的总收入成反比，即当个体的收入偏离大于 27% 时，其他条件不变的情况下，由收入增加引发的劳动者工作供给积极性会有所下降，较之工作供给更期望选择闲暇；处于第二层级的劳动者收入偏离呈现溢出与下偏大致相同的样本，其劳动供给时间与家庭收入（扣除本人收入）呈正方向变化但影响系数不大而且不显著，城乡差异中位于城市的劳动者会有更多的劳动供给，与劳动者的个人总收入成反比，即当个体的收入偏离大于 26.8% 小于 27% 时，其他条件不变的情况下，由收入增加引发的劳动者工作供给积极性会有所下降，甚至较之工作供给更愿意选择闲暇，但较第一层次劳动者影响的幅度小一些；处于第三层级的劳动者收入偏离呈现下偏 26.8% 乃至更多的劳动者，其劳动供给时间与家庭收入（扣除本人收入）呈反方向变化，城乡差异已经不能显著影响位于城市的劳动者提供更多的劳动供给，与劳动者的个人总收入成正比，即当个体的收入偏离高于 26.8% 甚至更多时，在其他条件不变的情况下，收入增加引发的劳

动者工作供给积极性会非常奏效，更愿意放弃闲暇，较第一层次、第二层次本层的劳动供给最容易受到个人收入增加的积极刺激。可见，在与个人收入的关系中印证了经典的劳动供给曲线"向后弯折"理论。

表4-9 模型的参数估计结果

空间分层区间	变量	Estimate	t	St Error	95%的置信区间
第一层级 （NP>0.270）	Intercept	844.3713	6.686***	126.2956	[596.8317，1091.9109]
	lnhincome	−19.0173	−2.071**	9.1830	[−37.0162，−1.0185]
	urban	−19.4692	−3.159***	6.1630	[−48.2434，9.3048]
	lnincome	−32.6903	−3.200***	10.2153	[−52.7123，−12.6683]
第二层级 （−0.268< NP≤0.270）	Intercept	480.5083	7.488***	64.1744	[354.7263，606.2902]
	lnhincome	0.2094	0.066	3.1617	[−5.9876，6.4065]
	urban	−20.5285	−3.011***	6.8177	[−33.8913，−7.1658]
	lnincome	−21.8640	−3.702***	5.9060	[−33.4399，−10.2881]
第三层级 （NP≤−0.268）	Intercept	192.9590	5.042***	38.2698	[38.2727，347.6453]
	lnhincome	−16.4121	−5.197***	3.15806	[−27.7477，−5.0764]
	urban	−6.3903	−1.037	6.1630	[−33.3768，20.5961]
	lnincome	20.7702	6.293***	3.3003	[8.4547，33.0857]

注：**、***分别表示在5%、1%的水平下显著。

4.3.2 样本个体实证结果分析

比较处于不同分工层级的个体劳动力的空间选择和个体特征发现，如图4-6、图4-8、图4-10所示，第一层级有71.71%的样本选择空间区位依次是杭州、无锡、台州、嘉兴、上海；第二层级有66.73%的样本选择空间区位依次是嘉兴、杭州、南京、扬州、上海；第三层级有64.06%的样本选择空间区位依次是南京、合肥、扬州、嘉兴、杭州，从每个空间层级的城市前五位基本占据了本层样本的60%以上，也就是多余一半的劳动力个体在空间岗位决策时都偏好固定城市空间，比较符合劳动空间分工层级的集中性，长三角城市群已形成相对稳定的城市群空间格局。

如图4-7、图4-9、图4-11所示，处于不同分工层级劳动力的个体特征，大学以上学历的劳动力样本比第一层级高达15%，第二层级达到13.69%，第三层级仅为 7. 18%；与此同时，第三层级的样本劳动力中有 15.19%没有接受过任何教育，而第一层级和第二层级只占 9%和 6.55%，可见教育对于改善收入偏离的积极意义，尤其高等教育对于个体劳动力收入的正面影响不可小觑。

户口信息往往隐含着大量的隐性信息，从城市群三个层次不同劳动者的户口信息中，可以发现：第一层级的样本中具有非农业户口比重最大高达 35%，其中16%的劳动者是由之前的农业户口和非农业户口转为居民户口；第二层级的非农户口占比也达到了 25%，14%的劳动者是后来转为的居民户口；第三层级的非农户口只有 15%，后来转入的仅达 8%。比较这三组数据，可见个体劳动力能力差异体现于户口信息中，会影响劳动者的收入偏离：具有居民户口以及之前为农业户口或非农业户口后来转为居民户口的劳动者，其收入偏离更具有优势。

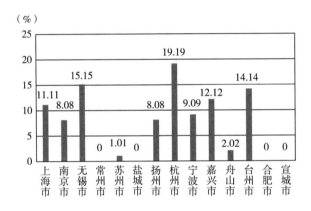

图 4-6　第一层样本的空间选择

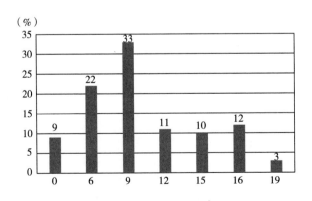

图 4-7　第一层样本的受教育程度分布

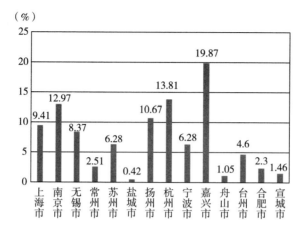

图 4-8 第二层样本的空间选择

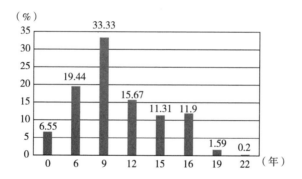

图 4-9 第二层样本的受教育程度分布

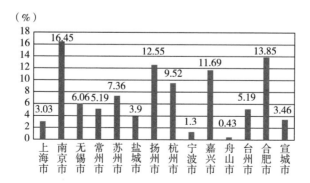

图 4-10 第三层样本的空间选择

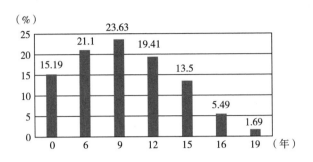

图 4-11　第三层样本受教育程度分布

在我国构建新发展格局的背景下，大城市群建设是构建国内大循环为主体、国内国际双循环相互促进的发展格局的重要抓手。提升城市群经济活力，首先需要科学识别不同城市群的发展阶段，充分考虑我国城市群建设的自身特点、现状与潜力。其次识别现有城市群空间形态，建立可计量的指标体系，适时度量、准确评估区域的协同发展程度，把握发展阶段与变化趋势，不断优化政策设计，使政策调整更加符合区域协同发展的契机。进一步，为有效促进城市群的空间协同分工发展，有必要设计阶段性推进步骤：首先，以区域整体利益为出发点，除了公路、交通、市政、基础通信、公共服务等公共设施的一体化建设外，尤其需要加强行政体系、政策环境、市场环境的多维度协同；其次，在协同、分工发展的现有政策体系中，提高配套政策与系统体系的完善度，探索区域空间分工发展可计量的考核与评价体制，且城市间发展不可只顾自身利益，需建立利益共同体，使公众逐渐认知并充满信心；最后，实现中长期以分工发展、友好开发为目标的政策框架，调整产业格局，协调错位融合，内部整合与疏解，逐步实现高质量转变，催生世界级高品质城市群。

4.4　本章小结

通过对中国三大典型城市群的实证分析检验发现，长三角城市群初步呈现了空间分工的结构特征，劳动者以收入偏离差异分层级进入不同的空间工作岗位，第一层个体劳动者的收入偏离程度大于27%以上，第二层个体劳动者的收入偏离程度为-26.8%~27%，第三层个体劳动者的收入偏离程度小于-26.8%，与城市群中不同城市的功能定位形成匹配。不同层级的劳动供给直接影响经济增长，在考察空间分工层级差异的基础上，个体收入、家庭收入等对劳动供给的影响呈结构性变化，其中，处于第一层级的劳动者收入偏离呈现溢出的个体，其劳动供给时间与家庭收入（扣除本人收入）呈负向变化，与劳动者的总收入成反比；处于第二层级的劳动者收入偏离呈现溢出与下偏大致相同的样本，其劳动供给时间与家庭收入（扣除本人收入）呈正向变化但影响系数不大；处于第三层级的劳动者收入偏离呈现下偏 26.8% 乃至更多的劳动者，其劳动供给时间与家庭收入（扣除本人收入）呈反向变化，与劳动者的个人总收入成正比。可见收入增加会显著提升劳动者工作供给积极性在第三层级会非常奏效，较第一层级、第二层级的劳动供给最容易受到个人收入增加的积极刺激。与第二章共同验证了假说 1 相对于非城市群地区，城市群收入偏离更有优势，并影响个体劳动供给。

5 城市群劳动力收入偏离对经济增长影响的实证分析

本章验证假说 2：个体空间选择通过与城市群空间中衍生的空间分工匹配，影响劳动力收入偏离作用于经济增长。为厘清城市群劳动力收入偏离与经济增长的关系，需要区分不同的城市群发展现状，在空间分工结构的基础上，构建增长回归模型，检验对城市群经济增长的影响效应。发现收入偏离与城市群经济增长之间存在显著影响关系，但对不同城市群影响并不相同。

5.1 劳动力收入偏离对经济增长的影响

5.1.1 模型设定

从前 4 章的分析可知，劳动力的收入偏离在不同区域呈现出明显的差异。劳动力进入区域市场提供劳动和创造时于很多方面会受到区域差别影响，进入一个行业、更换不同岗位、创业都会涉及区域选择问题。为了检验不同区域的劳动力收入偏离对所在城市群经济增长的影响机制，参考 Forbes（2000）的做法，设计增长回归模型：

$$\hat{Y}_{it}=\beta_{0it}+\gamma_i+\eta_t+\beta_1 NP_{it}+\beta_2 con_{it-1}+\beta_3 conth_{it-1}+\varepsilon_{it} \tag{5-1}$$

式（5-1）可以检验收入偏离对经济增长的影响，由于样本选取和数据结构的差别，回归系数的正负与显著性需要分析经济的现实意义。式中，$\hat{Y}_{it}$ 表示 i 城市群 t 时期的经济增长，β_{0it} 为常数项，γ_i 为截面固定效应，η_t 为时间固定效应，NP_{it} 表示 i 城市群 t 时期劳动力整体呈现的收入偏离状况，con_{it-1} 是滞后一期的控制变量包括城市群的人口、新增城市建成区面积、固定资产投资、地方财政支出、居民储蓄、外商投资等，$conth_{it}$ 是控制变量的年度增长率，ε_{it} 为残差项。

$$\hat{Y}_{it} = \beta_{0it} + \beta_1 NP_{it} + \beta_2 con_{it-1} + \beta_3 conth_{it-1} + X_{it} + \varepsilon_{it} \qquad (5-2)$$

由于数据结构限制，CLDS 只提供了 2012 年、2014 年、2016 年的样本数据，将式（5-1）转换为式（5-2），面板时间效应与固定效应替换为年度与地区虚拟变量，同时增加城市群特征变量 X_{it} 包括首位度、空间相互作用指数、空间分工指数，以增加模型的解释力。在稳健性检验中，可尝试将式（5-1）中的 con_{it-1} 替换为 con_{it}，以 con_{it-1} 作为 IV 工具变量，采用 2SLS 两阶段最小二乘法重新估计，考察模型的稳健性。

5.1.2 数据来源与变量定义

5.1.2.1 数据来源

本章选取地级市数据来检验劳动空间分工对经济增长的影响。这是因为地方政府在区域规划和城市群建设有很大的政策干预主动权，有引导空间分工发展的操作空间，各个地区往往存在很大的差别。为了检验城市群劳动力收入偏离对经济增长的影响，本书还结合使用了微观劳动力数据来验证，选择中国劳动力动态调查 2012 年、2014 年、2016 年的样本数据来测度收入偏离，具体来说，样本包含了中国长三角、珠三角、京津冀三大城市群的 8 个省、32 个地级市。选择该劳动力数据是因为该类微观数据个体信息全面翔实，可以对劳动力个人特征、家庭特征等进行多维度刻画，样本量大覆盖较全面，代表性较强，而且重要变量的数据缺失值不多、数据可得性强；大样本横截面数据的观察有利于地区差异的比较，城市代表性较好。地级市数据来自《中国城市统计年鉴》，个体劳动力数据来自 CLDS。其中，用于测度空间分工的劳动力收入偏离数据由第 3 章实现。

5.1.2.2 变量说明

（1）城市群劳动力收入偏离。

收入偏离是指劳动者的实际收入偏离均衡收入的幅度，由于企业的买方优势偏离通常为负数即下偏，如果劳动者进入发展协调的城市群，更多的经济机会可以缓解或避免实际收入向下偏离。城市群中的企业将不同的部门分散到不同的区域空间，即总部、研发等管理部门安置于中心城市，生产部门分散于非中心城市，通过地理空间的分离实现企业利益最大化。在这个分离过程中，一些中心城市聚集众多不同企业的管理部门、控制部门、商业部门、高端服务部门、文化部门与政府机构等形成了城市群的核心——第一层级，其余城市主要集中生产部门和其他部门形成了第二层级、第三层级。城市群的不同分工层级，可以汇集劳动者能力可及的经济机会，扩大劳动力收入来源，提高收入水平，改善收入偏离。通常城市群区域发展越协调，处于其中的劳动者，由于自身能力积累、职业平台优势、丰富的经济机会，表现为更优的收入偏离，若城市群区域发展不协调，过度竞争、竞差则区域整体收入偏离会较差。本书已于第 3 章和第 4 章做过实证检验，发现目前中国的三大城市群中，只有长三角城市群呈现出明显的空间分工态势。

（2）首位度指标。

城市群的首位度指标可以反映综合要素集中于首位城市的程度。反映了城市群持续发展和内部协调发展的能力，体现城市群的竞争力。本书采用二乘指数法，根据位序用首位城市人口数比第二位城市人口数，式（5-3）如下：

$$S = \frac{population1}{population2} \qquad (5\text{-}3)$$

（3）空间相互作用指数。

空间相互作用指数表示空间紧密松散的维度。通常可以用来反映城市群内各个城市相互之间的关联程度。式（5-4）如下：

$$kx_{ij} = \frac{\sum_{ij}^{n} \frac{\sqrt{(pop_i \times GDP_i)(pop_i \times GDP_j)}}{d_{ij}^2}}{1 + 2 + 3 + \cdots + n - 1} \qquad (5\text{-}4)$$

n 表示城市群的城市数量，d_{ij} 表示 i 城市和 j 城市之间的距离，pop_i 与 pop_j 分别表示 i 城市和 j 城市的人口数量，GDP_i 与 GDP_j 分别表示 i 城市和 j 城市的国内生产总值。城市群的空间格局深刻地影响城市间的紧密程度，城市与城市之间的相互作用反映城市群整体的发展动力。

其中，d_{ij} 表示 i 城市和 j 城市之间的距离，可以通过地理学常用的欧式距离，代入城市所在的经度和纬度，与地球半径核算出两个城市间的直线距离：

$$d_{ij} = 2\arcsin \sqrt{\begin{bmatrix} \sin^2\left(\frac{(lat_i - lat_j)\pi}{360}\right) + \cos\left(\frac{lat_i \times \pi}{180}\right) \end{bmatrix} \times \\ \cos\left(\frac{lat_j \times \pi}{180}\right) \sin^2\left(\frac{(lung_i - lung_j) \times \pi}{360}\right)} \times 6378.137 \qquad (5\text{-}5)$$

式（5-5）中，lat_i 与 $lung_i$ 分别表示 i 城市所在地理位置的纬度与经度，lat_j 与 $lung_j$ 分别表示 j 城市所在地理位置的纬度与经度，6378.137 表示地球半径，以千米为单位。

（4）空间分工指数。

借鉴 Duranton 与 Puga（2004）在测度城市功能专业化时使用的方法，结合赵勇和魏后凯（2015）在其基础上的调整，运用"中心城市服务业从业人员数/中心城市制造业从业人员数"比"外围城市服务业从业人员数/外围城市制造业从业人员数"来测算城市群整体的空间分工。式（5-6）如下：

$$kf_{it} = \frac{\sum\limits_{n=1}^{N} P_{cis}(t) \Big/ \sum\limits_{n=1}^{N} P_{cim}(t)}{\sum\limits_{j=1}^{J} P_{pis}(t) \Big/ \sum\limits_{j=1}^{J} P_{pim}(t)} \tag{5-6}$$

其中，$\sum\limits_{n=1}^{N} P_{cis}(t)$ 与 $\sum\limits_{n=1}^{N} P_{cim}(t)$ 表示 t 时刻中心城市服务业、生产业的从业人数，s 表示生产性服务业从业人员数，m 代表制造业从业人员数。$\sum\limits_{m=1}^{M} P_{pis}(t)$ 与 $\sum\limits_{m=1}^{M} P_{pim}(t)$ 表示 t 时刻外围城市服务业、生产业的从业人数，s 表示生产性服务业从业人员数，m 代表制造业从业人员数。

（5）城市功能分工指数。

借鉴 Duranton 与 Puga（2004）的方法，为反映城市群体系中各个城市功能专业化差异，使用城市功能专业化指数体现不同城市的功能差别。式（5-7）如下：

$$gf_{it} = \frac{\sum\limits_{n=1}^{N} L_s(t)}{\sum\limits_{j=1}^{J} L_M(t)} \tag{5-7}$$

表示 i 城市在 t 时间，$\sum\limits_{n=1}^{N} L_s(t)$ 表示所有服务业的从业人口数，$\sum\limits_{j=1}^{J} L_M(t)$ 表示所有制造业就业人口数。S 代表服务业从业人员，M 代表制造业服务人员，N 代表服务业子产业数，M 代表制造业子产业数。

（6）其他控制变量。

本书使用城市群的国内生产总值增长率、人均国内生产总值来表示经济增长。在考察不同城市群劳动力收入偏离对经济增长的影响时，还控制了人口、土地、固定资产投资、财政支出、居民储蓄、外商投资和相应的年度增长变量，这些变量大体勾勒了城市区的宏观经济状况。同时增加了省份、城市、年度等变量来弥补数据结构问题（见表5-1）。

表5-1 变量定义

	名称	符号	定义
被解释变量	GDP 增速	gdpth	城市群 GDP 增长率（%）
	人均 GDP	pergdp	国内生产总值比年末人口
城市群指标	首位度	s	首位城市人口数比第二位城市人口数
	空间相互作用指数	kx	空间紧密松散的维度
	城市功能分工指数	gf	城市功能专业化差异
	空间分工指数	kf	"中心城市服务业从业人员数/中心城市制造业从业人员数"比"外围城市服务业从业人员数/外围城市制造业从业人员数"
解释变量	收入偏离	NP	收入偏离程度
	劳动参与率	labor	劳动力人口比劳动年龄人口[①]（%）
	工具变量 1	pop1	滞后一期年末总人口数（万人）
	工具变量 2	land1	滞后一期年内增加的城市建成区（平方千米）
	工具变量 3	invest1	滞后一期固定资产投资（万元）
	工具变量 4	exp1	滞后一期地方财政支出（万元）
	工具变量 5	save1	滞后一期城乡居民储蓄年末余额（万元）
	工具变量 6	fdi1	滞后一期实际利用外资（万美元）
控制变量	人口	pop	年末总人口数（万人）
	城市建成区	land	年内增加的城市建成区（平方千米）
	固定资产投资	invest	固定资产投资（万元）
	地方财政支出	exp	地方财政支出（万元）
	居民储蓄	save	城乡居民储蓄年末余额（万元）
	外商投资	fdi	实际利用外资（万美元）
	人口年度增长率	popth	年度总人口增长率（%）
	土地年度增长率	landth	年度增加的城市建成区增长率（%）
	固定资产投资年度增长率	invth	年度固定资产投资增长率（%）
	地方财政支出年度增长率	expth	年度地方财政支出增长率（%）
	居民储蓄年度增长率	saveth	年度城乡居民储蓄年末余额增长率（%）
	外商投资年度增长率	fdith	年度实际利用外资增长率（%）

---

① 由于一些地级城市缺失劳动年龄人口即15~64岁人口数量，以年末总人口数代替。

续表

名称		符号	定义
虚拟变量	省份	province	省份虚拟变量
	城市	city	城市虚拟变量
	年度	year	年度虚拟变量

表 5-2 呈现了主要变量的描述统计。三大城市群的劳动力收入偏离于 2012 年、2014 年、2016 年的均值为-0.063，优于全国平均水平。这期间城市群的平均 GDP 增速为 0.100，高于全国的同期水平。简单描述了空间分工对城市群经济增长影响，可以大体看出存在空间分工对城市群经济的积极意义，标准差更小意味着发展更加平稳。

表 5-2 变量描述统计

变量名称	变量符号	平均值	最小值	最大值	标准差
GDP 增速	gdpth	0.100	0.049	0.157	0.041
人均 GDP	lnpergdp	11.492	10.901	12.163	0.449
收入偏离	NP	-0.063	-0.158	0.085	0.082
劳动参与	labor	0.480	0.204	0.953	0.298
人口	lnpop	8.901	8.027	9.466	0.645
首位度	s	1.916	1.282	3.041	0.644
空间相互作用指数	kx	4.482	0.425	11.827	4.861
空间分工指数	kf	2.954	1.651	4.007	0.846
城市功能分工指数	gf	1.007	0.200	4.121	0.818
固定资产投资	lninv	19.614	18.639	20.417	0.626
地方财政支出	lnexp	18.321	17.528	19.116	0.527
居民储蓄	lnsave	20.107	19.588	20.674	0.355
外商投资	lnfdi	15.143	14.485	15.729	0.469
城市建成区	lnland	5.010	4.369	5.802	0.615
土地年度增长率	landth	0.471	-2.095	6.196	2.303
外商投资年度增长率	fdith	0.171	0.191	-0.010	0.524
居民储蓄年度增长率	saveth	-0.051	-0.460	0.108	0.213
地方财政支出年度增长率	expth	-0.044	-0.537	0.217	0.273
固定资产投资年度增长率	invth	0.082	-0.091	0.154	0.074
人口年度增长率	popth	0.013	0.003	0.043	0.012

5.1.3 实证结果分析

为检验劳动力收入对城市群经济增长的影响，现利用样本期间所在地级市汇总的区域特征，以上文测算的各地区相应时间的劳动力收入偏离数据，以及构建的式（5-2），估计对三个城市群的经济增长效应。

城市群劳动收入偏离对经济增长的回归结果如表5-3所示。在基准回归中，第（1）列、第（2）列分别报告了没有引入收入偏离变量时模型的回归结果。第（1）列中，变量的显著性水平不高，为了解决有可能存在的内生性问题，第（2）列在回归模型中引入了解释变量的滞后一期变量，但模型改善并不明显。

表5-3中的第（3）列、第（4）列分别报告引入劳动力收入偏离变量后的模型结果。与第（1）列、第（2）列模型比较，在引入劳动力收入偏离后，模型各个变量的显著性水平都有提高，与前文预期基本一致。通过分析第（3）列和第（4）列的结果发现，劳动力收入偏离显著影响经济增长，与人均GDP呈正相关性，虽然三大城市群呈现不同的劳动收入偏离，但总体来看改善偏离幅度有利于城市群的经济增长。通过引入解释变量的滞后一期数值避免了严重的内生性问题，关键变量收入偏离的回归系数仍然为正值且进一步提高，统计上在10%显著性水平上拒绝了原假设，可以判断优化收入偏离对于经济增长的积极意义。第（4）列、第（5）列逐渐引入空间要素，从第（4）列起开始逐步增加城市群特征变量，观察结果发现引入滞后解释变量后，劳动参与率对人均GDP影响为正通过了显著性检验，第（5）列中城市空间相互作用指数显著影响人均GDP，方向为正。通过引入解释变量的滞后一期数值避免了严重的内生性问题，关键变量收入偏离的回归系数呈现为正值，统计上在10%显著性水平上拒绝了原假设，可以判断优化收入偏离对于经济增长的积极意义，可以初步解释城市群空间分工、联系及劳动参与对经济的影响规律。

分析式（5-2）中其他控制变量的估计结果发现，以人均GDP为被解释变量，在引入劳动力收入偏离变量后，对比不同模型估计系数基本具有相同的符号，少数变量系数显著性有所差异，系数值有所变化。其中，首位度、空间分工变量、城市功能分工指数没有通过显著性检验；当年及滞后一年的人口、固定资产投资、居民储蓄、地方财政支出、外商投资、年度新增的城市建成区面积等变量均显著影响了城市群的经济增长。城市群的人口数量对人均GDP起到显著的负向作用，表明三大城市群近年来的人口密集度已经极大提升，过度集聚有可能产生过度竞争，在高附加值优势不凸显的情况下，对经济增长是不利的；固定资产投资、新增城市建成区面积对城市群经济增长的影响显著为正，有利于人均GDP 的改善；滞后一期的公共财政支出对人均 GDP 影响为负向，由于考虑的人均变量，系数很小而且受到人口数量的影响，而且三大城市群的城市化率增速已处于稳定态势；利用外商投资对人均 GDP 有显著的正向作用，三大城市群是外资集中的重要区域，充分吸引国际资源对城市群建设有积极的意义。

表 5-3　城市群回归结果

	（1） lnPergdp	（2） lnPergdp1	（3） lnPergdp	（4） lnPergdp1	（5） lnpergdp1
NP			0. 7437 ** （0. 3084）	0. 5779 ** （0. 2327）	0. 32671 ** （0. 1636）
lnpop	−0. 8204 ** （0. 2199）	−0. 7731 ** （0. 2094）	−1. 2156 *** （0. 1796）	−1. 6139 ** （0. 0719）	−0. 9958 *** （0. 0852）
lninv	0. 3815 *** （0. 0492）	0. 3639 * （0. 1019）	0. 9561 * （0. 0831）	1. 0876 * （0. 1593）	0. 3834 *** （0. 0486）
lnexp			−0. 1112 *** （0. 0413）	−0. 3553 *** （0. 0551）	−0. 0866 ** （0. 0389）
lnsave	1. 9414 * （0. 6437）	2. 0327 ** （0. 5929）	0. 8069 *** （0. 1951）	0. 8516 *** （0. 3560）	1. 0624 *** （0. 3639）
lnfdi	0. 357 （0. 4917）	0. 3641 （0. 3406）		0. 5669 ** （0. 0352）	0. 0791 *** （0. 0219）
Lnland	−0. 0134 （0. 1103）		0. 2423 *** （0. 0755）	0. 0723 * （0. 0422）	0. 0841 * （0. 0447）
labor				0. 2078 *** （0. 0716）	0. 1815 ** （0. 0759）
kx					0. 0037 ** （0. 0017）
gf^2					0. 013 （0. 0180）
gf					−0. 1030 （0. 0798）
_cons	−1. 1093 （0. 1340）	−1. 4435 （0. 9464）	1. 4428 （0. 2907）	1. 088798 ** （0. 6197012）	1. 3750 * （0. 8140）
R^2	0. 9160	0. 9435	0. 8487	0. 9694	0. 9726

注：* 、* * 、* * * 分别表示 10%、5%、1%水平下显著，回归系数括号内为稳健性标准差，R^2 为调整后的 R 平方。

表5-4中的第（6）列、第（7）列、第（8）列分别报告劳动力收入偏离变量对城市群GDP增速的基准回归模型、采用工具变量的2SLS模型和GMM模型结果。在引入劳动力收入偏离后，模型各个变量的显著性水平都有提高，即收入偏离显著影响城市群经济增长，偏离指数对经济增速影响为负。第（6）列采用滞后一期的增速变量，有助于解决模型的内生性问题。第（7）列，引入滞后一期的人口、固定资产投资、地方财政支出、外商投资、居民储蓄、年度新增的城市建成区面积作为工具变量，采用2SLS的估计结果，验证了核心解释变量收入偏离的显著性。第（8）列采用GMM的模型结果，进一步考察了变量的显著水平。在第（7）列、第（8）列逐渐引入空间要素后，劳动供给开始积极影响GDP增速，验证了前文。汇总以上估计结果发现，劳动力收入偏离显著影响城市群的经济增长速度，与GDP增速呈负相关性。只有空间相互作用指数通过了显著性检验且为负向，首位度、空间分工指数、城市功能分工指数均没显著影响城市群经济增速，后续需要细化样本空间，分析不同城市群的个体差异。

分析表5-4汇报其他控制变量的估计结果。可以发现，以城市GDP增速为被解释变量，在引入劳动力收入偏离变量后，对比不同模型估计系数值、符号、显著性差异不大。其中，年度地方财政支出、固定资产投资、人口数量的增速变量没有通过显著性检验；滞后一年的居民储蓄、外商投资、年度新增的城市建成区面积、居民储蓄年度增速对城市群经济增长的影响为负，由于三大城市群异质性很明显，有必要在后续对不同城市群进行个体分析，以厘清城市群的发展阶段与特征差异。

表5-4　城市群回归结果

	(6) Gdpth1	(7) Gdpth1	(8) Gdpth1
NP	0.1717 (0.0327)	−0.1015 ** (0.0421)	−0.1064 ** (0.0423)
popth	1.0912 ** (0.2543)	0.6397 (0.5000)	0.0468 (0.0319)
expth		−0.0093 (0.0104)	−0.0095 (0.0078)
invth		0.0268 (0.0350)	0.0194 (0.0285)

	(6) Gdpth1	(7) Gdpth1	(8) Gdpth1
saveth		-0. 0457 *** (0. 0167)	-0. 0459 *** (0. 0162)
fdith	0. 0557 ** (0. 0129)	-0. 0209 *** (0. 0041)	-0. 0230 *** (0. 0035)
landth	-0. 0054 ** (0. 0014)	-0. 0038 ** (0. 0018)	-0. 0028 ** (0. 0012)
labor		0. 0136 *** (0. 0047)	0. 0131 *** (0. 0045)
gf		0. 0107 (0. 0168)	0. 0134 (0. 0160)
gf^2		-0. 0014 (0. 0039)	-0. 0021 (0. 0038)
kx		-0. 0007 *** (0. 0003)	-0. 0007 ** (0. 0002)
_cons	0. 0786 *** (0. 0036)	0. 0824 *** (0. 0049)	0. 0688 *** (0. 0110)
R^2	0. 7913	0. 6006	0. 6665

注：* 、** 、*** 分别表示 10% 、5% 、1% 水平下显著，回归系数括号内为稳健性标准差，R^2 为调整后的 R 平方。

5.1.4 模型检验

经济增长是一个跨期动态变化过程。研究跨越两期的经济增长，上一期对下一期生产生活过程有明显的影响。所以下一期的收入偏离、人口、储蓄、固定资产投资、新增城市建设面积、利用外资、地方财政支出与上一期的经济增长之间会形成"互为因果"的关系。在增长模型中控制上一期的数值，可以弱化内生性问题（Forbes，2000）。在式（5-2）中引入人均 GDP 为被解释变量时，首先选用当年解释变量做基准回归，其次引入当年的收入偏离度进行对比，模型显著性提升但出现了较明显的内生性问题，于是本书选取滞后一年的解释变量数值，模型回归值与基准模型基本保持一致，验证估计具有一定的稳定性。

在式（5-2）中引入 GDP 增速为被解释变量时，使用了滞后一期的解释变量作为工具变量。现以 OLS 回归作为参照系，考察收入偏离的内生性问题，选取滞后一期的人口、储蓄、固定资产投资、新增城市建设面积、利用外资、地方财政支出作为工具变量进行 2SLS 回归，在工具变量中去掉地方财政支出后，进行了过度识别检验 P 值为 0.1138，无法拒绝"所有工具变量均为外生"的原假设，认为工具变量外生与扰动项不相关。进一步考察有效工具变量的第二个条件，也就是工具变量与内生变量的相关性，进行沃尔德检验弱工具变量并使用对弱工具变量更不敏感的最大似然估计（LIMI），发现结果与 2SLS 回归结果基本一致，接着进行 DHW 检验 P 值为 0.0487 小于 0.05，认为工具变量为内生解释变量，最后采用 GMM，发现比 2SLS 方法更有效。届时完成工具变量与内生解释变量相关、与扰动项不相关的假设条件检验，保证模型的稳健性。

以上结果较为稳定，表明城市群收入偏离可以显著影响经济增长，验证第 2 章中提出的假说 2 正确。说明劳动力收入偏离对城市群经济增长的重要作用，是提升劳动者积极性、释放城市群市场活力的关键环节，改善劳动力收入偏离将有效激发微观与宏观的经济潜力。但三大城市群发展阶段并不相同，很多特点被掩盖，接下来对不同城市群分别进行分析，探究劳动力收入偏离对不同发展阶段城市群的影响机制。

5.2 长三角城市群劳动力收入偏离对经济增长的影响

5.2.1 计量模型与数据来源

城市群包含核心增长极也就是中心城市，正是因为中心区域经济增长迅速才催生了劳动力收入偏离优化的可能。由于样本库覆盖了其他地区，样本数据、样本选择等可能存在误差，现将样本锁定在中国长三角地区，分析该地区收入偏离对城市群的经济增长影响、劳动力的收入偏离在不同区域呈现出明显的差异。为了检验不同城市群的劳动力收入偏离对所在城市经济增长的影响，参考 Forbes（2000）的做法，设计增长回归模型，构建式(5-8)检验收入偏离对经济增长的影响。式中，$\hat{Y}_{it}$ 表示长三角城市群 t 时期的经济增长，NP_{it} 表示长三角城市群 t

时期不同城市劳动力呈现的收入偏离状况，con_{it-1} 是滞后一期的控制变量包括城市群的人口、新增的城市建成区、固定资产投资、地方财政支出、居民储蓄、外商投资等，$conth_{it}$ 是控制变量的年度增长率，ε_{it} 为残差项。CLDS 只提供了 2012 年、2014 年、2016 年的样本数据，而且样本数据覆盖不全，故增加 X_{it} 控制城市、年度等控制变量，同时增加劳动参与变量外，还需要增加城市群特征，其中空间相互作用指数可以反映两个城市之间的空间与经济联系，以及空间功能分工指数且各个城市之间往往存在很大的差别，呈现为功能差异化。

$$\hat{Y}_{it} = \beta_{0it} + \beta_1 NP_{it} + \beta_2 con_{it-1} + \beta_3 conth_{it-1} + X_{it} + \varepsilon_{it} \qquad (5-8)$$

现选取地级市数据来检验劳动力收入偏离对经济增长的影响。为了检验城市群劳动力收入偏离对经济增长的影响，本章还结合使用了劳动力微观数据来验证，选择 CLDS2012 年、2014 年、2016 年的样本数据测度收入偏离，具体来说，样本分布于中国长三角城市群，分别为上海、南京、无锡、常州、苏州、盐城、扬州、杭州、宁波、嘉兴、舟山、台州、合肥、芜湖、宣城，大样本横截面数据的观察有利于地区差异的比较，城市代表性较好。地级市数据来自《中国城市统计年鉴》，个体劳动力数据来自 CLDS。其中，用于测度不同劳动力收入偏离数据由前文实现。具体如表 5-5 所示。

表 5-5　变量描述统计

变量名称	变量符号	平均值	最小值	最大值	标准差
GDP 增速	gdpth	0.126	−0.082	0.496	0.086
人均 GDP	lnpergdp	11.175	9.840	12.290	0.598
收入偏离	NP	−0.048	−0.036	0.223	0.329
空间相互作用指数	kx	0.456	0.027	1.639	0.520
城市功能分工指数	gf	0.906	0.331	3.792	0.784
功能分工指数的平方	gf^2	1.418	0.110	14.378	3.088
劳动参与	labor	0.547	0.200	1.048	0.218
人口	lnpop	6.026	4.301	7.274	0.648
固定资产投资	lninv	16.764	14.889	17.966	0.730
地方财政支出	lnexp	14.926	12.521	17.941	1.063
居民储蓄	lnsave	16.753	14.608	19.270	0.990
外商投资	lnfdi	11.729	8.961	14.428	1.231
城市建成区	lnland	4.987	3.584	6.802	0.821

续表

变量名称	变量符号	平均值	最小值	最大值	标准差
土地年度增长率	landth	0.077	0.000	0.713	0.117
外商投资年度增长率	fdith	0.086	−0.610	2.089	0.322
居民储蓄年度增长率	saveth	−0.004	−0.634	0.590	0.249
地方财政支出年度增长率	expth	−0.010	−0.789	0.316	0.285
固定资产投资年度增长率	invth	0.115	−0.221	0.385	0.103
人口年度增长率	popth	0.027	−0.006	0.771	0.124

5.2.2 实证分析

长三角城市群劳动收入偏离对经济增长的回归结果如表 5-6 所示。在基准回归中，第（1）列、第（2）列分别报告了没有引入收入偏离变量时模型的回归结果。第（1）列中，变量的显著性水平不高，为了解决有可能存在的内生性问题，第（2）列在回归模型中引入了解释变量的滞后一期变量，但模型改善并不明显。第（3）列、第（4）列分别报告了引入劳动力收入偏离变量后的模型结果。与第（1）列、第（2）列模型比较，在引入劳动力收入偏离后，模型各个变量的显著性水平稍有提高，说明长三角城市群劳动力收入偏离对人均 GDP 有影响作用。从第（4）列起逐步增加城市群特征变量，结果发现引入滞后解释变量后，城市功能分工的影响为正，长三角劳动力收入偏离显著影响经济增长，与人均 GDP 呈正相关性，由于在三大城市群中长三角的劳动收入偏离最优，但仍存在改善空间，偏离优化有利于人均 GDP 提升。第（5）列继续增加城市群功能分工与联系的描述变量后，劳动参与率、城市空间相互作用指数均显著影响人均 GDP，方向为正。同时，城市的功能分工指数与其二次项也均呈现出显著性，可见长三角城市的空间分工与人均 GDP 的关系呈现为倒"U"形关系，城市功能分工的演变对人均 GDP 影响先上升后下降，印证了地区间差异先拉大后缩小的发展规律。通过引入解释变量的滞后一期数值避免严重的内生性问题，关键变量收入偏离的回归系数呈现为正值，统计上在 10% 显著性水平上拒绝了原假设，可以判断优化收入偏离对于经济增长的积极意义，并解释了长三角城市群空间分工、联系以及劳动参与对经济的影响规律。

分析式（5-8）中其他控制变量的估计结果发现，以人均 GDP 为被解释变量，在引入劳动力收入偏离变量后，对比不同模型估计系数基本具有相同的符号，少数变量系数显著性有所差异，系数值有所改变。其中，外商投资变量、年度新增的城市建成区面积没有一致通过显著性检验；当年及滞后一年的人口、固定资产投资、地方财政支出、年度居民储蓄等变量均显著影响了城市群的经济增长。城市群的人口数量对人均 GDP 起到显著的负向作用，表明长三角城市群近年来的人口密集度已经极大提升，过度集聚有可能产生过度竞争，在高附加值优势不凸显的情况下，对经济增长是不利的；固定资产投资对城市群经济增长的影响显著为正，滞后一期的固定资产投资更有利于人均 GDP 的改善；公共财政支出对人均 GDP 影响为负向，由于考虑的人均变量，系数很小而且受到人口数量的影响，可能是由于长三角城市群的城市化率增速不高已处于稳定态势；居民储蓄对人均 GDP 有显著的正向作用，长三角城市群居民提高储蓄有利于人均 GDP 的提高，对城市群建设有积极的意义。

表5-6 长三角城市群回归结果

	(1) lnPergdp	(2) lnPergdp1	(3) lnPergdp	(4) lnPergdp1	(5) lnPergdp1
NP			−0.0569 (0.2594)	1.0794 * (0.6303)	0.4802 * (0.2510)
lnpop	−1.0403 *** (0.0790)	−1.4854 *** (0.4480)	−1.0524 *** (0.0976)	−1.2058 *** (0.2333)	−0.3322 *** (0.1032)
lninv	0.4351 *** (0.0996)	1.4325 ** (0.6166)	0.4335 *** (0.1016)	1.6229 ** (0.2973)	
lnexp	−0.1270 ** (0.0503)	−0.1981 (0.3676)	−0.1283 ** (0.0515)	0.3265 ** (0.5265)	0.1393 ** (0.0653)
lnsave	0.7320 *** (0.7320)	1.4788 *** (0.4896)	0.7480 *** (0.1013)	0.9211 (0.5719)	
lnfdi	0.0235 (0.0289)	−0.2496 (0.1827)	0.0208 (0.0318)		0.0649 * (0.0338)
Lnland	0.0785 (0.0273)	−0.2258 (0.4108)	0.0780 (0.0753)	0.5546 *** (0.1528)	
gf				−1.0550 *** (0.0964)	1.2911 *** (0.1823)
gf^2					−0.7258 *** (0.0546)

	(1) lnPergdp	(2) lnPergdp1	(3) lnPergdp	(4) lnPergdp1	(5) lnPergdp1
kx					0.2682*** (0.0815)
labor					1.0872*** (0.2666)
_cons	−0.8975 (1.3734)	−22.1603** (8.9756)	−1.0130 (1.4924)	4.8854** (2.1148)	9.5367*** (0.5772)
R^2	0.9467	0.5966	0.9449	0.9149	0.9869

注：*、**、***分别表示10%、5%、1%水平下显著，回归系数括号内为稳健性标准差，R^2为调整后的R平方。

表5-7中的第（6）列、第（7）列、第（8）列分别报告劳动力收入偏离变量对长三角各城市 GDP 增速的基准回归模型、采用工具变量的 2SLS 模型和 GMM 模型结果。在引入劳动力收入偏离后，模型各个变量的显著性水平都有提高，即收入偏离显著影响长三角各城市经济增长，但与表 5-6 呈现相反的方向，劳动力收入偏离的优化正向影响人均 GDP 但显著性较弱，反向影响长三角城市群的 GDP 增速，可见城市间异质性较大，从侧面表明在经济增长放缓与长三角劳动力收入偏离占优的背景下，进一步优化空间分工协调机制、引导劳动力空间集聚优化，有利于释放城市群经济活力，保证持续的经济增长。第（6）列采用滞后一期的增速变量，有助于解决模型的内生性问题。第（7）列报告的是，引入滞后一期的人口、固定资产投资、地方财政支出、外商投资、居民储蓄、年度新增的城市建成区面积作为工具变量，采用 2SLS 的估计结果，验证了核心解释变量收入偏离的显著性。第（8）列汇报了采用 GMM 的模型结果，进一步考察了变量的显著水平。

分析表5-7中还报告了其他控制变量的估计结果。可以发现，以城市 GDP 增速为被解释变量，在引入劳动力收入偏离变量后，比对不同模型估计系数值、符号、显著性差异不大。其中，人口数量、年度地方财政支出、外商投资、固定资产投资、年度新增的城市建成区面积增速变量没有通过显著性检验；滞后一期的居民储蓄年度增速对长三角城市群经济增长的影响显著为负向。劳动参与率对 GDP 增速有显著正向影响，空间相互作用指数的负向影响说明长三角城市群的空间格局仍有优化空间，城市间功能分工指数与 GDP 增速呈现倒"U"型，与前文保持一致，证明长三角城市群可优化城市群空间格设，扩大城市群的劳动力吸纳能力，促进城市群进一步发展。

表 5-7 长三角城市群回归结果

	(6) Gdpth1	(7) Gdpth1	(8) Gdpth1
NP	−0.0721 * (0.0421)	−0.1041 * (0.0560)	−0.1099 ** 0.0528
popth	0.3763 *** (0.0769)	0.3014 (0.0350)	0.0252 (0.0370)
invth	0.0146 (0.0701)	0.1169 * (0.0696)	0.1011 (0.0660)
expth	−0.0766 *** (0.0256)	−0.0529 ** (0.0267)	
saveth	−0.0868 *** (0.0236)	−0.0458 *** (0.0172)	−0.0483 *** (0.0171)
fdith	0.0414 (0.0256)	0.0287 (0.0223)	−0.0235 (0.0184)
landth	0.1403 *** (0.0501)	0.1178 (0.0389)	0.0195 (0.0309)
labor		0.0255 * 0.0332	0.0604 * (0.0338)
gf		0.0495 ** (0.0235)	0.0463 ** (0.0227)
gf^2		−0.0108 * (0.0065)	−0.0102 (0.0063)
kx		−0.0228 * (0.0134)	−0.0265 ** (0.0135)
_cons	0.0971 *** (0.0094)	0.0327 (0.0101)	0.0361 * (0.0214)
R^2	0.8788	0.8344	0.8019

注：*、**、***分别表示10%、5%、1%水平下显著，回归系数括号内为稳健标准误，R^2 是调整后的 R 的平方。

5.2.3 模型检验

在式（5-8）中引入人均 GDP 为被解释变量时，首先选用当年解释变量，做基准回归，其次引入当年的收入偏离度进行对比，模型显著性提升但出现了较明显的内生性问题，于是我们选取滞后一年的解释变量数值，模型回归值与基准模型基本保持一致，验证估计具有一定的稳定性。在式（5-8）中引入 GDP 增速为被解释变量时，使用了滞后一期的解释变量作为工具变量。现以 OLS 回归作为参照系，考察收入偏离的内生性问题，选取滞后一期的人口、居民储蓄、固定资产投资、新增城市建设面积、利用外资、地方财政支出作为工具变量进行 2SLS 回归，在工具变量中去掉地方财政支出后，进行了过度识别检验 P 值为 0.5851，无法拒绝"所有工具变量均为外生"的原假设，认为工具变量外生与扰动项不相关。进一步考察有效工具变量的第二个条件，也就是工具变量与内生变量的相关性，进行沃尔德检验弱工具变量并使用对弱工具变量更不敏感的 LIMI，发现结果与 2SLS 回归结果基本一致，接着进行 DHW 检验 P 值为 0.0401 小于 0.05，认为工具变量为内生解释变量，最后采用 GMM，发现比 2SLS 方法更有效率。届时完成工具变量与内生解释变量相关，与扰动项不相关的假设条件检验，保证模型的稳健性。

5.3 珠三角城市群劳动力收入偏离对经济增长的影响

5.3.1 计量模型与数据来源

珠三角城市群是改革开放的窗口，劳动密集型产业较为集中，其劳动力收入偏离远没有长三角城市群有优势，且不同区域呈现出明显的差异。为了检验珠三角城市群劳动力收入偏离对所在城市经济增长的影响，参考 Forbes（2000）的做法，设计增长回归模型，构建式（5-9）检验收入偏离对经济增长的影响。式中，$\hat{Y}_{it}$ 表示珠三角城市群 t 时期的经济增长，NP_{it} 表示珠三角城市群 t 时期不同城市劳动力呈现的收入偏离状况，con_{it-1} 是滞后一期的控制变量包括城市群的人口、新增的城市建成区、固定资产投资、地方财政支出、居民储蓄、外商投资等，$conth_{it}$ 是控制变量的年度增长率，ε_{it} 为残差项。CLDS 只提供了 2012 年、2014 年、2016 年的样本数据，而且样本数据覆盖不全，故增加 X_{it} 控制城市、年度等控制变量，同时增加劳动参与变量外，还需要增加城市群特征，其中空间相互作用指数可以反映两个城市之间的空间与经济联系，以及空间功能分工指数，各个城市之间往往存在很大的差别，呈现为功能差异化。

$$\hat{Y}_{it} = \beta_{0it} + \beta_1 NP_{it} + \beta_2 con_{it-1} + \beta_3 conth_{it-1} + X_{it} + \varepsilon_{it} \qquad (5-9)$$

选取地级市数据来检验劳动力收入对经济增长的影响。这是因为地方政府在区域规划和城市群建设上有很大的政策干预主动权，有引导空间分工发展的操作空间。各个地区往往存在很大的差别。为了检验城市群劳动力收入偏离对经济增长的影响，本文还结合使用了微观劳动力数据来验证，选择 CLDS2012 年、2014 年、2016 年的样本数据测度收入偏离，具体来说，样本分布于中国珠三角城市群，分别为广州、深圳、珠海、佛山、江门、肇庆、惠州、东莞、中山 9 个地级市，大样本横截面数据的观察有利于地区差异的比较，城市代表性较好。地级数据来自《中国城市统计年鉴》，个体劳动力数据来自 CLDS。其中，用于测度不同城市劳动力收入偏离数据由前文实现。具体如表 5-8 所示。

表 5-8　变量描述统计

变量名称	变量符号	平均值	最小值	最大值	标准差
GDP 增速	gdpth	0.117	0.047	0.220	0.051
人均 GDP	lnpergdp	11.828	10.343	13.108	0.787
收入偏离	NP	−0.076	−0.199	−0.199	0.067
劳动参与	labor	0.982	0.098	2.909	0.783
城市功能分工指数	gf	0.704	0.200	2.010	0.471
城市功能分工指数平方项	gf^2	0.710	0.040	4.039	1.003
空间相互作用指数	kx	10.859	1.139	45.201	15.338
人口	lnpop	5.697	4.663	6.750	0.591
固定资产投资	lninv	16.511	15.668	17.806	0.593
地方财政支出	lnexp	15.231	13.243	17.377	0.961
居民储蓄	lnsave	17.190	15.825	18.728	0.880
外商投资	lnfdi	12.175	10.729	13.384	0.762
城市建成区	lnland	5.387	3.738	7.120	0.953
土地年度增长率	landth	0.086	−0.111	1.208	0.240
外商投资年度增长率	fdith	0.018	−0.438	0.175	0.157
居民储蓄年度增长率	saveth	0.049	−0.458	0.690	0.201

变量名称	变量符号	平均值	最小值	最大值	标准差
地方财政支出年度增长率	expth	0.156	-0.558	0.626	0.238
固定资产投资年度增长率	invth	0.131	-0.312	0.329	0.115
人口年度增长率	popth	0.017	-0.005	0.080	0.018

5.3.2　实证分析

珠三角城市群劳动收入偏离对经济增长的回归结果如表5-9所示。在基准回归中，第（1）列、第（2）列分别报告了没有引入收入偏离变量时模型的回归结果。第（1）列中，变量的显著性水平不高，为了解决有可能存在的内生性问题，第（2）列在回归模型中引入了解释变量的滞后一期变量，模型显著性稍有提升。第（3）列、第（4）列分别报告引入劳动力收入偏离变量后的模型结果。与第（1）列、第（2）列模型比较，在引入劳动力收入偏离后，模型各个变量的显著性水平都有提高。通过第（3）列和第（4）列的结果发现，劳动力收入偏离显著影响经济增长，与人均GDP呈正相关性，珠三角城市群的劳动收入偏离逊色于长三角城市群，其改善偏离显著有利于城市群的经济增长。模型（4）通过引入解释变量的滞后一期数值避免了严重的内生性问题，关键变量收入偏离的回归系数仍然为正值，统计上在5%显著性水平上拒绝了原假设，可以判断优化收入偏离对于经济增长的积极意义。

第（4）列、第（5）列继续增加城市群功能分工与联系的描述变量后，珠三角城市群中劳动参与率变量、城市空间相关指数变量均通过了显著性检验，可见城市之间通过空间关联、劳动参与促进经济增长。同时，城市的功能分工指数二次项呈显著性，但与长三角城市群不同，珠三角城市群空间分工与人均GDP的关系呈现为正"U"形关系，城市功能分工的演变对人均GDP影响先下降后上升，不如长三角城市间功能分工合理。另外通过引入解释变量的滞后一期数值避免了严重的内生性问题，关键变量收入偏离的回归系数呈现为正值，统计上在10%显著性水平上拒绝了原假设，可以判断优化收入偏离对于经济增长的积极意义，并解释了珠三角城市群空间分工、联系以及劳动参与对经济的影响规律。

分析式（5-9）中其他控制变量的估计结果。发现，以人均GDP为被解释变量，在引入劳动力收入偏离变量后，对比不同模型估计系数基本具有相同的符号，少数变量系数显著性有所差异，系数值有所变化。其中，年度新增的城市建成区面积、固定资产投资、地方财政支出变量没有通过显著性检验；滞后一年的人口、年度居民储蓄、外商投资等变量均显著影响了珠三角城市群的经济增长。城市群的人口数量对人均 GDP 起到显著的负向作用，表明珠三角城市群近年来的人口密集度已经极大提升，过度集聚有可能产生过度竞争，在高附加值优势不凸显的情况下，对经济增长是不利的；当期与滞后一期居民储蓄对长三角城市群经济增长的影响均显著为正，进一步证实提升劳动力收入利于人均 GDP 的改善；利用外商投资对人均 GDP 有显著的正向作用，珠三角城市群是外资集中的重要区域，充分吸引国际资源对城市群建设有积极的意义。

表 5-9 珠三角城市群回归结果

	（1） lnPergdp	（2） lnPergdp1	（3） lnPergdp	（4） Pergdp1	（5） Pergdp1
NP			2.1749** (0.9035)	1.5860* (0.8055)	1.1957* (0.6849)
lnpop	-0.9777*** (0.1068)	-0.9930*** (0.1074)	-0.7334*** (0.1310)	-0.5701*** (0.1307)	-0.5302*** (0.1099)
lninv	0.1533 (0.2054)	0.2039 (0.2067)	-0.0229 (0.2247)	0.1237 (0.2152)	
lnexp	0.1473 (0.1041)	0.1284 (0.1047)	0.2848 (0.2253)	0.0945** (0.0688)	0.2036*** (0.0579)
lnsave	0.6371*** (0.0838)	0.5977*** (0.0843)	0.5300*** (0.0971)	0.6047*** (0.0721)	0.2876** (0.1048)
lnfdi	0.1071 (0.0659)	0.1179* (0.0663)	0.1166*** (0.0648)	0.1158* (0.0557)	
Lnland	0.0083 (0.0602)	0.0189 (0.0606)	-0.0743 (0.0586)	-0.0146 (0.0501)	-0.1022* (0.0529)
labor				0.2782*** (0.0906)	0.4514*** (0.0947)
kx				0.0036 (0.0039)	0.0090** (0.0037)

	(1) lnPergdp	(2) lnPergdp1	(3) lnPergdp	(4) Pergdp1	(5) Pergdp1
gf^2					0.0939*** (0.0309)
_cons	0.3205 (1.4069)	0.4095 (1.4153)	2.01022 (1.541661)	2.922321*** (0.7976242)	6.8962*** (1.3092)
R^2	0.9680	0.9674	0.9813	0.9370	0.9812

注：*、**、***分别表示10%、5%、1%水平下显著，回归系数括号内为稳健性标准差，R^2 为调整后的 R 平方。

表5-10 中的第（6）列、第（7）列、第（8）列分别报告劳动力收入偏离变量对珠三角城市群不同城市 GDP 增速的基准回归模型、采用工具变量的 2SLS 模型和 GMM 模型结果。在引入劳动力收入偏离后，模型各个变量的显著性水平都有提高，即收入偏离显著影响城市的 GDP 增速。与三大城市群整体分析结果不同，由于珠三角城市群是劳动密集型产业的集聚地，收入偏离指数对 GDP 增速影响为负向，对人均 GDP 影响为正，关系并不一致。这与 2012～2016 年，珠三角城市群产业结构、部门单一、劳动力空间分工不合理有一定关系。第（6）列采用滞后一期的增速变量，有助于解决模型的内生性问题。第（7）列引入滞后一期的人口、地方财政支出、外商投资、居民储蓄、年度新增的城市建成区面积作为工具变量，采用 2SLS 的估计结果，验证了核心解释变量收入偏离的显著性。第（8）列汇报了采用 GMM 的模型结果，进一步考察了变量的显著水平与模型的稳健性。

分析表 5-10 中其他控制变量的估计结果。可以发现，以城市群 GDP 增速为被解释变量，在引入劳动力收入偏离变量后呈现统计显著性，比对第（7）列、第（8）列不同方法，系数值、符号、显著性差异不大。其中，滞后一期的居民储蓄、年度新增的城市建成区面积、劳动参与率、城市功能分工指数、城市空间相互作用指数均没有通过显著性检验；滞后一年的人口数、外商投资、固定资产投资变量等增速变量均显著影响了城市群的经济增长。滞后一期的年度人口增速、居民储蓄年度增速对城市群经济增长的影响为负，显著性不一致，模型的解释性不如长三角城市群，印证了劳动力空间分工的滞后状态，经济协调发展在珠三角地区的重要意义。滞后一期的外商投资增速对城市群 GDP 增速起到显著的正向作用,表明珠三角城市群虽然在吸收外商投资上表现突出,优秀的国际资源吸引更有赖于空间合理分工与城市间协同发展。

表5-10 珠三角城市群回归结果

	(6) Gdpth1	(7) Gdpth1	(8) Gdpth1
NP	−0.0966 (0.0925)	−0.2492* (0.1277)	−0.2170* (0.1198)
popth	0.5698* (0.3284)	0.5447*** (0.2086)	0.4918*** (0.1578)
expth		0.0433 (0.0306)	0.0347** (0.0269)
saveth	−0.0440 (0.0304)	−0.0306 (0.0254)	−0.0356 (0.0237)
fdith		0.0388* (0.0215)	0.0308* (0.0181)
_cons	0.0688*** (0.0111)	0.0495*** (0.0140)	0.0545*** (0.0123)
R^2	0.4483	0.4049	0.4040

注:*、**、***分别表示10%、5%、1%水平下显著,回归系数括号内为稳健性标准差,R^2为调整后的R平方。

5.3.3 模型检验

由于下一期的收入偏离、人口、居民储蓄、固定资产投资、新增城市建设面积、利用外资、地方财政支出与上一期的经济增长之间会形成"互为因果"的关系。为弱化内生性问题,在式(5-9)中引入人均GDP为被解释变量时,首先选用当年解释变量做基准回归,其次引入当年的收入偏离度进行对比,模型显著性提升但出现了较明显的内生性问题,于是选取滞后一年的解释变量数值,模型回归值与基准模型基本保持一致,验证估计具有一定的稳定性。

在式(5-9)中引入GDP增速为被解释变量时,使用了滞后一期的解释变量作为工具变量。现以OLS回归作为参照系,考察收入偏离的内生性问题。选取滞后一期的人口、储蓄、固定资产投资、新增城市建设面积、利用外资、地方财政支出作为工具变量进行 2SLS 回归，在工具变量中去掉地方财政支出后，进行了过度识别检验 P 值为 0.1223，无法拒绝"所有工具变量均为外生"的原假设，认为工具变量外生与扰动项不相关。进一步考察有效工具变量的第二个条件，也就是工具变量与内生变量的相关性，进行沃尔德检验弱工具变量并使用对弱工具变量更不敏感的 LIMI，发现结果与 2SLS 回归结果基本一致，接着进行 DHW 检验 P 值为 0.0491 小于 0.05，认为工具变量为内生解释变量，最后采用 GMM，发现比 2SLS 方法更有效。届时完成工具变量与内生解释变量相关，与扰动项不相关的假设条件检验，保证模型的稳健性。

以上估计结果较为稳定，表明珠三角城市群收入偏离对经济增长影响并不一致，对人均 GDP 的增长有正向影响，对 GDP 增速负向影响，可见城市群发展协调性不强，这与产业结构、空间分工、区域协同合作有一定关系，说明劳动力收入偏离可以激发劳动者的经济活力，却对不同城市经济增长影响不显著，可见珠三角城市群协同政策空间分工、释放城市群市场活力是未来发展的方向。

5.4 京津冀城市群劳动力收入偏离对经济增长的影响

5.4.1 计量模型与数据来源

京津冀城市群的劳动力偏离在三大城市群中处于劣势，而且城市间呈现出明显的差距。为了检验京津冀城市群中不同城市的劳动力收入偏离对经济增长的影响，参考 Forbes（2000）的做法，设计增长回归模型，构建式（5-10）检验劳动力收入偏离对经济增长的影响。式中，$\hat{Y}_{it}$ 表示京津冀城市群 t 时期的经济增长，NP_{it} 表示京津冀城市群 t 时期不同城市劳动力呈现的收入偏离状况，con_{it-1} 是滞后一期的控制变量包括京津冀城市群不同城市的人口、新增城市建成区、固定资产投资、地方财政支出、居民储蓄、外商投资等，$conth_{it}$ 是控制变量的年度增长率，ε_{it} 为残差项。CLDS 只提供了 2012 年、2014 年、2016 年的样本数据，而且样本数据覆盖不全，故增加 X_{it} 控制城市、年度等控制变量，同时除了增加劳动参与变量外，还需要增加城市群特征，其中空间相互作用指数可以反映两个城市之间的空间与经济联系，以及空间功能分工指数，各个城市之间往往存在很大的差别，呈现为功能差异化。

$$\hat{Y}_{it} = \beta_{0_{it}} + \beta_1 NP_{at} + \beta_2 con_{it-1} + \beta_3 conth_{it-1} + X_{it} + \varepsilon_{it} \qquad (5-10)$$

选取地级市数据来检验劳动力收入对经济增长的影响。这是因为地方政府在区域规划和城市群建设上有很大的政策干预主动权，有引导空间分工协调发展的操作空间。各个地区往往存在很大的差别。为了检验城市群劳动力收入偏离对经济增长的影响，本书还结合使用了微观劳动力数据来验证，选择 CLDS 2012 年、2014 年、2016 年的样本数据测度收入偏离，具体来说，样本来自京津冀城市群的北京、天津、唐山、保定、邢台、廊坊、张家口、邯郸，大样本横截面数据的观察有利于地区差异的比较，城市代表性较好。地级市数据来自《中国城市统计年鉴》，个体劳动力数据来自 CLDS。其中，用于测度不同城市劳动力收入偏离数据由前文实现。具体如表 5-11 所示。

表 5-11 变量描述统计

变量名称	变量符号	平均值	最小值	最大值	标准差
GDP 增速	gdpth	0.099	−0.020	0.242	0.072
人均 GDP	lnpergdp	10.666	9.873	12.050	0.631
收入偏离	NP	−0.157	−0.334	0.080	0.122
劳动参与	labor	0.322	0.092	1.292	0.334
城市功能分工指数	gf	1.569	0.696	4.121	0.971
城市功能分工指数平方项	gf^2	3.359	0.484	16.982	4.444
空间相互作用指数	kx	2.134	0.154	4.898	1.645
人口	lnpop	6.524	5.669	7.204	0.470
固定资产投资	lninv	16.873	15.551	18.687	0.811
地方财政支出	lnexp	15.039	12.573	17.865	1.240
居民储蓄	lnsave	17.048	15.850	19.293	0.858
外商投资	lnfdi	11.082	7.384	14.564	1.583
城市建成区	lnland	5.003	3.829	7.245	0.962
土地年度增长率	landth	0.056	0.000	0.555	0.106
外商投资年度增长率	fdith	0.163	−0.937	3.609	0.648
居民储蓄年度增长率	saveth	0.157	−0.549	1.158	0.284

续表

变量名称	变量符号	平均值	最小值	最大值	标准差
地方财政支出年度增长率	expth	−0.033	−0.841	0.593	0.345
固定资产投资年度增长率	invth	0.124	−0.045	0.604	0.106
人口年度增长率	popth	0.006	−0.025	0.024	0.009

5.4.2　实证分析

京津冀城市群中不同城市劳动收入偏离对经济增长的回归结果如表 5-12 所示。在基准回归中，第（1）列、第（2）列分别报告了没有引入收入偏离变量时模型的回归结果。第（1）列中，变量的显著性水平不高，为了解决有可能存在的内生性问题，第（2）列在回归模型中引入了解释变量的滞后一期变量，但模型改善并不明显。第（3）列、第（4）列分别报告引入劳动力收入偏离变量后的模型结果。与第（1）列、第（2）列模型比较，在引入劳动力收入偏离后，模型各个变量的显著性水平、解释能力都有提高，但收入偏离都不具有统计上的显著性。通过第（3）列和第（4）列的结果发现，京津冀城市群呈现不同的劳动收入偏离，但并没有形成类似长三角城市群中劳动空间分工的典型特征，劳动力收入偏离在城市间没有协调性，故数据显示不具有显著性。模型（4）通过引入解释变量的滞后一期数值避免了严重的内生性问题，关键变量收入偏离的回归系数仍然无法在显著性水平上拒绝原假设，得出了与长三角城市群、珠三角城市群不同的经济意义。

第（4）列、第（5）列继续增加城市群功能分工与联系的描述变量后，京津冀城市群中劳动参与率变量、城市空间相互作用指数变量没有通过显著性检验，可见城市之间没有通过空间关联或劳动参与促进经济增长。同时，城市的功能分工指数与其二次项也均呈现出显著性，但与长三角城市群不同，京津冀城市群空间分工与人均 GDP 的关系呈现为正"U"形关系，城市功能分工的演变对人均 GDP 影响先下降后上升，不如长三角城市间功能分工合理。另外，通过引入解释变量的滞后一期数值避免了严重的内生性问题，关键变量收入偏离的回归系数呈现为正值，统计上在 10% 显著性水平上拒绝了原假设，可以判断优化收入偏离对于经济增长的积极意义，并解释了京津冀城市群空间分工对经济的影响规律。

分析式（5-10）中京津冀城市群其他控制变量的估计结果。发现，以人均

GDP 为被解释变量，在引入劳动力收入偏离变量后模型的解释能力有所提升，对比不同模型估计系数基本具有相同的符号，少数变量系数显著性有所差异，系数值有所不同。其中，外商投资、年度新增的城市建成区面积变量没有通过显著性检验；当年及滞后一年的人口、固定资产投资、地方财政支出、年度居民储蓄等变量均显著影响了城市群的经济增长。城市群的人口数量对人均 GDP 起到显著的负向作用，表明京津冀城市群近年来的人口密集度已经大大提升，过度集聚有可能产生过度竞争，在高附加值优势不凸显的情况下，对经济增长是不利的；固定资产投资对城市群经济增长的影响显著为正，滞后一期的固定资产投资更有利于人均 GDP 的改善；当年与滞后一期的年度居民储蓄，有利于京津冀城市群人均 GDP 的提升，其实这在侧面印证了改善劳动力收入的积极意义；公共财政支出对人均 GDP 影响为负向，由于考虑的人均变量，系数很小而且受到人口数量的影响；不同于其他两个，城市群利用外商投资对京津冀人均 GDP 没有显著作用，在城市群整体协调性较差的情况下，外资利用并不能改善区域的分工合作，可见分工与协调性对城市群建设有积极的意义。

表 5-12　京津冀城市群回归结果

	（1） lnPergdp	（2） lnPergdp1	（3） lnPergdp	（4） Pergdp1	（5） Pergdp1
NP			0.3977 (0.4185)	0.4402 (0.3723)	0.6294* (0.3239)
lnpop	−1.1471*** (0.1516)	−1.1241*** (0.1374)	−1.1500*** (0.1522)	−1.1824*** (0.1229)	−1.3685*** (0.1464)
lninv	0.6287*** (0.1656)	0.6002*** (0.1500)	0.6452*** (0.1671)	0.6864*** (0.1310)	0.4509*** (0.1306)
lnexp	−0.2168** (0.0810)	−0.2228*** (0.0734)	−0.2065** (0.0820)	−0.2045** (0.0726)	−0.1531** (0.0561)
lnsave	0.6378*** (0.1882)	0.6146*** (0.1705)	0.5737*** (0.2006)	0.5534*** (0.1782)	0.6426*** (0.1875)
lnfdi	0.0432 (0.0548)	0.0484 (0.0497)	0.0424 (0.0550)	0.0475 (0.0491)	
Lnland	0.1655 (0.1617)	0.2079 (0.1465)	0.1695 (0.1624)	0.2331 (0.1428)	0.3038** (0.1116)

续表

	（1） lnPergdp	（2） lnPergdp1	（3） lnPergdp	（4） Pergdp1	（5） Pergdp1
gf				−0.5161*** （0.1643）	−0.5296* （0.1711）
gf^2				0.0966** （0.0395）	0.0964** （0.0407）
kx					−0.0197 （0.0359）
_cons	−1.4024 （3.1439）	−0.7920 （2.8483）	−0.6598 （3.2501）	−0.6016 （2.8199）	2.5407 （2.4849）
R^2	0.9632	0.9701	0.9759	0.9911	0.9913

注：*、**、***分别表示10%、5%、1%水平下显著，回归系数括号内为稳健性标准差，R^{2}为调整后的R平方。

表5-13中的第（6）列、第（7）列、第（8）列分别报告劳动力收入偏离变量对京津冀城市群不同城市GDP增速的基准回归模型、采用工具变量的2SLS模型和GMM模型结果。在引入劳动力收入偏离后，模型各个变量的显著性水平都有提高，即收入偏离显著影响城市群GDP增速，优化偏离指数对经济增长有积极意义。第（6）列采用滞后一期的增速变量，有助于解决模型的内生性问题。第（7）列，引入滞后一期的人口、固定资产投资、地方财政支出、外商投资、居民储蓄、年度新增的城市建成区面积作为工具变量，采用2SLS的估计结果，验证了核心解释变量收入偏离的显著性。第（8）列汇报了采用GMM（广义矩估计法）的模型结果，进一步考察了变量的显著水平。汇总以上估计结果发现，劳动力收入偏离显著影响京津冀城市群中不同城市的经济增长速度，与GDP增速呈正相关性，可见优化偏离幅度有利于京津冀城市群的经济增长。

分析表5-13中其他控制变量的估计结果。可以发现，以京津冀城市群GDP增速为被解释变量，在引入劳动力收入偏离变量后呈现统计显著性，比对第（7）列和第（8）列不同方法，系数值、符号、显著性差异不大。其中，滞后一期的年末人口数、城市功能分工指数、城市空间相互作用指数、劳动参与率均没有通过显著性检验；滞后一年的居民储蓄、外商投资、年度新增的城市建成区面积、固定资产投资变量等增速变量均显著影响了城市群的GDP增速。滞后一期的新增城市建成区面积年度增速，对城市群 GDP 增速影响为正向，与表 5-12 结果一致且系数更小，验证京津冀城市群的城市化建设有必要进一步提升。滞后一期的年度地方财政支出、居民储蓄年度增速对城市群经济增长的影响为负，显著性不一致，模型的解释性不如长三角和珠三角，印证了推进经济协调发展在京津冀地区的重要性。滞后一期的外商投资增速对城市群 GDP 增速起到显著的负向作用，表明京津冀城市群建设仍需进一步提升协同度，才能吸引优秀的国际资源促进经济增长，这也验证了城市群集聚全球高附加值部门的重要意义。

表 5-13　京津冀城市群回归结果

	（5） Gdpth1	（6） Gdpth1	（7） Gdpth1
NP	0. 1116 (0. 0686)	0. 1086* (0. 0652)	0. 1179** (0. 0580)
popth	-0. 0213 (0. 8286)		
invth	0. 1335 (0. 1278)	0. 1325* (0. 0749)	0. 1593*** (0. 0535)
expth	-0. 0434 (0. 0274)	-0. 0432** (0. 0175)	-0. 0550*** (0. 0149)
saveth	-0. 0379 (0. 0327)	-0. 0380 (0. 0261)	-0. 0506** (0. 0242)
fdith	-0. 0184* (0. 0104)	-0. 0185*** (0. 0050)	-0. 0213*** (0. 0031)
landth	0. 1558** (0. 0673)	0. 1555*** (0. 0339)	0. 1727*** (0. 0189)
_cons	0. 0891*** (0. 0183)	0. 0887*** (0. 0111)	0. 0914*** (0. 0110)
R^2	0. 4801	0. 4800	0. 4794

注：*、**、***分别表示 10%、5%、1%水平下显著，回归系数括号内为稳健性标准差，R^2 为调整后的 R 平方。

5.4.3　模型检验

模型引入滞后一期的收入偏离、人口、居民储蓄、固定资产投资、新增城市建设面积、利用外资、地方财政支出数值可以弱化内生性问题。在式（5-5）中引入人均 GDP 为被解释变量时，首先选用当年解释变量做基准回归，其次引入当年的收入偏离度进行对比，模型显著性提升但出现了较明显的内生性问题，于是我们选取滞后一年的解释变量数值，模型回归值与基准模型基本保持一致，验证估计具有一定的稳定性。

在式（5-5）中引入 GDP 增速为被解释变量时，使用了滞后一期的解释变量作为工具变量。现以 OLS 回归作为参照系，考察收入偏离的内生性问题选取滞后一期的人口、储蓄、固定资产投资、新增城市建设面积、利用外资、地方财政支出作为工具变量进行 2SLS 回归，在工具变量中去掉地方财政支出后，进行了过度识别检验 P 值为 0.1791，无法拒绝"所有工具变量均为外生"的原假设，认为工具变量外生与扰动项不相关。进一步考察有效工具变量的第二个条件，也就是工具变量与内生变量的相关性，进行沃尔德检验弱工具变量并使用对弱工具变量更不敏感的 LIMI，发现结果与 2SLS 回归结果基本一致，再进行 DHW 检验 P 值为 0.0295 小于 0.05，认为工具变量为内生解释变量，最后采用 GMM，发现比 2SLS 方法更有效率。届时完成工具变量与内生解释变量相关，与扰动项不相关的假设条件检验，保证模型的稳健性。

以上结果较为稳定，表明京津冀城市群收入偏离可以显著影响 GDP 增速和人均 GDP。说明劳动力收入偏离对于京津冀城市群发展意义重大，优化空间分工、改善收入偏离是有提升发劳动者积极性、释放城市群市场活力的关键环节，京津冀城市群协调分工滞后将影响未来的经济增长，有效激发微观与宏观经济潜力的前提是城市间分工协作、协调并进。

5.5 劳动力收入偏离对城市群的影响

5.5.1 劳动力收入偏离对城市群中心与外围差距的影响

为检验劳动力收入偏离对城市群地区产出差距的影响，以中心城市与外围城市的产出比为被解释变量现，利用样本期间所在地级市汇总的区域特征，以上文测算的各地区相应时间的劳动力收入偏离数据构建式（5-11），估计对三个城市群地区差距的效应。检验基于三大城市群不同空间分工态势下，劳动力收入偏离对不同城市群内部城市间差距的影响，参考赵勇和魏后凯（2015）的做法，设计模型如下：

$$RY_{it} = \alpha_0 + \alpha_1 NP_{it} + \alpha_2 PY_{it-1} + \alpha_3 gf_{it} + \alpha_4 gf_{it}^2 + \alpha_5 X_{it} + \mu_{it} + \varepsilon_{it} \qquad (5\text{-}11)$$

RY_{it} 表示中心城市与外围城市的产出比；RY_{it-1} 表示滞后一期的产出比；NP_{it} 表示所在外围城市的劳动力收入偏离；gf_{it} 表示 i 城市群中心城市与外围城市于 t 时期的空间分工程度，gf_{it}^2 表示二次项以反映空间分工的不同阶段，X_{it} 表示城市人口、新增城市建成区面积、固定资产投资、地方财政支出、居民储蓄、外商投资等特征变量，μ_{it} 表示不可观测的地区效应，ε_{it} 为随机干扰项。

对式（5-11）进行分组回归，观察三大典型城市群的差异，结果如表 5-14 所示。第（1）列为 OLS 回归结果，考察发现空间相互作用指数显著影响长三角的外围城市与中心城市的产出比，方向为负，说明城市间的空间关联有效降低了外围城市与中心城市的差距，但城市的功能分工并没有显著效果。第（2）列在其基础上引入劳动力收入偏离，对城市间产出比有显著的负向影响，改善收入偏离可以降低外围城市与中心城市的经济差距，空间相互作用指数在显著性不变的情况下影响程度有所提升，控制变量中固定资产投资比、外商投资均显著降低了外围城市与中心城市的差距，外商投资比、财政支出比、新增城市建成区面积、居民储蓄则显著提升了外围城市与中心城市的差距。第（3）列通过基准回归，检验珠三角城市间功能分工对外围城市与中心城市间的产出差距有显著的影响，其中功能分工弱化了该差距并呈"U"形曲线关系。第（4）列在引入劳动力收入偏离要素后，功能分工影响的显著性不变程度有所加强，单收入偏离并不利于城市间的协同，而且外围城市对中心城市的居民储蓄比、人口比、地方财政支出比均扩大了产出差距。第（5）列以基准回归发现，京津冀城市群中空间相互作用指数、功能分工均不显著影响外围城市与中心城市的产出差距。第（6）列在引入劳动力收入偏离后仍没有改变空间分工要素对其的影响，但明显发现加大相对中心城市的固定资产投资比可以有效减小外围城市与中心城市的差距。

可见，三大城市群中劳动力收入偏离对外围城市与中心城市的产出差影响存在明显的异质性，长三角城市间呈现明显的空间相互作用，改善劳动力收入偏离可以有效提升城市间的协同发展程度，珠三角城市间功能分工初具规模，但由于没有形成空间相互作用，其劳动力收入偏离与城市间协同差距呈反向效果，京津冀城市群由于空间协同滞后，既没有城市间的空间作用也没有彼此的功能分工，劳动力收入偏离不能显著影响城市与城市间的发展差距。

表 5-14　收入偏离对中心与外围差距的影响

	长三角		珠三角		京津冀	
	(1)	(2)	(3)	(4)	(5)	(6)
np		−0.0731* (0.0405)		0.1613* (0.0889)		−0.0219 (0.0398)
kx	−0.0188** (0.0082)	−0.0781*** (0.0114)				
gf			−0.0389** (0.0174)	−0.0735** (0.0255)		
gf²		−0.0014 (0.0021)	0.0179** (0.0078)	0.0305*** (0.0100)		
lrgdp	1.0234*** (0.0262)		0.8530*** (0.0173)	0.6199*** (0.1018)	1.0377*** (0.0672)	1.0359*** (0.0691)
rinv		−0.0619*** (0.0206)			−0.1256*** (0.0358)	−0.1322*** (0.0370)
rsave				0.3821** (0.1661)		
rfdi		0.4853*** (0.0522)				
rpop			0.0457** (0.0179)	0.1176*** (0.0384)		0.0208 (0.0181)
rexp		0.4748*** (0.1290)	0.0322*** (0.0093)	0.0615*** (0.0150)		
lnland		0.0772*** (0.0134)			0.0837*** (0.0155)	0.0876*** (0.0163)
lnfdi		−0.0167** (0.0069)				
lnsave		0.0395** (0.0161)		−0.0466** (0.0189)		
laborth			0.0132** (0.0057)	0.0149 (0.0084)		

续表

	长三角		珠三角		京津冀	
	（1）	（2）	（3）	（4）	（5）	（6）
constant	0.0014	0.2570	0.0005	0.7569**	0.0217	0.0070
	(0.0055)	(0.3661)	(0.0107)	(0.3093)	(0.0065)	(0.0152)
R^2	0.9905	0.9850	0.9992	0.9996	0.9971	0.9978

注：*、**、***分别表示10%、5%、1%水平下显著，回归系数括号内为稳健性标准差，R^2为调整后的 R 平方。

5.5.2 劳动力收入偏离对城市群经济增长的影响

为检验劳动力收入偏离对城市群经济增长的影响，利用样本期间所在地级市汇总的区域特征，以上文测算的各地区相应时间的劳动力收入偏离数据构建式（5-2），检验对三个城市群的经济增长效应，如表5-15所示。由于三大城市群发展阶段并不相同，很多特点被掩盖，接下来要对不同城市群分别进行分析，探究劳动力收入偏离对不同发展阶段城市群的影响机制。

在准回归中，模型（1）、模型（2）分别报告了没有引入收入偏离变量时模型的回归结果。模型（1）中，变量的显著性水平不高，为了解决可能存在的内生性问题，在模型（2）中引入了解释变量的滞后一期变量，然而模型改善并不明显。模型（3）、模型（4）分别报告引入劳动力收入偏离变量、引入解释变量的滞后一期数值后的模型结果。与模型（1）、模型（2）比较，在引入劳动力收入偏离后，模型各个变量的显著性水平稍有提高，其中长三角、珠三角城市群劳动力收入偏离对人均 GDP 有影响作用，与人均 GDP 呈正相关性，由于珠三角城市群的劳动收入偏离逊色于长三角城市群，其收入偏离对经济增长影响系数更大，京津冀城市群收入偏离则不具有显著性。

模型（4）、模型（5）继续增加城市群功能分工与联系的描述变量后，劳动参与率、城市空间相互作用指数在长三角、珠三角城市群中均显著影响人均 GDP，方向为正，可见城市间通过空间关联、劳动参与促进经济增长，但在京津冀城市群中没有通过显著性检验。同时，城市的功能分工指数与其二次项也均呈现出显著性，其中长三角城市群的功能分工与人均 GDP 的关系呈现为倒"U"形关系，城市功能分工的演变对人均 GDP 影响先上升后下降，印证了地区间差异先拉大后缩小的发展规律。但与长三角城市群不同，珠三角、京津冀城市群功

表5-15 长三角、珠三角、京津冀城市群回归结果

	(1) lnPergdp			(2) lnPergdp1			(3) lnPergdp			(4) lnPergdp1			(5) lnPergdp1		
	长三角	珠三角	京津冀	长三角	珠三角	京津冀	长三角	珠三角	京津冀	长三角	珠三角	京津冀	长三角	珠三角	京津冀
NP	—	—	—	—	—	—	-0.0569 (0.2594)	2.1749** (0.9035)	0.3977 (0.4185)	1.0794* (0.6303)	1.5860* (0.8055)	0.4402 (0.3723)	0.4802 (0.2510)	1.1957* (0.6849)	0.6294* (0.3239)
lnpop	-1.0403*** (0.0790)	-0.9777*** (0.1068)	-1.1471*** (0.1516)	-1.4854*** (0.4480)	-0.930*** (0.1074)	-1.1241*** (0.1374)	-1.0524*** (0.0976)	-0.7334*** (0.1310)	-1.1500*** (0.1522)	-1.2058*** (0.2333)	-0.5701*** (0.1307)	-1.1824*** (0.1229)	-0.3322*** (0.1032)	-0.5302*** (0.1099)	-1.3685*** (0.1464)
lninv	0.4351*** (0.0996)	0.1533 (0.2054)	0.6287*** (0.1656)	1.4325** (0.6166)	0.2039 (0.2067)	0.6002*** (0.1500)	0.4335*** (0.1016)	-0.0229 (0.0247)	0.6452*** (0.1671)	1.629*** (0.2973)	0.1237 (0.2152)	0.6864*** (0.1310)	—	—	0.4509*** (0.1306)
lnexp	-0.1270** (0.0503)	0.1473 (0.1041)	-0.2168** (0.0810)	-0.1981 (0.3676)	0.1284 (0.1047)	-0.2228*** (0.0734)	-0.1283** (0.0515)	0.2848 (0.2253)	-0.2055*** (0.0820)	0.3265 (0.5265)	0.0945 (0.0688)	-0.2045*** (0.0726)	0.1393** (0.0653)	0.2036*** (0.0579)	-0.1531** (0.0561)
lnsave	0.7320*** (0.7320)	0.6371*** (0.0838)	0.6378*** (0.1882)	1.4788*** (0.4896)	0.5977*** (0.0843)	0.6146*** (0.1705)	0.7480*** (0.1013)	0.5300*** (0.0971)	0.5737*** (0.2006)	0.9211 (0.5719)	0.6047*** (0.0721)	0.5534*** (0.1782)	—	0.2876*** (0.1048)	0.6426*** (0.1875)
lnfdii	0.0235 (0.0289)	0.1071 (0.0659)	0.0432 (0.0548)	-0.2496 (0.1827)	0.1179* (0.0663)	0.0484 (0.0497)	0.0208 (0.0318)	0.1166*** (0.0648)	0.0424 (0.0550)	—	0.1158* (0.0557)	0.0475 (0.0491)	0.649* (0.0338)	-0.1022* (0.0529)	—
lnland	0.0785 (0.0273)	0.0083 (0.0602)	0.1655 (0.1617)	-0.2258 (0.4108)	0.0189 (0.0606)	0.2079 (0.1465)	0.0780 (0.0753)	-0.0743 (0.0586)	0.1695 (0.1624)	0.5546*** (0.1528)	-0.0146 (0.0501)	0.2331 (0.1428)	—	—	3.038** (0.1116)
gf	—	—	—	—	—	—	—	—	—	-1.0550*** (0.0964)	—	-0.5161*** (0.1643)	1.2911*** (0.1823)	—	-0.5296*** (0.1711)
gr²	—	—	—	—	—	—	—	—	—	—	—	0.0066 (0.0395)	-0.7258*** (0.0546)	0.0039 (0.0309)	0.0964** (0.0407)
kx	—	—	—	—	—	—	—	—	—	—	0.0036 (0.039)	—	0.2682*** (0.0815)	0.0090** (0.0037)	-0.0197 (0.0359)
labor	—	—	—	—	—	—	—	—	—	—	0.2782*** (0.0906)	—	1.0872** (0.2666)	0.4514*** (0.0047)	—
_cons	-0.8975 (1.3734)	0.3205 (1.4069)	-1.4024 (3.1439)	-22.1603** (8.9756)	0.4095 (1.4153)	-0.7920 (2.8483)	-1.0130 (1.4924)	2.0102 (1.5416)	-0.6598 (3.2501)	4.8854* (2.1148)	2.9223*** (0.7976)	-0.6016 (2.8199)	9.5367*** (0.5772)	6.8962*** (1.302)	2.5407 (2.4849)
R²	0.9467	0.9680	0.9632	0.5966	0.9664	0.9701	0.9449	0.9813	0.9759	0.9149	0.9370	0.9911	0.9869	0.9812	0.9913

注：*、**、***分别表示10%、5%、1%水平下显著，回归系数括号内为稳健性标准差，R^2为调整后的R平方。

能分工与人均 GDP 的关系呈现为正"U"形关系，城市功能分工的演变对人均 GDP 影响先下降后上升，不如长三角城市间功能分工合理。三大城市群通过引入解释变量的滞后一期数值避免严重的内生性问题，关键变量收入偏离的回归系数呈现为正值，统计上在 10% 显著性水平上拒绝了原假设，可以判断优化收入偏离对于经济增长有积极的意义，并分别解释了三大城市群空间分工、联系及劳动参与对经济的影响规律。

分析模型中其他控制变量的估计结果发现，以人均 GDP 为被解释变量，在引入劳动力收入偏离变量后，对比不同模型估计系数基本具有相同的符号，少数变量系数显著性有所差异、系数值有所改变。其中长三角、珠三角、京津冀城市群的人口数量对人均 GDP 起到显著的负向作用，表明三大城市群近年来的人口密集度已经极大提升，过度集聚有可能产生过度竞争，在高附加值优势不凸显的情况下，对经济增长是不利的；珠三角、京津冀城市群的年度居民储蓄，均有利于人均 GDP 的提升，基于长三角收入偏离相对更优的现实，这在侧面印证了改善劳动力收入的积极意义；公共财政支出对长三角、珠三角城市群人均 GDP 影响为正向，对京津冀影响为负向，在城市群整体协调性较差的情况下，公共财政并不能改善区域的分工合作，可见分工与协调性对城市群建设有积极的意义；固定资产投资尤其对京津冀城市群经济增长的影响显著为正，有利于人均 GDP 的改善；新增城市建成区面积对长三角经济增长不显著，对珠三角城市群呈负向影响，但显著正向影响京津冀城市群。可见，三大城市群发展基础存在明显差异，对经济增长的影响也呈现异质性。

5.5.3 稳健性检验

通过改变数据结构并引入滞后一期变量检验模型的稳健性。经济增长是一个跨期动态变化过程。研究跨越两期的经济增长，上一期对下一期生产生活过程有明显的影响。所以下一期的收入偏离、人口、储蓄、固定资产投资、新增城市建设面积、利用外资、地方财政支出与上一期的经济增长之间会形成"互为因果"的关系。在增长模型中控制上一期的数值，可以弱化内生性问题（Forbes & Kristin，2000）。

以城市群维度重新构建数据，考察城市群劳动收入偏离对经济增长的回归结果如表 5-16 所示。考虑在式（5-2）中引入人均 GDP 为被解释变量时，首先选用当年解释变量做基准回归，其次引入当年的收入偏离度进行对比，模型显著性提升但出现了较明显的内生性问题，于是选取滞后一年的解释变量数值，模型回归值与基准模型基本保持一致，验证估计具有一定的稳定性。从第（1）列到第（5）列通过引入解释变量的滞后一期数值避免严重的内生性问题，并逐一引入城市群空间变量，关键变量收入偏离的回归系数呈现为正值，统计上在10%显著性水平上拒绝了原假设，可以判断优化收入偏离对于城市群整体经济增长的积极意义，可以基本解释城市群空间分工、联系及劳动参与对经济的影响规律。也就是说，本书的核心结论在采用城市群区域维度的数据结构时依然稳健。

表 5-16　城市群回归结果

	（1） lnPergdp	（2） lnPergdp1	（3） lnPergdp	（4） lnPergdp1	（5） lnpergdp1
NP			0.7437 ** (0.3084)	0.5779 ** (0.2327)	0.3267 ** (0.1636)
lnpop	−0.8204 ** (0.2199)	−0.7731 ** (0.2094)	−1.2156 *** (0.1796)	−1.6139 ** (0.0719)	−0.9958 *** (0.0852)
lninv	0.3815 *** (0.0492)	0.3639 * (0.1019)	0.9561 * (0.0831)	1.0876 * (0.1593)	0.3834 *** (0.0486)
lnexp			−0.1112 *** (0.0413)	−0.3553 * (0.0551)	−0.0866 ** (0.0389)
lnsave	1.9414 * (0.6437)	2.0327 ** (0.5929)	0.8069 *** (0.1951)	0.8516 *** (0.3560)	1.0624 *** (0.3639)
lnfdi	0.3957 (0.4917)	0.3641 (0.3406)		0.5669 ** (0.0352)	0.0791 *** (0.0219)
lnland	−0.0134 (0.1103)		0.2423 *** (0.0755)	0.0723 * (0.0422)	0.0841 * (0.0447)
labor				0.2078 *** (0.0716)	0.1815 ** (0.0759)
kx					0.0037 ** (0.0017)
gf^2					0.0113 (0.0180)
gf					−0.1030 (0.0798)

续表

	(1) lnPergdp	(2) lnPergdp1	(3) lnPergdp	(4) lnPergdp1	(5) lnpergdp1
_cons	−1.1093 (0.1340)	−1.4435 (0.9464)	1.4428 (0.2907)	1.0887** (0.6197)	1.3750* (0.8140)
R^2	0.9160	0.9435	0.8487	0.9694	0.9726

注：＊、＊＊、＊＊＊分别表示10％、5％、1％水平下显著，回归系数括号内为稳健性标准差，R^2为调整后的R平方。

以 GDP 增速为被解释变量做稳健性检验。在模型中引入 GDP 增速为被解释变量时，使用了滞后一期的解释变量作为工具变量。现以 OLS 回归作为参照系，考察收入偏离的内生性问题，选取滞后一期的人口、储蓄、固定资产投资、新增城市建设面积、利用外资、地方财政支出作为工具变量进行 2SLS 回归，在工具变量中去掉地方财政支出后，进行了过度识别检验 P 值为 0.1138，无法拒绝"所有工具变量均为外生"的原假设，认为工具变量外生与扰动项不相关。进一步考察有效工具变量的第二个条件，也就是工具变量与内生变量的相关性，进行沃尔德检验弱工具变量并使用对弱工具变量更不敏感的 LIMI，发现结果与 2SLS 回归结果基本一致，再进行 DHW 检验 P 值为 0.0487 小于 0.05，认为工具变量为内生解释变量，最后采用 GMM，发现比 2SLS 方法更有效。届时完成工具变量与内生解释变量相关、与扰动项不相关的假设条件检验，保证模型的稳健性。以上结果较为稳定，表明城市群收入偏离可以显著影响经济增长，说明劳动力收入偏离对城市群经济增长的重要作用，是提升劳动者积极性、释放城市群市场活力的关键环节，改善劳动力收入偏离将有效激发微观与宏观的经济潜力。

5.6 本章小结

通过对中国三大典型城市群劳动力收入偏离对经济增长影响的实证分析，可以发现，优化城市群劳动力收入偏离对经济增长有显著影响。不同城市群的实证结果呈现出区域异质性。具体而言，在长三角城市群、珠三角城市群中，不同城市劳动力收入偏离对人均 GDP 增长有促进作用，但对 GDP 增速为负向作用，京津冀城市群劳动力收入偏离对城市人均 GDP 增长与 GDP 增速影响均为正；空间结构均显著影响三大城市群的人均 GDP，但只有长三角城市群同时影响 GDP 增速，呈现出典型的倒 "U" 形城市功能分工发展态势。可见不同城市群的经济增长受劳动力收入偏离的影响并不一致。虽然长三角城市群劳动力收入偏离具有优势，但由于城市间协调发展刚刚起步，空间协同分工仍有推进的空间；珠三角城市群由于劳动密集型产业集中、产业过于近似，不同城市错位分工不足，呈现出协调性不高的城市群格局；京津冀城市群的城市间差距巨大，协调发展是当务之急。

通过第 3 章、第 4 章的实证测算，验证了城市群的空间吸引力明显优于其他地区，以劳动力微观数据测度的个体劳动力收入偏离呈现出更优的态势，这意味着相对于非城市群地区，城市群收入偏离更有优势，并影响个体劳动供给，可见假设 1 可以解释中国经济现实。同时对比美国波士华城市群发现，地处波士华城市群的劳动力个体在收入偏离方面较中国城市群更具吸引力，作为世界级城市群具有更优的经济要素、经济机会集聚能力。对于假说 2，劳动个体空间选择通过与城市群空间中衍生的空间分工匹配，影响劳动力输入偏离作用于经济增长，本章至此已给予实证考察成立。本章研究发现，三大城市群中，京津冀城市群的协同发展问题最为突出，因此第 6 章采用自然实验法评估政策改革对京津冀城市群经济发展的政策效应。

6 京津冀城市群协同政策的自然实验

不可否认，全球大部分国家的人口与经济活动都在向城市群聚集，但真正能在世界经济中占据重要地位，成为举足轻重的世界经济支点的世界级城市群，且均位于发达经济体区域范围，对后发经济体的城市群发展来说是一项挑战。本章运用合成控制法设计随机对照实验，测度京津冀城市群协同政策效果，并探索了适合京津冀发展思路。

6.1 城市群协同政策的自然实验[①]

6.1.1 自然实验对象选择

在决策前进行科学评估是较为理性的选择，为了评估一项计划，可以随机寻找计划干预组与不受干预组进行对比，为此有必要使用一种强有力的新工具随机对照实验。在很多国家启动本国的经济政策时，往往会事先开展一组随机对照实验，通过研究小组与政府之前的合作来评估这项计划，有助于人们了解怎样更好地实施该计划。为验证协同空间分工的制度创新与效果，有效提升政府和市场发挥各自应有的作用。后发经济体若想突破原有局限，改变被动追赶的局面，需要厘清后发城市群的发展阶段，重视经济环境的改善，寻找政策调整的契机与途径。

---

① 本部分内容已发表在《人口与经济》2020年第5期。

一个国家内的区域经济会受到国家区域发展政策变迁的深刻影响，中央政府根据国家发展战略及区域发展在全局中的地位和实际需要，不断调整区域发展政策，而政策调整变迁对区域经济增长和发展到底会产生怎样的影响？对于中国这样一个地域广阔且区域差异较大的国家来说，促进区域协同发展是众多区域发展战略中备受重视的政策之一。京津冀地区作为典型区域，以未来新型首都城市群的定位，成为协同空间分工政策的最突出实践对象。这符合国际上主流的区域合作趋势，也适合国内城市群逐渐担当起发展引擎的大背景，可以说建设"世界级城市群"开启了城市化最高阶段发展模式。对京津冀地区而言，早在 20 世纪 80 年代的起步态势是较好的，但随着 2009 年前后"总部经济"的出现，区域内部的割裂开始凸显（卞泽阳等，2018），于是中央及各级政府迅速作出反应，开始着手调整区域内的协同性。作为中国生产力较发达的区域之一，京津冀地区整体经济规模虽已达到一定体量，但经济密度较低，面对开发程度较高、环境承载力减弱的客观现实，化解严重的内部失衡问题变得尤为迫切。更重要的，京津冀地区并非一般意义的城市群，由于包含首都北京，肩负着新型首都经济圈的使命，京津冀地区的发展更呈现出特殊协同的需求（戴宏伟，2018）。一方面要符合中国经济高质量发展的需求，另一方面要有利于平衡城市间的巨大落差。

　　中华人民共和国国家发展和改革委员会（以下简称国家发展改革委）于 2011 年启动首都经济圈的规划与编制，以此作为协同发展标志性的起点，开启了区域协同发展设计，表现为一脉相承、环环紧扣的区域协同发展政策，如表 6-1 所示。

表 6-1　京津冀地区 2011 年以来区域协同发展政策汇总

年份	区域政策
2011	国家发改委启动首都经济圈的规划和编制工作； 出台的《全国主体功能区规划》中京津冀地区都被列为"优化开发区域"
2012	在年度区域规划审批计划当中，首都经济圈的发展规划位居首位
2014	习近平总书记在北京主持召开的京津冀协同发展座谈会，强调京津冀协同发展并上升为国家战略
2015	中共中央政治局召开会议，审议通过《京津冀协同发展规划纲要》；同年颁布以"北京—张家口—延庆"为主线的冬奥会承办规划
2016	中央政治局研究建设北京城市副中心

续表

年份	区域政策
2017	河北雄安新区的设立，以开拓性的模式开启了优化整合京津冀城市布局和空间结构的新思维
2018	国务院正式批复《河北雄安新区总体规划（2018—2035 年）》
2019	中共中央、国务院颁布《中共中央国务院关于支持河北雄安新区全面深化改革和扩大开放的指导意见》

一系列的政策及调整变迁产生了怎样的作用？其效果又是如何？由于传统实证方法在内生性偏误等方面存在局限性，限制了研究的实际操作空间、结果也不理想。作为协同空间分工政策的典型区域，大多数文献的研究框架是将北京、天津、河北三地分开来设计，缺少区域整体的发展测度。而区域发展需要明确利益主体，即发展目标应定位于区域利益乃至国家利益而非地方利益，这才是经济高质量发展的逻辑起点。因此，京津冀区域的利益主体不应该被分割。如果国际上的世界级城市群是以整体来衡量经济密度的（沈聪，2018），那么，京津冀区域作为一个整体其发展程度如何呢？该区域的国土开发强度较高，资源环境承载能力逐渐减弱，在发展模式必须改变的迫切要求下，其区域协同政策执行后的经济发展态势是否改变？定量测度又如何？少有文献涉及这一系列问题。本章便是以此为切入点，将自 2011 年以来"一揽子"的京津冀协同政策引起的区域总体经济增长视为一次自然实验，采用新近发展的合成控制方法（Abadie 和 Gardeazbal，2003），致力于推进政策调整变迁在区域经济增长中的作用研究，深入剖析和测度京津冀区域协同发展的政策在区域经济增长中的效果和作用，希望得出一些有意义的结论，以便于为今后政策调整或相近区域发展政策制定提供实证依据。

6.1.2 自然实验设计与研究原理

为了解释最为关注的因果关系，寻找一个理想的自然实验是可行选择，但是这在社会科学中往往很难做到。当试图衡量经济政策的效果时，由于社会发展中如历史、文化、地域、宗教等差异，政策的实施与结果是极易受到干扰的。难以控制干扰意味着实验并不具备理想的条件，在这种情况下采用一般意义的简单做法很难规避选择性偏误，内生性不可避免。本书选取了一种非实验评估方法——合成控制法（Abadie 和 Gardeazbal，2003），运用原始的统计原理，借助构造反事实来衡量政策实验的效果，实现自然实验般的实证效果。按这个思路，方法的核心是寻找没有受到政策干预的地区组成"潜在控制组"，并选择最佳权重，使经过加权的合成控制地区在经济特征上尽可能地接近实验执行前的处理地区，随后比较政策实施与未实施的差别，推算出政策的作用效果。

具体而言，在评估某政策实施于某个地区的效应时，采用合成控制法研究个别区域经济政策的效果，首先需要确定研究对象，一般为该地区和其他未实施政策的区域集合，就本章而言即 $P+1$ 个地区，包括政策实施的 1 个区域和未实施的 P 个区域。其次明确研究对象的变量为体现 $P+1$ 个区域的经济特征变量，加入时间维度呈现为 T 期面板数据。当然，只有在第 i 区域受到政策实施的影响且实施时间为自第 T_0 期至观察期末（$1<T_0<T$，为保证合成控制的可信度，T_0 不为 10 期左右），且其余 P 个地区并无政策实施，可作为第 i 区域的控制地区，当这些假定成立时，可得出第 i 区域政策实施效果：

$$\Delta_{it} = \Phi_{it}(1) - \Phi_{it}(0) \tag{6-1}$$

在式（6-1）中 t 表示时间，i 表示地区单元，Φ_{it} 表示第 i 个区域第 t 期的经济增长状况，当括号内取 1 时表示实施了自然实验即有政策干预，当括号内取 0 时表示无政策干预即研究对象的反事实情况。容易发现，当 $T_0 \leq t \leq T$ 时即政策实施后，两者之差 Δ_{it} 便是政策效果。但是，反事实 $\Phi_{it}(0)$ 在现实中是观察不到的，数据无从而来，这时 P 个并无政策干预的控制组地区便成为了我们模拟的数据来源。

假设 $\Phi_{jt}(0)$ 满足式（6-2）的估计（Abadie A et al.，2010），

$$\Phi_{jt}(0) = \alpha_t + \beta_t X_j + \gamma_t u_j + \varepsilon_{jt} \tag{6-2}$$

变化式（6-1），便有：

$$\Phi_{jt}(1) = \Phi_{jt}(0) + \Delta_{it} D_{jt} \tag{6-3}$$

其中，

$$D_{jt} \begin{cases} 1, & j=i \quad T_0 \leq T \\ 0, & \text{其他情况} \end{cases} \tag{6-4}$$

当 $1 \leq j \leq 1+P$ 时，在引入是否实验的虚拟变量 D_{jt} 后，由于式（6-1），可得式（6-3）。式（6-2）中，α_t 为"时间固定效应"；X_j 为 j 地区的可观测向量，不受政策干预影响，且不随时间而变；u_j 为不可观测的共同因子，可理解为不同地区所面临的共同冲击；各地区对于共同冲击的反应不相同，以向量 γ_t 表示，两者相乘 $\gamma_t u_j$ 组成"交互固定效应"；ε_{jt} 表示 t 期 j 省市不可观测且均值为 0 的

干扰波动。另外，控制组的地区并无政策实施，数学表达为：

$$\Phi_{jt}(0) = \Phi_{jt}(1) = \Phi_{jt}, \quad \text{当} j \neq i \text{ 时} \tag{6-5}$$

在合成控制法中，X_j 变量的选择无须考虑与 u_j 或 ε_{jt} 的独立性，只要求与政策无关，所以其选择因素只需满足与地区经济增长解释相吻合即可。接下来最核心的问题是"反事实"的估计问题，也是此方法最为关键之处在于：运用数据驱动的方法将其他未实施政策的对照单元分别给予加权，合成一个未实施政策的所考察地区（京津冀）的替身，以模拟此自然实验的反事实。在政策执行之前，合成区域与真实区域应该是高度吻合的。若模拟区域与真实区域在政策实施后出现明显差异，则表明政策的执行产生显著政策效果。按照这一思路，需要为控制地区选择权重向量。本章主要研究对象为京津冀地区协同发展的政策效果，其他区域 28 个省市并不受这些政策影响，自然成为京津冀地区的潜在控制组 "donor pool"。现定义权重向量 $W = (\omega_2, \cdots, \omega_{P+1})'$，其中 ω_j 非负，表示第 j 个地区在合成京津冀中的权重，且权重之和为 1。W 的不同取值即构成不同的"合成京津冀"，或称为"模拟区域"。结果变量可通过 W 为权重将控制组的不同单元进行加权平均而得：

$$\sum_{j=2}^{P+1} \omega_j \Phi_{jt} = \alpha_t + \beta_t \sum_{j=2}^{P+1} \omega_j X_j + \gamma_t \sum_{j=2}^{P+1} \omega_j u_j + \sum_{j=2}^{P+1} \omega_j \varepsilon_{jt} \tag{6-6}$$

式（6-6）中如果存在 $W^* = (\omega_2^*, \cdots, \omega_{P+1}^*)$，则：

$$\sum_{j=2}^{P+1} \omega_j^* \Phi_{j1} = \Phi_{11}$$

$$\sum_{j=2}^{P+1} \omega_j^* \Phi_{j2} = \Phi_{12}$$

$$\cdots\cdots$$

$$\sum_{j=2}^{P+1} \omega_j^* \Phi_{jT_0} = \Phi_{1T_0}$$

$$\text{且} \sum_{j=2}^{P+1} \omega_j^* X_j = X_1 \tag{6-7}$$

只要 $\sum_{T=1}^{T_0} \gamma_t' \gamma_t$ 非奇异且实验有较多的前期取值，便可使 $\Phi_{1t}(0)$ 与 $\sum_{j=2}^{P+1} \omega_j^* \Phi_{jt}$ 无限接近，即两者相互替代从而使 $\Phi_{1t}(0)$ 可以估计。代入式（6-1）可得政策效果 Δ_{1t}

$$\Delta_{1t} = \Phi_{1t}(1) - \sum_{j=2}^{P+1} \omega_j^* \Phi_{jt} \quad (T_0 \leqslant t \leqslant T) \tag{6-8}$$

接下来 W^* 的获取便成为重点，可以通过 W^* 的权重组合来合成控制组对象以模拟反事实，据此该方法被称为合成控制法。在京津冀地区实施协同发展之前，将经济发展的预测变量记为向量 Z_1（$z×1$ 维列向量，下标 1 表示处理组）；将其他 28 个地区的相应预测变量记为矩阵 Z_0（$z×p$ 维矩阵，下标 0 表示"控制组"，包括 28 个地区的相应取值）。选择权重 W 使 Z_0W 尽可能接近 Z_1，以实现合成控制后的"合成京津冀"在经济特征上尽可能接近真实的京津冀地区，接近程度则可用式（6-9）来度量：

$$(Z_1-Z_0W)'(Z_1-Z_0W) \tag{6-9}$$

Z_1 中控制地区的每个预测变量对于结果变量的预测能力大小不同，固应赋予不同权重。不同权重的择优过程，实际为一个有约束的最小化问题：

$$\min(Z_1-Z_0W)'V(Z_1-Z_0W) \tag{6-10}$$

$$\text{s. t. } W_j \geqslant 0,\ j = 2,\ \cdots,\ P+1,\ \sum_{j=2}^{P+1} W_j = 1$$

V 为（$z×z$）维对角矩阵，对角线元素皆非负，反映相应的预测变量对于结果变量的相对重要性。选择最优的 V，使在政策活动全面开启之前，合成京津冀地区的人均实际 GDP（或增速）与真实京津冀地区尽量接近，记 Y_1 为（15×1）维列向量，即京津冀地区在 1997~2011 年的人均实际 GDP。Y_0 为（15×P）维矩阵，其每列为对应控制地区于 1997~2011 年的人均实际 GDP。用 $Y_0W^*(V)$ 来预测 Y_1，并考虑最小化均方预测误差：

$$\min \frac{1}{15}(Y_1-Y_0W^*(V))'(Y_1-Y_0W^*(V)) \tag{6-11}$$

取最优解 $W^*(V^*)$，即构成合成京津冀地区的最优权重，将其代入式（6-8），可评估京津冀地区进行协同发展干预的政策效果。

6.1.3 自然实验变量与权重计算

6.1.3.1 数据说明与变量选取

现采用的数据为 1997~2017 年的中国省级面板数据，数据来自历年《中国统计年鉴》及各省统计年鉴。研究对象选取京津冀地区，作为我国生产力较发达的地区之一，该区域具有颇为独特的地域、文化属性和政治生态，其经济协同发展进度受到从中央到地方的高度重视。并且，区域协同发展战略旨在整体平衡发展，实则是在区域协调发展概念的基础上扩展到多维度的协调同步（程鹏，2001），也是区域一体化、由协调走向和谐发展的必然选择。据此，本书通过对数据进行整合分析，以改变已有研究中将此区域划分为北京、天津、河北三处来讨论地域差异的研究范式，将京津冀区域的经济数据合并形成 1 个区域数据，进而构建地区整体的合成控制对照系。对照组的区域数据选取除中国香港、澳门、台湾等地区外的 31 个省级行政区中不含京津冀的其他 28 个省域面板数据。

在以下的分析中，采用京津冀地区为 1 个独立的政策执行区域即"干预组"，其他 28 个地区为政策未实施区域作为"控制组"，如此收集数据有以下几个方面原因：①中国境内所有的省级区域中，排除了香港特别行政区、台湾省、澳门特别行政区，这是因为制度环境的差异使港澳台地区的经济特点明显不同于大陆，不能通过进入控制组加权来得到合成控制对象；②从 1997~2017 年，中国大陆地区仅有京津冀地区实施了极有针对性的区域协同发展政策，且呈"一揽子"组合体系，这主要是因为京津冀重要的区域地位，也自然形成了一个政策干预组；③关于协同政策执行时间的认定，虽然《京津冀协同发展规划纲要》是在 2015 年的颁布，但首都经济区域协同干预却早于该时点，早在 2011 年政府便开始规划和编制首都经济圈，并与随后一系列的政策跟进形成"一揽子"的系列导引，且都是以"协同发展"为目的，可见自 2011 年至今京津冀的协同发展一直在进行中。

按着上述设计的合成控制法原理，本书主要是通过从经济特征方面加权组合求得一个"合成京津冀"，使其在政策执行前与真正的京津冀地区的经济增长一致，进而估计出未受政策干预的京津冀地区在政策时点后的经济增长。在合成反事实京津冀的经济增长时，本章借鉴王贤彬和聂海峰（2010）、杨经国等（2017）的研究经验，综合选取了以下几个要素指标：从业人口占全部人口比重、实际人均产出、实际人均产出增长率、固定资产投资占 GDP 比重、第一产业增加值占 GDP 比重。借助计算机在无数次权重调整下对经济特征进行加权合成，模拟出"合成京津冀"的经济数据。其中，以目标地区与合成地区的实际人均产出差额衡量区域政策调整对经济增长的政策影响，其余指标则作为预测控制变量来拟合京津冀的合成控制对象。

6.1.3.2 京津冀协同干预反事实的构建及权重计算

在本章中，将全部样本分为两个部分：一部分为处理样本即京津冀地区；另一部分为控制样本作为处理样本的对照组，包含除了京津冀外的 28 个地区。在采用合成控制法前，以对照组平均值来模拟京津冀地区未实施政策的反事实，但并不理想。对比京津冀地区与其他地区平均的人均实际 GDP 发现，京津冀与对照组均值之间呈逐渐发散状，差距随时间推移扩大，总体来看差距较为明显，如

图 6-1 所示，京津冀地区的人均 GDP 明显高于对照组地区的平均水平，基本无法实现两者的相互拟合。另外，由经济发展速度可见，在协同政策实施之前人均实际产出的增速虽有多处相交，但仍体现出较大的差距，其中 2007 年、2008 年、2009 年、2010 年等多个年份对照组地区的增速明显高于京津冀，1998 年、1999 年、2001 年则相反，汇总起来发现两者的吻合度不高，如图 6-2 所示。可见用平均化的对照组来模拟京津冀协同反事实的经济发展速度也是不理想的。

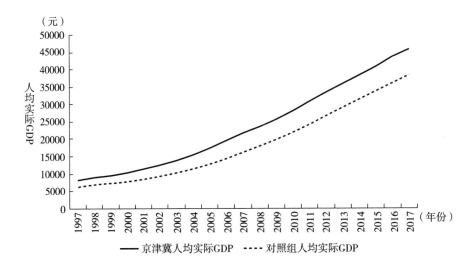

图 6-1　京津冀和对照组人均实际产出对比

　　对比以上平均化的处理方法，合成控制法可有效解决对照组与控制组的匹配问题。本书借鉴 Abadie 等（2010）开发的 Synth 程序来衡量协同发展政策的政策效果，一方面可以克服政策评价时容易出现的内生性问题，另一方面可测度京津冀与合成控制的反事实之差。如前文所述，京津冀协同政策的干预实际上早于《京津冀协同发展规划纲要》政策的颁布，可追溯到 2011 年，采用 1997～2011 年的经济特征和人均实际产出增长率来模拟京津冀的合成控制对象，协同的政策效果则由 2011 年后的真实京津冀与合成控制对象的预测值对比取差值得来。在合成控制中，权重的获得是关键，通过最小化 2011 年以前控制组与干预组的人均实际产出增长率的均方差，得到表 6-2。由于京津冀包含首都、直辖市等政治、文化优势，具有很强的经济集聚能力，其整体的经济特征更偏向于南方发达地区和东部沿海城市，体现在对照组的权重匹配中发达地区占 3/4 的权重，浙江

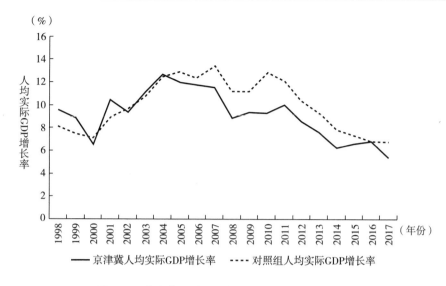

图 6-2　京津冀和对照组人均实际产出增长率对比

省占 47.4%、上海占 16.8%、江苏占 10.3%、贵州占 20.5%、西藏占 5%，就经济发展的综合质量来看比较合乎逻辑。

表 6-2　合成京津冀中对照组的权重分布

地区	权重	地区	权重
上海	0.168	西藏自治区	0.050
江苏	0.103	贵州省	0.205
浙江	0.474	其他地区	0

6.1.3.3　合成京津冀与真实京津冀的比较

采用合成控制法得到如表 6-3 所示结果，模型的预测变量值有了明显的改进，变量对比显示，对于一些重要的经济变量，合成京津冀与真实京津冀的变量系数是非常接近的，对于反事实的模拟明显比对照组平均值有了很大的进步，拟合度极大提高。由此可以从劳动力投入（就业人员数占常住人口比重）、产业结构（第一产业增加值占 GDP 比重）、资本投入（全社会固定资产投资占 GDP 比重）、经济增长绩效（人均实际 GDP 增长率）等指标看出，合成京津冀较好地模拟了协同政策干预反事实的京津冀地区。

表 6-3　预测变量对比

	实际值	合成值	平均值
pr100	9.5435	11.2320	16.0600
ir100	45.3351	45.3310	48.3700
grprgdp	0.1009	0.1007	0.1100
lpr100	51.8166	52.4111	51.5500
ln_prgdp（2010）	10.2400	10.2412	9.9022
ln_prgdp（2008）	10.0619	10.0612	9.6762
ln_prgdp（2000）	9.2304	9.2253	8.8119

6.2　政策干预的自然实验结果与作用分析

6.2.1　实验效果

当选取合成控制的对照组后，由对照组的模拟 GDP 及增长速度与京津冀的实际 GDP 及增长速度的对比，如图 6-3、图 6-4 所示，2011 年垂线位置表示政策干预起始点[1]，在政策干预之前，1997～2011 年控制组通过加权合成已很好地实现了对京津冀地区经济的模拟，表现为两条曲线非常接近，可以说合成京津冀较好地复制了"协同发展"政策干预前的京津冀地区，也证明了由经济特征推算的经济增长概况是有意义的。图 6-3 中，2011 年以后两条曲线出现了分离，实际的京津冀与合成对照组的经济状况开始下滑，这是否意味着协同发展的政策干预开始逐渐起作用？进一步比较经济发展速度如图 6-4 所示，1998～2010 年的非政策干预期，合成京津冀与真实京津冀的人均产出增长率轨迹是非常相似的，表现为两条线较为接近。

---

① 京津冀地区的"协同"政策干预具体在 2011 年开始，按照经济规律，在政策干预试点地区往往会出现政策反映的"提前"或"滞后"现象，本书中的这种情况并不明显，故将政策干预时点定为 2011 年并不提前或错后，这在实际京津冀和合成京津冀人均实际产出增长率对比的图 6-4 中较为明显。

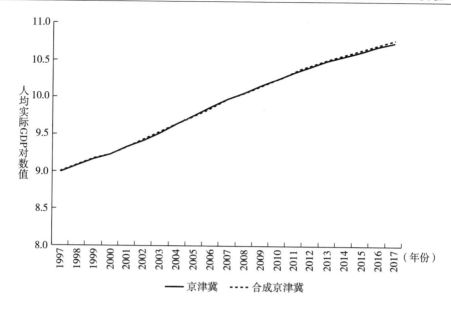

图6-3 京津冀和合成京津冀人均实际产出对数值对比

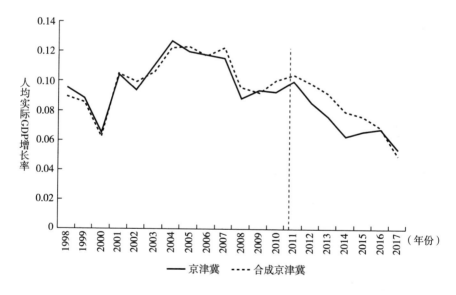

图6-4 京津冀和合成京津冀人均实际产出增长率对比

在协同政策干预开始后，真实京津冀与合成京津冀两条曲线出现了明显的偏离，表明协同政策的执行影响了京津冀地区的经济增长。具体的表现是：自2011

年协同政策干预开始，起初几年效果并不理想，甚至对整体区域的经济增长起到了一定抑制作用。在图 6-5 中，2011~2015 年京津冀地区的人均实际产出增长速度明显低于反事实的合成京津冀的 15%~16%。其中，2012 年实际京津冀较合成京津冀人均实际产出增长率为 12.62%，2013 年为-16.54%，2014 年、2015 年分别为-21.06% 和-12.46%，也就是说政策干预早期，虽有首都经济圈等协同的设计指引，但并没有实现更好的经济增长，反而伴随着非首都功能的过度集聚限制了整个区域的发展，这与卞泽阳等（2018）的结果相近。直到 2016 年、2017 年，政府开始政策调整，注重"非首都功能"疏解，经济增速才开始快速回升，2016 年实际京津冀仅比合成京津冀人均实际产出增长率为-0.86%，相差较小，到 2017 年为 8.59%，如图 6-5 所示。可见，政策干预后期，京津冀区域内部的协同修正力度很大，2016 年建设北京城市副中心、2017 年设立河北雄安新区系列政策的执行，以开拓性的模式启动了优化整合京津冀城市布局和空间结构的新思维，实质性地推进了协同发展的经济效果。

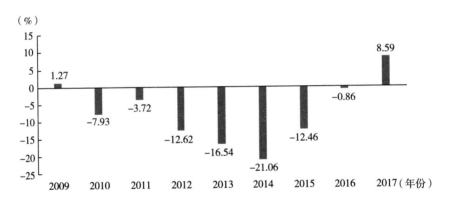

图 6-5　京津冀较合成京津冀人均实际产出增长率对比

为了更加直观地比较协同政策干预对京津冀地区经济增长的影响，可进一步剥离出控制组（京津冀）与合成组（合成京津冀）人均实际 GDP 增长率的对比差，以图 6-6 中曲线的走势来描绘该差距。在真实京津冀与合成京津冀差异的时间序列里，可以发现 2011 年以前，两者的差异一直在-0.008~-0.005 的范围内，2012 年后差异明显增大且为负向，扩大到-0.017，差异扩大了 100% 甚至更高，随后出现了政策效果的修正，直到 2016 年开始出现正值，扩大到 0.005，后面呈现进一步扩大的趋势。可见京津冀地区在政策执行的时间里，差异的扩大是不可忽视的，协同发展的政策效果在人均实际产出增长率指标上变动明显，呈现出先下降后上升的态势，时效性随时间凸显。

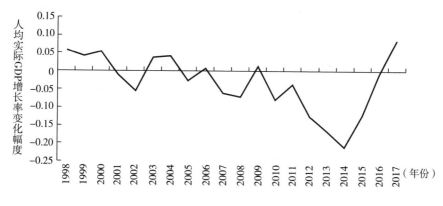

图6-6　京津冀和合成京津冀人均实际产出增长率对比差

区域政策的执行需要一定周期，只有准确把握发展阶段、趋势等指标变化，才能使政策得到有效落实并取得良好效果。这使指标体系的可计量化越发重要，政府只有通过准确的指标构建方能衡量政策的进展程度，从而发现问题，进而有针对性地进行调整、优化。在京津冀协同政策实施早期，由于首都经济圈的美好前景带来了极好的经济预期，但盲目集聚并没有推进区域经济的整体发展，在协同政策干预初期，人均实际 GDP 的增速大幅度下降，明显低于没有协同政策干预的反事实，也就是说，协同早期的政策效果是反向的。图6-6中实际曲线在2016 年度出现了拉升，而这恰与"京津冀协同发展"系列政策中"非首都功能疏散"的出台高度吻合。可见，当前协同区域内部整合疏解的政策，对优化区域经济整体发展而言是一个好的设计。以上分析已经较直观地刻画了京津冀协同干预变迁的政策效果，接下来需要进行有效性检验，以保证政策干预结果的有效性和统计显著性。

6.2.2　有效性检验

有效性检验的最终目的是确定由模拟测度的波动差异并非随机趋势所致，实则为保证变量间的真实联系。虽然本书采用宏观数据，可避免以微观估计宏观的不确定性差异，但由于模拟的真伪概率真实存在，所以检验模拟的可靠性是极有必要的。在验证结果的有效性时，为验证实证分析中经济增长的波动确实源于区域政策的影响而非其他因素，同时保证政策的统计显著性。针对本书所采用的合成控制法（Abadie & Gardeazbal，2003），对得到的非参数估计结果进行检验需放弃大样本推断技术，本书运用安慰剂检验法来实现随机化检验推断：随机思想仍是关键，本书预检验京津冀地区协同发展政策的实验效果，可以通过随机选取对照组中任一地区，假设该地区也接受了协同发展政策，利用合成控制法模拟出合成数据，观察是否仍会出现模拟合成区域与真实区域存在差异的情况，如果这种差异远没有京津冀差异大，则可证明区域政策对京津冀地区的政策效果是有效的，即相互区别的能力强，统计上可信。

具体而言，取对照组中任一地区，假设与处理样本在同样的年份实施了同样的"协同发展"经济政策，与实验组一样对其进行合成控制模拟出这个地区的反事实，测算出该地区与其未受政策干预的经济增长差异。以此类推，将对照组中的每个地区都进行同样的操作，检验是否每个地区无论实施政策与否都在这个年份之后开始了经济增长的变动。如果实验组对象与合成控制后的反事实的差异是有效的，那么这组差异应该是远远大于其他控制组单元在同样设计后的差异。按照以上方法对对照组的每个区域进行类似分析，通过分析各个地区合成后与真实的经济增长差异的分布情况，比较差异，应该可以鉴别出京津冀地区的政策效果在其中是最为显著的，即实证分析中的政策前后差异效果在安慰剂对照组中差异最大。

为进一步衡量差异的显著性，可构造一个能够体现一个地区较其合成控制对象拟合程度的系数——拟合差异度 $MSPE$，对比政策执行前后的 $MSPE$，可以甄别"安慰剂"和"真实政策"效果。如式（6-12）和式（6-13）所示：

$$MSPE = \frac{1}{T_0} \sum_{t=1}^{T_0} \left(Y_{1t} - \sum_{k=2}^{k+1} \omega_k^* Y_{kt} \right)^2 \tag{6-12}$$

$$MSPE\_ratio = \frac{post\_MSPE}{pre\_MSPE} \tag{6-13}$$

依据同样的思路还必须明确，在对照组中如果一些地区在政策假设实施前，拟合差异度 $post\_MSPE$ 过大意味着该模拟效果是不很好，模型有效性欠佳，以此为依据来比较该地区的政策实施前后的经济增长效果差异是没有意义的，所以应将其剔除。如重庆市在政策执行前的 $MSPE$ 超过京津冀4倍多，模拟精度不佳予以剔除。同时，测度控制组中每个地区政策执行前的 pre_MSPE 发现，无一例外全部大于或远大于实验对象京津冀的，这在一定程度上验证了模型的有效性。而且对比控制组和实验组的各个 *MSPE_ratio* 值发现，29 个地区中只有宁夏回族自治区的 *MSPE_ratio* 略高于京津冀地区，但这与事实不符，也就是出现误差的概率仅达到 3%，其他都远远小于京津冀的政策效果。如图 6-7 所示，最后一列黑条为京津冀地区的 *MSPE_ratio*，前后差异显而易见。如此可见，通过以上有效性检验，可以认为在仅 3% 的小概率机会上会出现估计的偏误，可以证明协同发展的政策干预是有效果的，即在区域政策执行后该地区的经济增速发生明显改变，政策执行后的经济增速较之前变化达 19.78 倍。

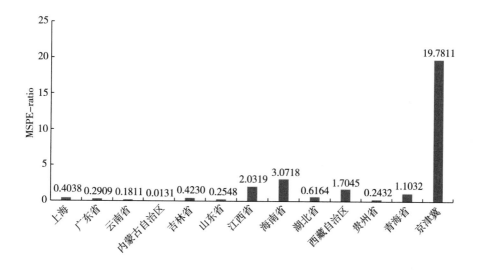

图 6-7 京津冀与控制组其他地区的 *MSPE_ratio* 分布

注：右面第一列黑条为京津冀，其他为对照组地区。

6.2.3 稳健性检验

通常在验证模型的稳健性时，可以通过改变方法、数据构成或更换变量再进行重复实验，观察模型结果的显著性变动，进而评价模型解释能力的稳健性。如果变动并不明显，表示模型的设计是较为稳健的。本书便是以这种思路进行稳健性分析，通过删除占有一定权重的地区来实现数据结构的调整，再重新模拟新的合成京津冀地区，比较新合成后的京津冀地区较之前的变动，从而确定模型是否稳健。以此思路，将控制组中权重为正的地区去除（上海、江苏、浙江、西藏、贵州），重新模拟后比较政策效果，发现模型并没有因为数据结构变化而与之前的结论相异。如图 6-8 所示，由于模型仍然有显著的政策效果，模拟分析的结果仍然比较显著，并没因控制组区域调整而出现明显的结果不一致，敏感性分析的结果证明了模型较为稳健。由图 6-9 发现，合成京津冀与迭代去除控制组地区后的京津冀在政策效果测度上与前文基本保持一致，模型具备稳健性。

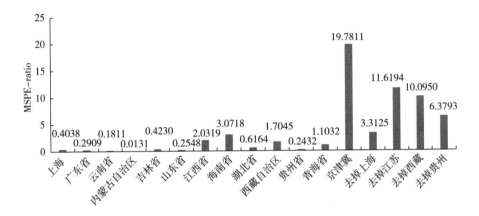

图 6-8　控制组其他地区与京津冀及逐一迭代去除控制地区后的 *MSPE_ratio* 分布

注：右面 5 列分别为京津冀及逐一迭代去除控制地区后的 *MSPE_ratio*。

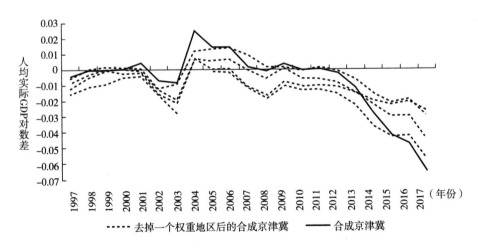

图 6-9　迭代去掉控制组地区和合成京津冀人均实际产出对数差额分布

6.2.4　实验结论

推动京津冀协同空间分工发展，是面向未来打造世界级城市群和新首都经济圈的需要，是推进区域发展创新的需要，更是我国在新的发展阶段重要的战略选择。上文采用合成控制法，发现对于试点区域京津冀地区来说，自协同发展系列政策实施以来，其政策变迁在区域经济增长中的作用处于动态变化中。该方法在评价区域政策时，通过数据驱动可以在干预效果未知的情况下实施实验，这极大提升了政策效果评价的客观性，使系列变动的政策效果得以精确测量。利用省域面板数据，采用合成控制法，本书检验和测度了京津冀区域协同发展中由政策转变演进带来的经济增长效应。早期政策干预没能释放京津冀区域经济增长的潜力，而后面针对区域内部的规划整合与合理疏解，即空间分工对优化区域整体发展有了积极作用。

经研究发现：在假设其他外生性冲击为零的前提下，协同发展政策在一定程度上转变了京津冀地区原有的经济增长趋势。在京津冀协同政策干预初期，由于首都经济圈的美好前景带来了较好的经济预期，便出现了北京、天津两大城市特别是北京过度集聚并没有推进区域经济的整体发展，极化趋势与区域化协同出现了明显的不适应性，表现为人均 GDP 增长速度损耗平均达 15%~16%，最高达 21.06%，早期的政策意图与效果明显相背离，即当政策干预与经济规律不契合时，积极的政策仍不必然出现积极的结果，在经济集聚于少数城市时，区域政策的出台反而使集聚更为集中，并不利于惠及区域整体；随后，由于政策调整跟进，尤其是"非首都功能疏散"政策的出台，相机优化集聚过程中的区域协同性修正了前期政策的负面效应，整体经济迅速回升，区域的人均 GDP 增速平均可提高 3%~4%，最大提高 8.6%。可见，随着协同系列政策的调整变迁，虽然初期政策干预对京津冀区域增长不利，但后期针对区域内部的整合疏解政策适时完善了政策架构，具有很强的修正作用。由此可见系列政策变迁中，尤其是"非首都功能疏散"政策的出台，极大促进了京津冀整体经济的复苏，这表明区域协同与集聚效应的适时匹配对优化区域整体发展有积极意义。因此，区域协同发展的政策设计需充分考虑经济规律与现实的适应性，平衡与区域发展契机的匹配度，系统推进政策的相机调整与实时跟进。

作为区域协同发展试点的京津冀地区由于战略地位突出，又面临人口集中、区域发展失衡、生态环境脆弱等棘手问题，中央政府已在多层面、多角度进行了系统性协同推动，本书意在度量这一系列政策变迁的动态效果。同时本书认为京津冀地区的协同发展，需建立可计量的指标体系，并适时进行度量，准确衡量区域的协同发展程度，把握发展阶段与变化趋势，不断优化政策设计，使政策调整更加符合区域协同发展的契机。进一步，针对京津冀的协同发展，可设计阶段性推进：首先，以区域整体利益为出发点，除了公路、交通、市政、基础通信、公共服务等公共设施的一体化建设外，尤其需要加强行政体系、政策环境、市场环境的多维度协同；其次，在协同发展的现有政策体系中，提高配套政策与系统体系的完善度，探索区域协同发展可计量的考核与评价体制，三地发展不可只顾自身利益，应建立利益共同体，使公众逐渐认知并充满信心；最后，实现中长期以协同发展、友好开发为目标的政策框架，调整产业格局，协调错位融合，内部整合与疏解，逐步实现高质量转变并形成世界级的高品质城市群。因此，政策制定者应把握区域发展阶段特征与变化趋势，相机优化政策设计，使政策调整更加符合区域发展的规律，使区域内部及区域与区域之间相互协同。

6.2.5 政策建议

京津冀城市群建设已经取得了丰硕的成果，一是疏解非首都功能，建设通州的城市副中心；二是加快雄安新区的建设；三是巩固发展滨海新区；四是建设"轨道上的京津冀"。"十四五"规划对"轨道上的京津冀"有很详尽的项目规划，GDP已由2014年的6.65万亿元提升至2019年的8.51万亿元，河北省域范围内的39个国家级贫困县全部"摘帽"。进入"十四五"时期，京津冀城市群高质量发展的机遇与挑战同在，近年来，随着京津冀协同发展战略的深入推进，河北与京津两地的制造业已逐步实现融合，三地在生物医药、汽车、新材料、高端装备等领域合作日渐紧密。北京产业人才优势突出，服务平台资源优势明显；天津科技支撑实力突出，生产研发机构数量众多；河北制造业基础力量雄厚，龙头企业和领军企业众多。为打造京津冀世界级城市群，河北城市需以深化空间分工和细分的专业化提高生产率；积蓄大体量劳动力市场，构建与京津一体化的技术、管理、商业信息平台；在深化一体化建设的同时，发挥市场与政府的共同力量嵌入京津冀协同发展体系实现河北高质量的发展。

6.2.5.1 河北省城市应以专业化嵌入京津冀协同发展

京津冀协同发展中仍缺乏合力效应，尤其河北的城市要素吸引能力与经济质量有待提升。第七次全国人口普查显示，京津冀城市群对劳动力和人口吸引已经具有一定优势，但是现实中仍存在集聚不协调、不持续的发展"瓶颈"。由于城市之间缺乏分工合作，导致河北大部分城市区域要素吸引能力弱，矛盾主要体现在两个方面：一是人口集聚与高人力资本人才缺乏并行；二是劳动吸引乏力与收入回报不足共存。河北长期处于产业价值链低端，产业难以升级，劳动力市场普遍存在劳动收益较边际产出向下扭曲，缺乏高附加值岗位集聚，阻碍了优势要素的集聚，限制了城市群的发展质量。

京津冀城市群内部结构与分工优化不足，没有给河北带来更多经济机会。目前京津冀以城市群为主体的发展还处于起步阶段，在空间分工上还存在重叠，核心城市功能多而节点城市仅处于辅助作用，协作协同程度较低。核心城市与非核心城市间产业结构乃至分工细化仍存在调整空间，河北第二产业占比需要提升。从经济机会来看，世界级城市群整体以合力效应为劳动者带来丰富的就业机会。但是，京津冀中高收入者通常没有分布到河北各个城市，只集中于核心城市，城市群内低收入发生率依然较高。可见，在京津冀协同发展中城市群内部产业结构与空间分工有待优化，需要增加河北城市的经济机会和高质量就业机会。

京津冀供需循环不畅，河北尤为突出。需求方面，京津冀城市群收入分配仍然存在严重的两极分化，如环首都低收入带问题等，深刻影响内需启动。本书的研究发现在相同能力水平情况下，京津冀城市群中劳动者收入平均下偏 8.8%，相对长三角城市群和珠三角城市群处于劣势，相对全国其他地区收入扭曲并没有得到明显改善，尤其河北省与京津两地发展差距过大。净出口与投资低迷也是差距拉大的重要因素。供给方面，河北省仍缺乏系统化、多层次的知识型就业领域、平台和岗位，仍存在大学生和研究生就业困难现象，人才流失严重。同时，大量企业以劳动力的低廉成本为竞争优势，放弃使用更高技能的大学毕业生，加剧了劳动力相对工作岗位的过剩，空间劣势突出。而技术进步与资本增速都依托人力资本的积累，必然受到深刻影响。河北省没能通过规模递增的分工经济在区域空间内各产业部门之间形成紧密的产出联系，发挥空间优势在工资、消费和生产之间形成高水平高质量的社会建构，还需要增加区域的集聚力与吸引效应，疏通供给与需求的内部循环。

6.2.5.2 河北省城市嵌入京津冀城市群本地化建设

河北省发展需要依托京津冀迅速增长的本地市场。京津冀城市群支撑北京进入全球城市的同时，还需要构建与超大、特大城市紧密联系的大中小城市网络，河北的发展需要依托城市群迅速增长的本地市场。伴随总部集中的多样化城市的成长，河北周边城市可逐渐转型为工厂集中的专业化城市，这比单个城市发展更容易催化高质量经济活动。现代企业组织方式决定了并非所有的经济活动都集中在单一的地区里，但最重要的战略性关系都需要紧密相连，河北省的城市发展需要通过各产业、部门之间与中心城市建构联系来发展经济报酬递增的高品质经济。伴随京津冀一体化程度提升，基础设施共享、便捷的联系与社交、可激发学习与创新的本地文化和关系资产等发挥优势。总部集中的多样化城市通过高知识密集型活动和高研发投入等高质量生产活动与核心部件的制造环节，与工厂集中的专业化城市形成配合，共同推动城市群率先摒弃由低端加工制造升级的传统路径，实现从高端入手谋求独立发展，以丰富的经济机会带动群内整个城市网络发展。

优化河北省本地产业结构，需要协同分工的产业发展规划和计划。目前，京津冀城市以群为主体的发展还处于起步成长阶段，在空间分工上还存在重叠，核心城市功能多而节点城市仅处于辅助作用，协作协同程度较低。河北省的产业结构需嵌入城市群的发展与规划中，由于同一城市群内尤其是中小地级市之间存在竞争关系，地方政府在本地区产业规划方面扮演着重要角色，需要在城市间联合签署产业发展规划，在普遍重视高科技发展的同时，各自设定错位分工的目标产业。从京津冀区域产业基础和比较优势出发，河北以专业城市发展可打造四个世界级产业链集群：先进铁基材料、金属制品、装备制造（重型）等产业链集群；新能源汽车（智联、专用）、轨道、航空交通运输装备及零部件产业链集群；新一代信息技术等数字技术产业链集群；生物医药、现代食品、健康养老等产业链集群。

河北省实现共同富裕，需要以京津冀协同合力积蓄劳动力池。处于不同经济氛围的劳动者虽能力相同但自我发展与成长机会并不同，共同富裕是高水平经济活动与高附加值岗位的必然表现，同时也提升区域对劳动力的吸引能力。河北省各城市经济氛围的营造，需立足于京津冀城市群，通过空间区域分工差异，与总部集中的多样化城市形成规模经济等合力效应，强化劳动力空间选择偏好，这样通过收入回报强化区域的劳动吸引与集聚能力。而且共同富裕是扩大内需的有力保障，开发经济潜力需要"向内看"，尤其要注重内需市场的开发和保护，而共同富裕是开启需求的基础与前提，同时也是开启内需的必然结果。

6.2.5.3 河北省建设专业化城市深化空间分工

城市群协调分工问题实际上是城市体系中各个城市的产业结构问题，而单个城市分工的宏观问题可以归结为企业选址的微观问题。企业的选址决策通常需要衡量集聚经济与集聚不经济的博弈，也决定了企业的空间分布。

发挥集聚经济，河北省需借助细分的专业化服务提高生产率。河北省需从宏观、中观、微观，多维度、多角度为本地区机构、工业结构、公司内部组织提供契机，借助地理临近商业服务丰富城市的优势，借助细分的专业化服务将先进的生产关联结合到本地经济环境中去。进而，充分利用城市群整体的创新资源特别是中心城市人才和研发机构的优势，加强区域间技术创新合作，共建区域技术创新网络。

发挥集聚经济，河北省应构建与京津一体化的劳动力市场。劳动力也是企业选址时需考虑的重要因素之一，河北省需要积极为要素流动搭建平台，促进跨区域劳动力培训、技术合作和人才流动，建立统一开放的人力资源、资本、技术、产权交易等各类要素市场，探索跨地区土地开发指标的交易机制，实现生产要素在城市群内跨区域合理流动和资源优化配置。京津冀城市群作为大城市群汇集的知识型劳动者是高质量经济活动的主体，其岗位定位在不同产业的某些环节，河北省可利用这个巨大的劳动力市场，找到精准匹配的专业技术人员，为企业提供人才配套政策，以保证在引进人才的同时留住本土劳动者，为活跃劳动供给提供保障。

发挥集聚经济，河北省应构建与京津一体化的技术、管理、商业信息平台。产业密集区更容易吸引企业还因为信息、技术等关键信息的易得性。河北省在京津冀城市群中处于后发位置，其发展不可仅依靠市场作用，目前区域协作网络综合密度不高，跨区域地方政府协作程度亟待加强，需要政府的规划和引领。第一，要重视培育产业协同发展的载体，推动各种各样有利于区域一体化发展的产业组织形态，具体配合深化空间分工需要发挥产业集群在城市间的关联合作，促进城市间合作共建开发区，鼓励中心城市的开发区利用自身的管理、人才和资金优势与周边地区合作共建开发区，推动产业升级引导参与更强的国际竞争，提升国际分工定位。第二，要推动区域共享群内其他地区的中间投入品，厂商的产品销售和业务开展不再限于所在地，而可以跨地区、跨城市来实现，从而享受到由城市群带来的更大的市场需求。

应对集聚不经济，河北省各个城市需深化空间分工。城市群发展需着重调整的是提升城市之间空间分工协作，在形成强大的合力效应的同时缓解拥挤。河北省虽都将战略性新兴产业和高技术产业作为各自的主导产业，但未能形成基于主导产业的产业链分工。河北省需要深化空间分工，一方面构建多节点城市布局。从"核心—节点—边缘"的空间结构来看，京津冀城市群产业部门与创新部门形成了以北京为核心、天津为节点的发展格局，节点城市数量在城市群中的占比偏低，整体结构不均衡。河北省应催生节点城市，加强与北京科技创新及高端产业的对接，促进产业链与创新链深度融合，积极融入区域产业协同发展格局。另一方面构建多层次城市结构。鼓励大公司将不同的部门设置在不同层级的城市，以都市圈为单元聚焦近似行业抱团发展，通过联合产业发展规划引导不同的都市圈错位分工，开发空间分工潜力带动周边区域发展。

应对集聚不经济，河北省应加快基础设施建设降低运输成本、贸易成本，建设公共服务共同体。目前河北省北部与中南部地区交通联系不足，城市群在全球竞争高级阶段，随着人口和经济体量达到一定规模，交通一体化、公共服务一体化等基础性建设需要进一步完善。探索建立城市群公共服务的合作共享平台，推动完善教育、医疗等公共服务的转移支付机制，加强各区域资源的对接，同时建立区域联动的社会管理机制，推动社会治理由单个城市向城市群协同治理转变，形成全覆盖的社会管理和服务网络。增强大城市群对优质要素的吸引力和聚集力，实现城市群人口与资源的良性互动。

6.3 本章小结

可见，针对处于不同发展阶段的城市群实施相机优化的区域政策，有利于空间分工优化和经济增长。本章首先设计随机对照实验，以模拟自然实验的反事实检验和测度了京津冀城市群区域协同分工发展中由政策转变演进带来的经济增长效应。通过对京津冀城市群，研究发现：在京津冀区域发展政策干预初期，区域人均 GDP 增长速度损耗平均达 15%~16%，最高达 21.06%；随后政策调整，转为强化区域内部协同规划，区域人均 GDP 增速平均提高 3%~4%，最高达 8.6%，极大修正了前期政策中的负面效应。可见，早期政策干预没能释放京津冀城市群经济增长的潜力，而后面针对区域内部的规划整合与合理疏解，对优化区域内部分工发展有了积极作用。因此，政策制定者应把握城市群发展阶段特征与变化趋势，相机优化政策设计，使政策调整更加符合区域发展的规律，使区域内部空间分工及区域与区域之间相互协调。城市群建设需要发展区域协调产业结构进而协调中心城市、次中心城市、都市圈的融合机制，通过发达的交通网络拓宽我国城市群的交通维度，配合多主体联动的区域协调机制，以及多极的人口分布与人力资源，全方位、多维度实现城市群快速健康发展。

7 研究结论与政策建议

作为发展中的人口大国，中国的大城市群发展既有压力也有竞争力和实力；未来的大城市群发展的主要矛盾是集聚与分工的优化均衡；需要探索和营造促进劳动合理空间分工集聚的持续发展动力；新分工形态对区域发展的影响是重要的，劳动空间分工对大城市群发展产生积极的内生性影响和作用；我国大城市群在向世界级顶级城市群晋升过程中，需要适应新时代人口与产业转变。在我国人口负增长背景下，充分利用人口规模巨大、空间广袤、分布多元的回旋空间，积极探索、优化配置，必将实现未来高质量持续增长和发展。

本书内容立足世界城市群视野，从当今国际分工与竞争越发激烈的客观事实出发，针对中国现有的城市群建设向世界级城市群推进的迫切需要，在测度中美典型城市群中微观劳动力由空间岗位选择而引起的收入偏离基础上，通过进行系统理论和实证分析分别探索了收入偏离在不同城市群中的表现，以及对劳动供给与区域经济增长的作用机制，并对城市群建设中经济政策的调整和创新展开自然实验检验测度政策绩效。对比分析国际上知名城市群——美国波士华城市群的同时，借鉴先进经验启发中国城市群发展思路。本章对前面章节得出的主要结论和发现进行汇总和梳理，并在其基础上探索未来的研究方向。基于以上理论和实证的研究分析，得到的主要命题如下：①同等情况下，收入偏离越有优势，其空间岗位越受劳动者青睐。②个体空间选择通过与城市群空间中衍生的空间分工匹配，影响劳动力收入偏离作用于经济增长。本书的主要结论如下：

第一，处于不同城市群的劳动力在收入偏离方面呈现出明显的差异。相对于其他地区，长三角、珠三角、京津冀中国三大典型城市群岗位优势体现得更为明显，比全国平均高 1.8%，这无疑为劳动者提供了更有力的发展机遇。但相对于发达经济体波士华城市群，中国城市群仍有差距，这对城市群集聚智慧力量，提升经济全球化中的发展定位来说是很大的障碍。进一步分析以波士华为代表的世界级城市群，其典型的优势在于劳动力收入受到单边向下偏离的幅度较小，尤其是第 3 四分位仅为-18.4%，明显优于中国三大城市群同样分位的-29%，这表明在世界级城市群中，更高的分工地位使过度竞争等劣势因素得以缓解，更高端的品质与更丰富的选择为劳动力个体提供了岗位精准对接的可能，从而形成空间优势有效改善收入偏离。从测度结果看，显然中国的城市群还存在一定差距。在差别年度的分析中发现，2012~2014 年中国的三大城市群的劳动力收入受到更多向下扭曲的影响，尽管仍优于测度出的全国数值，但对比同年度的美国波士华城市群平稳的数据走向并不占优势。可见，若建立世界级城市群仅仅关注国内的差异是不够的，毕竟作为世界经济中心的空间载体，对国际化人才的集聚能力是巨大的挑战，竞争更多是国际化的。想方设法为国际、国内人才提供稳定并富有前景的职业氛围，无疑是我国建设世界级城市群的现实问题。

第二，个体劳动者的空间选择与劳动供给决策受岗位的空间经济环境制约，个体空间选择通过与区域空间中衍生的空间分工匹配，提升劳动供给进而推动经济增长。主要结论有：①运用门限回归以严格的统计推断方法，寻找样本本身可能的结构突变门限，验证空间分工对劳动供给的积极作用进而推动区域经济增长的客观规律，通过对比中美城市群来鉴别不同城市群所处的不同空间分工形态、不同发展阶段。②通过对中美典型城市群的实证分析检验发现，美国波士华城市群劳动空间分工形态分明，中国只有长三角城市群初步呈现出空间分工的结构特征，第一层个体劳动者的收入偏离程度正向27%以上，第二层个体劳动者的收入偏离程度为负向26.8%至正向27%，第三层个体劳动者的收入偏离程度低于下偏26.8%，劳动者以收入偏离差异分层级进入不同的空间工作岗位，与城市群中不同城市的功能定位匹配。③空间分工有利于高回报与高参与双循环，由收入增加引发的劳动者工作供给积极性在第三层级会非常奏效，较第一层级、第二层级更容易受到个人收入增加的积极刺激。

第三，优化劳动者收入偏离有利于高回报与高参与双循环推进城市群经济增长，对于处于不同发展阶段的中国三大城市群，收入偏离优化总体对经济发展有积极意义，但不同劳动力收入偏离现状对不同城市群经济的影响又有着细微差异：具体而言，在长三角城市群、珠三角城市群中，不同城市劳动力收入偏离对人均 GDP 增长有促进作用，但对 GDP 增速为负向作用，京津冀城市群劳动力收入偏离对城市人均 GDP 增长与 GDP 增速影响均为正；空间结构均显著影响三大

城市群的人均 GDP，但只有长三角城市群同时影响 GDP 增速，呈现出典型的倒
"U"形城市功能分工发展态势。可见不同城市群、不同城市的经济增长受劳动
力收入偏离的影响并不一致。虽然长三角城市群劳动力收入偏离具有优势，但由
于城市间协调发展刚刚起步，空间协同分工仍有推进的空间；珠三角城市群由于
劳动密集型产业集中、产业过于近似，不同城市错位分工不足，呈现出协调性不
高的城市群格局；京津冀城市群，城市间差距巨大，协调发展是当务之急。

第四，针对处于不同发展阶段的城市群实施相机优化的区域政策，有利于空
间分工优化和经济增长。借鉴先进地区的经验，通常政府在启动一项政策计划之
前，会展开一组随机对照实验，用来评估这项计划的可行性。利用省域面板数
据，采用合成控制法，运用数据驱动的方法将其他未实施政策的对照单元分别给
予加权，合成一个未实施政策的考察对象的替身，以模拟此自然实验的反事实，
进而检验和测度京津冀城市群区域协同分工发展中由政策转变演进带来的经济增
长效应。通过对京津冀城市群研究发现：在京津冀区域发展政策干预初期，区域
人均 GDP 增长速度损耗平均达 15%~16%，最高达 21.06%；随后政策调整，转
为强化区域内部协同规划，区域人均 GDP 增速平均提高 3%~4%，最高达 8.6%，
极大修正了前期政策中的负面效应。可见，早期政策干预没能释放京津冀城市群
经济增长的潜力，而后面针对区域内部的规划整合与合理疏解，对优化区域内部
分工发展有了积极作用。因此，政策制定者应把握城市群发展阶段特征与变化趋
势，相机优化政策设计，使政策调整更加符合区域发展的规律，使得区域内部空
间分工及区域与区域之间相互协调。

第五，借鉴美国波士华城市群发展经验，发展区域协调的产业机构，建设发
达的城市群交通网络，构建多主体联动的区域协调机制及多极的人口分布与人力
资源配置。对于中国的城市群建设，需要科学识别城市群的发展特征与客观规
律，重视经济增长与劳动者福利平衡并充分发挥政府规划对经济环境改善的
作用。

美国波士华城市群建设的经验与规律值得我们学习，但也需适应中国的本土
特点不可强搬硬套，考虑到我国建设世界级城市群的自身特点和潜力优势，特提
出以下政策建议：

第一，科学识别城市群的发展特征与客观规律。不同城市群的发展阶段是有
差异的。城市群的演变遵循一定的规律：发展初期为集聚阶段，城市群的发展契
机在于充分解决核心城市的效率下降问题；发展中期为带动阶段，需要大力疏导

核心城市对周边地区的带动能力；发展后期为全球竞争高级阶段，在城市群空间分工和专业化的基础上，提升整体的实力，争取成为本国参与世界竞争的空间集点。以此来看，当经济体量达到一定规模、完善交通一体化等基础性建设这些前提条件实现后，需要着重提升城市群的产业结构和指挥控制能力，即发展后期的城市间在转型中形成分工与专业化升级。促发跨国公司与本地企业形成上下游环节，使总部向核心城市、制造向周边城市的双向迁移，产业分工突破传统的模式，而向既有垂直分工又有水平分工的竞争合作关系转变，即空间分工。

以内部空间分工深化增强全球资源优化配置能力。中国经济发展要顺应国内人口和经济向中心城市和城市群集聚，改善资源与要素优化配置，推动大城市群内部空间分工深化，改善资源与要素优化配置。大城市群发展需要提升城市群空间分工协作，缓解拥挤形成强大的合力吸引效应。一方面，深化空间分工，以多中心、分层级空间布局抵消集聚不经济。借鉴波士华城市群经验，首先将经济中心、政治中心、文化中心、工业中心分散到不同中心城市，其次以都市圈为单元聚焦近似行业抱团发展，不同的都市圈错位分工，并鼓励大公司将不同的部门设置在不同层级的城市，开发空间分工潜力带动周边区域发展。另一方面，需要积极为资源与要素流动搭建平台。促进区域资本整合、区域技术合作和人才流动，建立统一开放的人力资源、资本、技术、产权交易等各类要素市场，探索跨地区土地开发指标的交易机制，实现生产要素在城市群内跨区域合理流动和资源优化配置。尤其为国际、国内人才提供稳定并富有前景的空间岗位，保证丰富的就业机会，帮助劳动者获取机会并寻找到与自身相符的工作，以保证在吸纳引进人才的同时留住本土劳动者，为活跃劳动供给提供保障。

处于不同发展阶段的城市群结合其自身禀赋，其发展的路径与建设思路应有所差异。所以，发展的前提是科学识别城市群所处发展阶段，才能在此基础上遵循客观规律少走弯路，实现后发经济体的追赶。

第二，重视经济增长与劳动者福利平衡。经济建设要做到以"人"为中心，在吸纳引进人才的同时，还要留住本土劳动者。中国的人力资本流失是非常严重的，尤其高精尖的精英阶层，如果庞大的人口基数可以遴选出优秀的人才，却留不住人才这是极为不利的。留住人才、吸引优秀人才，就需要有相应的职业平台，这个平台绝不是国际分工可以提供的，必然是中国自己建立，需要完善的产业结构支撑，这是平衡经济增长与劳动力福祉的基础。

结合城市群的空间分工，提升空间岗位的经济机会，发挥中国城市群建设中

"人"的潜力,细化到分析层面发现:一是整体来看,中国的人力资本不断提升,需要有效改善伴随而来的巨大教育浪费,如大学生就业难,就业岗位不足等问题,也就是说人力资本并没有机会服务于企业,或者说人力资本并没有精准地进入经济循环体系;二是重视地区间的劳动力差异,利用空间分工的典型模式改善过度竞争、过度相似的产业结构,科学看待空间集聚力,有效疏导集聚和分散的路径,改善因过度集聚引起经济运转低效;三是劳动力的异质集聚与城市间的空间分工实际上是一个彼此促进、相互循环的经济系统,完善空间格局为劳动力积累搭建平台,人力资本异质积累才能进一步推动空间的有效配置,这种机理的实证探讨对时下的中国经济意义巨大;四是重视世界级城市群在国际分工的高端地位,为中国的产业结构升级提供空间,引导高附加值经济机会汇集才能根本改善劳动者的福利,所以需强化高校和科研机构为城市群服务的能力,着眼前瞻性产业发展,发展优化整合人力资源健全职业教育和培训体系,提升人力资源高端服务能力。

第三,从产业链高端推动大城市群协同创新与分工关联。长期以来中国难于从加工制造到高附加值环节的升级,为了突破困境,除了实施城市群内部空间分工协同外,应构建从高端入手控制整个产业价值链的独立发展路径,构建大城市群协同创新共同体。一方面,大城市群对现有城市经济需进一步深度挖掘,利用较大人口规模这一重大优势和竞争力,充分开发人力资源,率先在大城市群汇集高水平人力资本,培育高创新、高附加值、高利润、高工资的经济活动,提高公民的福利,对经济质量提升起到促进作用。另一方面,充分利用城市群整体的创新资源,特别是中心城市人才和研发机构的优势,加强区域间技术创新合作,共建区域技术创新网络。

建立分工基础上的产业关联,并满足开启城市群带来的巨大市场需求。中国的三大城市群在世界城市群中处于后发位置,其发展不能仅依靠市场作用,需要政府的规划和引领。①要重视培育产业协同发展的载体,推动各种各样有利于区域一体化发展的产业组织形态,具体配合深化空间分工需要发挥产业集群在城市间的关联合作,促进城市间合作共建开发区,鼓励中心城市的开发区利用自身的管理、人才和资金优势与周边地区合作共建开发区,推动产业升级引导参与更强的国际竞争,提升国际分工定位。②要推动区域共享群内其他地区的中间投入品,厂商的产品销售和业务开展不再限于所在地,而可以跨地区、跨城市来实现,从而享受到由城市群带来的更大的市场需求。

第四，充分发挥政府规划对城市群经济环境改善的作用。中国面对如此广阔的领土，区域发展与革新是极有必要的，但城市群地区面临着人口集中、区域发展失衡、生态环境脆弱等棘手问题，因此政府有必要从多层面、多角度进行系统性协同推动，在度量这一系列政策变迁动态效果的基础上改善政策规划。认识一个地区的协同发展与空间分工形态，需要建立可计量的指标体系，并适时进行度量，准确衡量区域的协同发展程度，把握发展阶段与变化趋势，不断优化政策设计，使政策调整更加符合区域协同发展的契机。进一步，为有效促进城市群的空间协同分工发展，有必要设计阶段性推进步骤：首先，以区域整体利益为出发点，除了公路、交通、市政、基础通信、公共服务等公共设施的一体化建设外，尤其需要加强行政体系、政策环境、市场环境的多维度协同；其次，需要推动城市群内部一体化，建设公共服务共同体，城市群在全球竞争高级阶段，随着人口和经济体量达到一定规模，交通一体化、公共服务一体化等基础性建设需进一步完善，探索建立城市群公共服务的合作共享平台，推动完善教育、医疗等公共服务的转移支付机制，加强各区域资源的对接，同时建立区域联动的社会管理机制，推动社会治理由单个城市向城市群协同治理转变，形成全覆盖的社会管理和服务网络，增强大城市群对优质要素的吸引力和聚集力，实现城市群人口与资源的良性互动；再次，在协同、分工发展的现有政策体系中，提高配套政策与系统体系的完善度，探索区域空间分工发展可计量的考核与评价体制，且城市间发展不能只顾自身利益，应建立利益共同体，使公众逐渐认知并充满信心；最后，实现中长期以分工发展、友好开发为目标的政策框架，调整产业格局，协调错位融合，内部整合与疏解，逐步实现高质量转变催生世界级的高品质城市群。

本书以中美典型城市群中的劳动空间分工为例，通过探索不同的劳动力收入偏离对劳动供给、经济增长的影响机制，试图从崭新的视角回答城市群与劳动力的空间匹配和螺旋推进的关系，测算政策革新对区域空间带来的经济效应，印证经济环境的积极意义并建立由数据驱动的科学评估体系，最后借鉴波士华城市群的成功经验为我国城市群发展提供思路。本书的完成并不代表研究的结束，研究内容仍存有不足和后续推进的空间。

第一，数据挖掘的深度和广度有待加强。本书采用 CLDS 和 IPUMS-USA 的数据。由于国内微观数据并不能呈现连续追踪的面板数据，为与相应时间的国际数据对比，在数据选取时本书只能以国内数据为主，间隔选用国际数据，这在很大的程度上破坏了微观数据在刻画变化、差异、个体成长等方面的优势。而且由于抽样框的设计，导致落入本书研究的城市群的个体样本受到限制，样本变量和样本数量与国际数据对比有明显的不足。

第二，本书对城市群劳动力收入偏离、劳动供给与经济增长的理论机理研究，仍有进一步完善的空间。个体劳动力空间分工、劳动供给、经济增长三者之间的运行机制本身涉及多门学科交叉的问题，在系列的复杂现象背后涉及多方面的作用机理，本书仅以一个视角为切入点展开探索。在不断深入该问题的过程本身就是学习的过程，积累积淀的同时也发现更多的未知和线索，继续开展未来的跟进研究。

参考文献

[1] Abadie A, Gardeazabal J. The Economic Costs of Conflict: A Case Study of the Basque Country [J]. American Economic Review, 2003, 93 (1): 113-132.

[2] Abadie A, et al. Synthetic Control Methods for Comparative Case Studies: Estimating the Effect of California's Tobacco Control Program [J]. Journal of the American Statistical Association, 2010, 105 (490): 493-505.

[3] Alesina A F, Rodrik D. Distributive Politics and Economic Growth [J]. CEPR Discussion Papers, 1991, 109 (2): 465-490.

[4] Allen J Scott. Metropolis: From the Division of Labor to Urban Form [M]. California: University of California Press, 1988.

[5] Alonso W. Location and Land Use: Toward a General Theory of Land Rent [M]. New York: Harvard University Press, 1964.

[6] Alwyn Y. Learning by Doing and the Dynamic Effects of International Trade [J]. Quarterly Journal of Economics, 1991 (2): 369-405.

[7] Amparo, Ca stelló - Climent. Inequality and Growth in Advanced Economies: An Empirical Investigation [J]. Journal of Economic Inequality, 2010, 8 (3): 293-321.

[8] Baum - Snow N, Pavan R. Understanding the City Size Wage Gap [J]. Review of Economic Studies, 2012 (1): 88-127.

[9] Becker G S, Murphy K M. The Division of Labor, Coordination Costs, and Knowledge [J]. The Quarterly Journal of Economics, 1992, 107 (4): 1137-1160.

[10] Behrens K, Duranton G, Robert - Nicoud F. Productive Cities: Sorting, Selection, and Agglomeration [J]. Journal of Political Economy, 2014, 122 (3):

507-553.

[11] Berliant M, Fujita M. Dynamics of Knowledge Creation and Transfer: The Two Person Case [J]. International Journal of Economic Theory, 2010, 5 (2): 155-179.

[12] Berliant M, Reed R R, Ping W. Knowledge Exchange, Matching, and Agglomeration [J]. Journal of Urban Economics, 2000, 60 (1): 69-95.

[13] Bond E W, Trask K, Wang P. Factor Accumulation and Trade: Dynamic Comparative Advantage with Endogenous Physical and Human Capital [J]. International Economic Review, 2003 (1): 216-328.

[14] Borjas G J. Immigrants, Minorities, and Labor Market Competition [Z]. 1986.

[15] Borjas G J, et al. Self-selection and Internal Migration in the United States [J]. Journal of Urban Economics, 1992 (32): 159-185.

[16] Clarke G. More Evidence on Income Distribution and Growth [J]. Journal of Development Economics, 1995 (47): 403-427.

[17] Combes P P, Duranton G, Gobillon L, et al. Estimating Agglomeration Economies with History, Geology, and Worker Effects [R]. 2010.

[18] Combes P P, Duranton G, Gobillon L, et al. Sorting and Local Wage and Skill Distributions in France [J]. IZA Discussion Papers, 2012, 42 (6): 913-930.

[19] Combes P P, Duranton G, Gobillon L. Spatial Wage Disparities: Sorting Matters! [J]. Journal of Urban Economics, 2008, 63 (2): 742.

[20] Combes V, Simon A C, Grau G E, et al. In Vitro Generation of Endothelial Microparticles and Possible Prothrombotic Activity in Patients with Lupus Anticoagulant [J]. Journal of Clinical Investigation, 2008, 104 (1): 93-102.

[21] Devooght K. To Each the Same and to Each his Own: A Proposal to Measure Responsibility - sensitive Income Inequality [J]. Economica, 2008 (25): 280-295.

[22] Duranton G, Puga D. Micro-foundations of Urban Agglomeration Economies [J]. Handbook of Regional and Urban Economics, 2004 (4): 2063-2117.

[23] Easterly W. Inequality Does Cause Underdevelopment [J]. Social Science Electronic Publishing, 2006, 84 (2): 755-776.

［24］ Englman F C, Walz U. Industrial Centers and Regional Growth in the Presence of Local Inputs ［J］. Journal of Regional Science, 1995 (35): 3-27.

［25］ Flinn C J. Minimum Wage Effects on Labor Market Outcomes under Search with Bargaining ［J］. IZA Discussion Papers, 2003 (2): 403-427.

［26］ Forbes, Kristin J. A Reassessment of the Relationship between Inequality and Growth ［J］. American Economic Review, 2000 (4): 869-887.

［27］ Friedmann J, Miller J. The Urban Field ［J］. Journal of the American Planning Association, 1965, 31 (4): 312-320.

［28］ Friedmann J, Sorensen A. City Unbound: Emerging Mega-conurbations in Asia ［J］. International Planning Studies, 2019, 24 (1): 1-12.

［29］ Fujita M, Krugman P, Venables A J. The Spatial Economy: Cities, Regions, and International Trade ［M］. New York: The MIT Press, 1999.

［30］ Galor O, Tsiddon D. Income Distribution and Growth: The Kuznets Hypothesis Revisited ［J］. Working Papers, 1995 (63): 103-117.

［31］ Galor O. Convergence? Inference from Theoretical Models ［J］. The Economic Journal, 1996, 106 (437): 1056-1069.

［32］ Gaumont D, Schindler M, Wright R. Alternative Theories of Wage Dispersion ［J］. European Economic Review, 2006, 50 (4): 831-848.

［33］ Gerschenkron A. Economic Backwardness in Historical Perspective ［M］. Cambridge: Harvard University Press, 1962.

［34］ Glaeser E L, D C Mare. Citiea and Skills ［J］. Journal of Labor Economics, 2001, 19 (2): 316-342.

［35］ Glaeser E L, Kallal H D, Scheinkman J A, et al. Growth in Cities ［J］. Journal of Political Economy, 1992, 100 (6): 1126-1152.

［36］ Glaeser E L, Porta R L, Shleifer L D S. Do Institutions Cause Growth? ［J］. Journal of Economic Growth, 2004, 9 (3): 271-303.

［37］ Glaeser E L, Resseger M G. The Complementarity between Cities and Skills ［J］. Journal of Regional Science, 2010, 50 (1): 221-244.

［38］ Glaeser E L. Agglomeration Economics ［M］. Chicago: University of Chicago Press, 2010.

［39］ Gottmann J. Megalopolis or the Urbanization of the Northeastern Seaboard

[J]. Economic Geography, 1957, 33 (3): 189-200.

[40] Grijalva D F. Inequality and Economic Growth: Bridging the Short-run and the Long-run [J]. Center for the Study of Democracy, 2011, 89 (2): 1013-1025.

[41] Grossman G M, Helpman E, Szeidl A. Optimal Integration Strategies for the Multinational Firm [J]. Working Papers, 2003, 70 (1): 216-238.

[42] Hansen B E. Threshold Effects in Non-dynamic Panels: Estimation, Testing, and Inference [J]. Journal of Econometrics, 1999, 93 (2): 345-368.

[43] Heckscher Eli. The Effect of Foreign Trade on the Distribution of Income [J]. Ekonomisk Tidskrift, 1919 (21): 497-512.

[44] Helpman G E. Quality Ladders in the Theory of Economic Growth [J]. Review of Economic Studies, 1991, 58 (1): 43-61.

[45] Hanson G H. Emigration, Labor Supply, and Earnings in Mexico [Z]. 2005.

[46] Ke S. Agglomeration, Productivity, and Spatial Spillovers Across Chinese Cities [J]. Annals of Regional Science, 2010, 45 (1): 157-179.

[47] Klaus R. Kunzmann and Michael Wegener [J]. The Pattern of Urbanization in Western Europe, 1991, 58 (350-351): 282-291.

[48] Klein R J, Zeiss C, Chew E Y, et al. Complement Factor H Polymorphism in Age-related Macular Degeneration [J]. Science, 2005, 308 (5720): 385-389.

[49] Krugman P R. Increasing Returns, Monopolistic Competition, and International Trade [J]. Journal of International Economics, 1979, 9 (4): 469-479.

[50] Krugman P. End this Depression Now! [M]. New York: Rardom House Audiodo, 2012.

[51] Krugman P. Geography and Trade [M]. New York: The MIT Press, 1991.

[52] Krugman P. Trade, Accumulation, and Uneven Development [J]. Journal of Development Economics, 1981 (2): 149-161.

[53] Kumbhakar S C, Parmeter C F. The Effects of Match Uncertainty and Bargaining on Labor Market Outcomes: Evidence from Firm and Worker Specific Estimates [J]. Journal of Productivity Analysis, 2009, 31 (1): 1-14.

[54] Kumbhakar S C. Stochastic Frontier Analysis [M]. Cambridge: Cambridge University Press, 2005.

[55] Leontief W. Domestic Production and Foreign Trade: The American Capital Position Re-Examined [J]. Proceedings of the American Philosophical Society, 1953 (9): 332-349.

[56] Lynch K. A Theory of Good City Form [M]. New York: The MIT Press, 1981.

[57] Mankiw N G, Romer D, Weil D N. The Empirics of Economic Growth [J]. Quarterly Journal of Economics, 1992 (107): 407-438.

[58] Martin P, Ottaviano G I P. Growing Locations in a Model of Endogenous Growth [J]. European Economic Review, 1999 (43): 281-302.

[59] Martin R. The New "Geographical Turn" in Economics: Some Critical Reflections [J]. Cambridge Journal of Economics, 1999 (23): 65-91.

[60] Martin S. Industrial Economics: Economic Analysis and Public Policy [M]. New York: Macmillan Publishers Limited, 1994.

[61] Masahisa, Fujita. Towards the New Economic Geography in the Brain Power Society - Science Direct [J]. Regional Science and Urban Economics, 2007, 37 (4): 482-490.

[62] Massey D B. Spatial Divisions of Labour: Social Structures and the Geography of Production [J]. Annals of the Association of Economic Geographers, 1986, 32 (2): 152-157.

[63] Massey D. In What Sense a Regional Problem [J]. Regional Studies, 1979, 13 (2): 233-243.

[64] Meijers, Evert J, Burger, et al. Spatial Structure and Productivity in US Metropolitan Areas. [J]. Environment & Planning A, 2010 (42): 1383-1402.

[65] Melitz M J. The Impact of Trade on Intra Industry Reallocations and Aggregate Industry Productivity [J]. Econometrica, 2003, 71 (6): 1695-1725.

[66] Michael Storper Richard, et al. The Theory of Labour and the Theory of Location [Z]. 1983.

[67] Mills Edwin S. An Aggregative Model of Resource Allocation in a Metropolitan Area [J]. American Economic Review, 1967, 57 (2): 197-210.

[68] Mion G, Naticchioni P. The Spatial Sorting and Matching of Skills and Firms [J]. Canadian Journal of Economics, 2009, 42 (1): 28-55.

[69] Martin R, P Sunley. Paul Krugman's Geographical Economics and its Implications for Regional Development Theory: A Critical Assessment [J]. Economic Geography, 1996 (72): 259-292.

[70] Moretti E, Thulin P. Local Multipliers and Human Capital in the US and Sweden [J]. Working Paper Series, 2012, 22 (1): 339-362.

[71] Moretti E. Human Capital and Externalities in Cities [J]. Handbook of Regional & Urban Economics, 2004 (4): 2243-2291.

[72] Néva. Learning by Doing vs. Learning About Match Quality: Can We Tell Them Apart? [J]. Review of Economic Studies, 2007 (2): 537-566.

[73] Org Z. Global City-regions: Trends, Theory, Policy [J]. Area, 2003, 35 (3): 326-327.

[74] Panizza U G. Income Inequality and Economic Growth: Evidence from American Data [J]. Journal of Economic Growth, 2002, 7 (1): 25-41.

[75] Peri G. The Effect of Immigration on Productivity: Evidence from US States [Z]. 2009.

[76] Perroux François. La généralisation de la 《General theory》 [Z]. 1950.

[77] Pissarides C. Equilibrium Unemployment Theory [M]. Oxford: Basil Bladlwell, 1990

[78] Pyrgiotis Y N. Urban Nerworking in Erope [J]. Ekistris, 1991, 50 (2): 350-351.

[79] Porter M E. The Competitive Advantage of Nations [M]. New York: Macmillan Publishers Limited, 1990.

[80] Postel-Vinay F, Robin J M, et al. The Distribution of Earnings in an Equilibrium Search Model with State-Dependent Offers and Counteroffers. [J]. International Economic Review, 2002 (4): 989-1016.

[81] Postel-Vinay F, Robin J M. Equilibrium Wage Dispersion with Heterogeneous Workers and Firms [J]. Econometrica, 2002 (70): 1295-1350.

[82] Pries M J. Persistence of Employment Fluctuations: A Model of Recurring Job Loss [J]. Review of Economic Studies, 2010 (1): 193-215.

[83] Puga, Diego. The Magnitude And Causes Of Agglomeration Economies [J]. Journal of Regional Science, 2010, 50 (1): 203-219.

［84］ Robert E Lucas, et al. On the Mechanics of Economic Development ［J］. Journal of Monetary Economics, 1988（22）: 3-24.

［85］ Robert Emerson Lucas Jr. On The Mechanic of Economic Development ［J］. Journal of Monetary Economics, 1988（22）: 3-42.

［86］ Roca J D L, Puga D. Learning by Working in Big Cities ［J］. Working Papers, 2016（1）: 106-142.

［87］ Romer P M. Endogenous Technological Change ［J］. Journal of Political Economy, 1990（98）: 71-102.

［88］ Rosenthal S S, Strange W C. Evidence on the Nature and Sources of Agglomeration Economics ［Z］. 2004.

［89］ Roy A D. Some Thoughts on the Distribution of Earnings ［J］. Oxford Economics Paper, 1951.

［90］ Saint-Paul G. Productivity Growth and the Structure of the Business Cycle ［J］. European Economic Review, 1993, 37（4）: 861-883.

［91］ Scott, Allen J. Regions, Globalization, Development ［J］. Regional Studies, 2003（37）: 579-593.

［92］ Shapiro J. Wage and Effort Dispersion ［J］. Economics Letters, 2006, 92（2）: 163-169.

［93］ Shouyong Shi. Wage Differentials, Discrimination and Efficiency ［J］. European Economic Review, 2006（4）: 849-875.

［94］ Todaro M P. Economic Development（8th Edition）［M］. State of New Jersey: Prentice Hall, 2002.

［95］ Torfs W, Zhao L. Everybody Needs Good Neighbors? Labor Mobility Costs, Cities and Matching ［J］. Regional Science and Urban Economics, 2015（55）: 39-54.

［96］ Tsionas E G. Maximum Likelihood Estimation of Stochastic Frontier Models by the Fourier Transform ［J］. Journal of Econometrics, 2012, 170（1）: 234-248.

［97］ Venables, Puga Anthony J. The Spread of Industry: Spatial Agglomeration in Economic Development ［J］. Journal of the Japanese and International Economies, 1996（4）: 440-464.

［98］ Young A A. Increasing Returns and Economic Progress ［J］. Economic Journal, 1928, 38 (152): 527-542.

［99］Zipf G K. The P1P2/D Hypothesis: On the Intercity Movement of Persons ［J］. American Sociological Review, 1946, 11 (6): 667-686.

［100］Zou N, Wu B. The Developmental Research of Hebei Province High Level Innovative and Creative Talents on the Cooperative Development of Beijing, Tianjin and HeBei Province ［J］. Advanced Materials Research, 2014 (863): 2983-2986.

［101］［美］阿伦·拉奥, 皮埃罗·斯加鲁菲. 硅谷百年史: 伟大的科技创新与创业历程 ［M］. 闫景立, 侯爱华, 译. 北京: 人民邮电出版社, 2014.

［102］［美］安纳利·萨克森宁, 萨克森宁. 地区优势: 硅谷和128公路地区的文化与竞争 ［M］. 曹蓬, 等译. 上海: 上海远东出版社, 1999.

［103］白重恩, 钱震杰. 国民收入的要素分配: 统计数据背后的故事 ［J］. 经济研究, 2009 (3): 15.

［104］［瑞］贝蒂尔·奥林. 地区间贸易和国际贸易 ［M］. 王继祖, 译. 北京: 首都经济贸易大学出版社, 2001.

［105］［美］贝尔. 后工业社会的来临 ［M］. 高铭, 译. 北京: 商务印书馆, 1984.

［106］卞泽阳, 殷醒民, 章奇. 中国经济特区创新功能演变: 从试点到协同——以雄安新区为例 ［J］. 科学管理研究, 2018, 36 (4): 7-10.

［107］蔡昉. 人口转变, 人口红利与刘易斯转折点 ［J］. 经济研究, 2010, 45 (4): 10.

［108］曹雷, 程恩富. 加快向充分自主型经济发展方式转变: 基于经济全球化视野的审思 ［J］. 毛泽东邓小平理论研究, 2013 (8): 26-32.

［109］曹诗颂, 胡德勇, 赵文吉, 等. 不透水地表盖度视角下中美城市群空间结构对比——以“京津冀”与“波士华”为例 ［J］. 地理学报, 2017, 72 (6): 1017-1031.

［110］陈飞, 卢建词. 收入增长与分配结构扭曲的农村减贫效应研究 ［J］. 经济研究, 2014 (2): 101-114.

［111］陈金英. 中国城市群空间结构及其对经济效率的影响研究 ［D］. 长春; 东北师范大学, 2016.

［112］陈再齐, 钟世川, 李震. 要素市场扭曲对中国地区经济增长的影响研究 ［J］. 华东经济管理, 2016 (30): 62-67.

[113] 程鹏.可持续发展的创新战略——协同发展 [J].科技进步与对策, 2001, 18 (8): 23-24.

[114] [英] 大卫·李嘉图.政治经济学及赋税原理 [M].郭大力, 王亚南, 译著.北京: 商务印书馆, 1981.

[115] 戴宏伟.新型首都城市群建设与京津冀协同发展 [J].前线, 2018, 455 (8): 82-83.

[116] 都阳.就业政策的阶段特征与调整方向 [J].劳动经济研究, 2016 (4): 20.

[117] 都阳, 贾朋.劳动供给与经济增长 [J].劳动经济研究, 2018, 6 (3): 3-21.

[118] 杜能.孤立国同农业和国民经济的关系 [M].北京: 商务印书馆, 1986.

[119] 方创琳.改革开放40年来中国城镇化与城市群取得的重要进展与展望 [J].经济地理, 2018, 38 (9): 1-9.

[120] 方创琳, 毛汉英.区域发展规划指标体系建立方法探讨 [J].地理学报, 1999, 6 (5): 3697.

[121] 方创琳, 宋吉涛, 张蔷, 等.中国城市群结构体系的组成与空间分异格局 [J].地理学报, 2005 (5): 827-840.

[122] 方大春, 裴梦迪.雄安新区建设后京津冀城市群空间特征研究 [J].当代经济管理, 2018, 40 (4): 60-65.

[123] 富田和晓, 藤井正, 王雷.新版图说大都市圈: 大都市圈 [M].北京: 中国建筑工业出版社, 2015.

[124] Gregory Clark, 郝煜.基因, 历史长期延续性和路径依赖的一个根源 [J].量化历史研究, 2014 (1): 28-76.

[125] 郭熙保.后发优势与中国经济的高速增长 [J].武汉大学学报: 哲学社会科学版, 2008, 61 (5): 613-613.

[126] 黄妍妮, 等.中国城市群空间结构分布与演变特征 [J].经济学家, 2016 (9): 50-58.

[127] [苏] H. H. 巴朗斯基.经济地理学论文集 [M].邓静中, 等译.北京: 科学出版社, 1958.

[128] 贾根良.国际大循环经济发展战略的致命弊端 [J].马克思主义研究,

2010（12）：55-66.

［129］贾根良. 后发工业化国家制度创新的三种境界——演化经济学假说并与杨小凯教授商榷［J］. 南开经济研究，2003（5）：3-8.

［130］蒋含明. 要素市场扭曲如何影响我国城镇居民收入分配？——基于CHIP 微观数据的实证研究［J］. 南开经济研究，2016（5）：14.

［131］雷欣，程可，陈继勇. 收入不平等与经济增长关系的再检验［J］. 世界经济，2017（3）：28-53.

［132］李国平. 京津冀区域发展报告［M］. 北京：中国人民大学出版社，2013.

［133］李红阳，邵敏. 城市规模，技能差异与劳动者工资收入［J］. 管理世界，2017，8（287）：44-59.

［134］李俊江，孟勐. 从技术追赶到技术前沿的后发经济增长路径研究［J］. 云南财经大学学报，2017（2）：26-34.

［135］李学鑫，苗长虹. 城市群产业结构与分工的测度研究——以中原城市群为例［J］. 人文地理，2006（4）：25-28.

［136］李震，顾朝林，姚士谋. 当代中国城镇体系地域空间结构类型定量研究［J］. 地理科学，2006（5）：34-40.

［137］李中，周勤. 内生性约束下研发投入、研发效率与企业绩效——中国高技术产业细分行业的样本［J］. 软科学，2012（7）：11-14.

［138］连玉君，程建. 不同成长机会下资本结构与经营绩效之关系研究［J］. 当代经济科学，2006，28（2）：97-103.

［139］梁琦. 产业集聚论［M］. 北京：商务印书馆，2004.

［140］梁琦. 空间经济研究［M］. 北京：中国经济出版社，2013.

［141］梁琦，陈强远，王如玉. 户籍改革、劳动力流动与城市层级体系优化［J］. 中国社会科学，2013（12）：38-61+207.

［142］梁琦，李晓萍，简泽. 异质性企业的空间选择与地区生产率差距研究［J］. 统计研究，2013（6）：51-57.

［143］林毅夫. 后发优势和后发劣势——与杨小凯教授商榷［J］. 经济学（季刊），2003（3）：989.

［144］林毅夫，蔡昉，李周. 对赶超战略的反思［J］. 战略与管理，1994，1（6）：1-12.

［145］林毅夫，张鹏飞.后发优势、技术引进和落后国家的经济增长［J］.经济学（季刊），2005（4）：53-74.

［146］刘生龙.收入不平等对经济增长的倒"U"型影响：理论和实证［J］.财经研究，2009（2）：5-16.

［147］刘士林，刘新静.城市群蓝皮书——中国城市群发展指数报告（2013）［M］.北京：社科文献出版社，2013.

［148］刘修岩，李松林.房价、迁移摩擦与中国城市的规模分布——理论模型与结构式估计［J］.经济研究，2017，52（7）：65-78.

［149］刘玉成，杨露鑫，万兴.京津冀协同发展的经济效应——基于"反事实"的思维视角［J］.技术经济，2018，37（4）：103-111.

［150］刘长庚，许明，刘一蓓.员工获得了"公平"的劳动所得吗——基于中国工业企业数据库的测度与验证［J］.中国工业经济，2014（11）：130-142.

［151］卢洪友，连玉君，卢盛峰.中国医疗服务市场中的信息不对称程度测算［J］.经济研究，2011（4）：95-107.

［152］陆杰华，郭冉.京津冀协同发展下河北省人口流出的主要特征、问题及其对策［J］.河北大学学报（哲学社会科学版），2018（3）：96-105.

［153］陆铭.大国大城：当代中国的统一，发展与平衡［M］.上海：上海人民出版社，2016.

［154］陆铭，欧海军，陈斌开.理性还是泡沫：对城市化、移民和房价的经验研究［J］.世界经济，2014，37（1）：30-54.

［155］陆铭，向宽虎，陈钊.中国的城市化和城市体系调整：基于文献的评论［J］.世界经济，2011（6）：3-25.

［156］马克思恩格斯全集（第3卷）［M］.北京：人民出版社，1960.

［157］马燕坤.京津冀城市群城市功能分工研究［J］.经济研究参考，2018（21）：26-44.

［158］穆桂斌，黄敏.美国硅谷人才集聚规律及对雄安新区的启示［J］.河北大学学报（哲学社会科学版），2018（4）：63-69.

［159］宁越敏.新的国际劳动分工世界城市和我国中心城市的发展［J］.城市问题，1991（3）：4-9.

［160］宁越敏，查志强.大都市人居环境评价和优化研究——以上海市为例［J］.城市规划，1999（6）：1-7.

［161］牛方曲，等.城市群多层次空间结构分析算法及其应用——以京津冀城市群为例［J］.地理研究，2015，34（8）：1447-1460.

［162］潘芳，田爽.美国东北部大西洋沿岸城市群发展的经验与启示［J］.前线，2018（2）：74-76.

［163］蒲艳萍，顾冉，成肖.社会资本能降低劳动力工资扭曲吗？——测度和传导机制分析［J］.财经研究，2018，44（5）：121-139.

［164］沈聪.世界级城市群与京津冀的崛起——访北京大学首都发展研究院院长李国平［J］.前线，2018（1）：70-72.

［165］施炳展，冼国明.要素价格扭曲与中国工业企业出口行为［J］.中国工业经济，2012（2）：49-58.

［166］［阿根廷］丝奇雅·沙森.全球城市：纽约　伦敦　东京［M］.周振华，译.上海：上海社会科学院出版社，2005.

［167］宋德勇，杨秋月，程星.环境规制提高了居民主观幸福感吗？——来自中国的经验证据［J］.现代经济探讨，2019（1）：7-15.

［168］苏红健.空间分工理论与中国区域经济发展研究［D］.北京：北京交通大学，2012.

［169］孙三百，黄薇，洪俊杰，等.城市规模、幸福感与移民空间优化［J］.经济研究，2014，49（1）：97-111.

［170］藤田昌久，保罗·克鲁格曼，安东尼·J·维.空间经济学［M］.北京：中国人民大学出版社，2011.

［171］万广华，陆铭，陈钊.全球化与地区间收入差距：来自中国的证据［J］.中国社会科学，2005（3）：17-26+205.

［172］王成城，韦守明，李红梅.基于扎根理论的中国空间极化定量研究现状分析［J］.华东经济管理，2017（5）：168-175.

［173］王金营.人力资本与经济增长：理论与实证［M］.北京：中国财政经济出版社，2001.

［174］王金营，贾娜.大城市群收入溢价的劳动力吸引效应——基于中国三大城市群与美国波士华城市群的分析［J］.复印报刊资料：人口学，2022（3）：98-108.

［175］王金营，贾娜.政策调整变迁与京津冀区域协同发展——基于合成控制法的分析［J］.人口与经济，2020（5）：72-86.

[176] 王金营, 刘艳华. 经济发展中的人口回旋空间: 存在性和理论架构 [J]. 人口研究, 2020, 44 (1): 3-18.

[177] 王丽. 基于 MAPGIS 的城镇用地规模辅助决策信息系统 [D]. 重庆: 西南大学, 2006.

[178] 王如玉. 虚拟集聚: 新一代信息技术与实体经济深度融合的空间组织新形态 [J]. 管理世界, 2018, 34 (2): 13-21.

[179] 王婷, 芦岩. 基于产业分工的城市群不平衡协同发展对策分析 [J]. 改革与战略, 2011, 27 (9): 41-44.

[180] 王闻. 诺贝尔奖得主罗伯特·卢卡斯及其学术贡献 [J]. 经济学动态, 2004 (6): 3-7.

[181] 王贤彬, 聂海峰. 行政区划调整与经济增长 [J]. 管理世界, 2010 (4): 42-53.

[182] 文魁. 京津冀大棋局——京津冀协同发展的战略思考 [J]. 经济与管理, 2014, 28 (6): 8-12.

[183] 吴慧君. 长吉图区域空间分工研究 [D]. 长春: 吉林大学, 2014.

[184] 夏杰长, 刘诚. 行政审批改革、交易费用与中国经济增长 [J]. 管理世界, 2017 (4): 47-59.

[185] 肖金成, 袁朱. 中国十大城市群 [M]. 北京: 经济科学出版社, 2009.

[186] 徐长生, 刘望辉. 劳动力市场扭曲与中国宏观经济失衡 [J]. 统计研究, 2008, 25 (5): 32-37.

[187] 许爱萍. 京津冀科技创新协同发展战略研究 [J]. 技术经济与管理研究, 2014 (10): 119-123.

[188] 许爱萍. 京津冀科技创新协同发展战略研究 [J]. 技术经济与管理研究, 2014 (10): 5.

[189] 薛凤旋, 郑艳婷, 许志桦. 国外城市群发展及其对中国城市群的启示 [J]. 区域经济评论, 2014 (4): 149-154.

[190] [美] 雅各布·明塞尔. 人力资本研究 (中译本) [M]. 张凤林, 译. 北京: 中国经济出版社, 2001.

[191] [英] 亚当·斯密. 国民财富的性质和原因的研究 [M]. 郭大力, 王亚南, 译. 北京: 商务印书馆, 1974.

［192］杨贵宾，王晓芳.投资者保护、证券市场与经济增长［J］.系统管理学报，2004，13（6）：524-529.

［193］杨经国，周灵灵，邹恒甫.我国经济特区设立的经济增长效应评估——基于合成控制法的分析［J］.经济学动态，2017（1）：41-51.

［194］杨小凯.后发劣势，共和与自由［Z］.在北京天则经济研究所双周经济学研讨会上的发言及与会者的评论与讨论，2000.

［195］杨小凯，张永生.新兴古典经济学与超边际分析·修订版［M］.北京：社会科学文献出版社，2003.

［196］杨振宇，张程.东迁——自选择与劳动力溢价："孔雀东南飞"背后的故事［J］.经济学（季刊），2017（4）：79-108.

［197］姚士谋.中国城市群（第2版）［M］.北京：中国科学技术大学出版社，2001.

［198］姚士谋，王书国，陈爽，陈振光.区域发展中"城市群现象"的空间系统探索［J］.经济地理，2006（5）：726-730.

［199］姚士谋，朱英明，汤茂林，等.城市现代化基本概念与指标体系［J］.地域研究与开发，1999，18（3）：57.

［200］殷阿娜，王厚双.京津冀产业梯度转移中的政府合作博弈演化［J］.技术经济，2016，35（1）：78-82.

［201］尹恒，龚六堂，邹恒甫.收入分配不平等与经济增长：回到库兹涅茨假说［J］.经济研究，2005，40（4）：17-22.

［202］曾鹏，黄图毅，阙菲菲.中国十大城市群空间结构特征比较研究［J］.经济地理，2011，31（4）：603-608.

［203］张建平，姜妍，葛扬.要素市场扭曲对区域创新效率的影响研究［J］.江西财经大学学报，2019，124（4）：12-25.

［204］张杰，周晓艳，李勇.要素市场扭曲抑制了中国企业R&D？［J］.经济研究，2011（8）：78-91.

［205］张文武.集聚与扩散：异质性劳动力和多样化贸易成本的空间经济效应［J］.财经研究，2012（7）：14-25.

［206］张旭东，熊争艳，李俊义，等.共筑未来之城：河北雄安新区设立满月记［N］.2017-05-01.

［207］赵伟，李芬.异质性劳动力流动与区域收入差距：新经济地理学模型

的扩展分析［J］. 中国人口科学，2007（1）：27-35.

　　［208］赵勇，魏后凯.政府干预、城市群空间功能分工与地区差距——兼论中国区域政策的有效性［J］. 管理世界，2015，263（8）：22-37+195.

　　［209］郑志丹.京津冀协同发展背景下的金融聚集与经济收敛——京津冀城市群与长三角城市群的对比分析［J］. 技术经济，2016，35（7）：103-111.

　　［210］周伟.波士华城市群对京津冀协同发展的借鉴意义［J］. 经济研究参考，2016（52）：83-90.

　　［211］周伟，马碧云.京津冀产业分工与可持续发展的实证分析［J］. 商业经济研究，2017（3）：208-210.

　　［212］周文，赵方，杨飞，等.土地流转、户籍制度改革与中国城市化：理论与模拟［J］. 经济研究，2017（6）：185-199.

　　［213］周一成，廖信林.要素市场扭曲与中国经济增长质量：理论与经验证据［J］. 现代经济探讨，2018（8）：8-16.

　　［214］朱鹏程，曹卫东，张宇，等.人口流动视角下长三角城市空间网络测度及其腹地划分［J］. 经济地理，2019，39（11）：9.